やまだようこ 著作集 第2巻

ことばのはじまり

意味と表象

新曜社

目　次

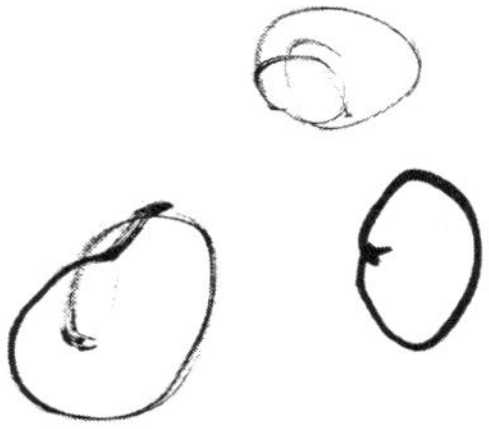

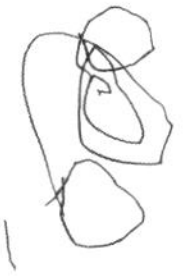

第2部　身のことば

Ⅱ　ことばが生まれる場所《トポス》

カバー写真＝林 恵子／装幀＝虎尾 隆

はじめに

■ことばが生まれるすじみち

この本は、子どもの0歳から3歳までの日常生活における行動観察をもとに、子どもの心理世界で本質的に何が起こっているのかを探りながら、「ことばが生まれるすじみち」にいくつかの理論的道標をつくることをめざすシリーズの2巻目である。

このシリーズは、母親が日誌に記したひとりの子どもの日常観察をもとに、子どものことばが生まれる生《なま》の現場から、「ことばとは何か」を問いかけるものである。ひとりの子どものことばが生まれる発生過程を、文脈を大切にして詳細に追いかけながら、「ことばとは何か」を根源的に思索し、新たな人間観を照射してみたいと考えている。

本巻では、特に1歳代前半に焦点をあてて、「ことば」が生まれてくるプロセスと、「身のことば」というべき身振りの発生プロセスをたどっていきたい。

■世界が意味づけられるころ

ことばが生まれるとは、どのようなことなのか、何がどのように変わるのだろうか。それは、ただ「マンマ」「ブー」など片言が話せるようになることだけではないだろう。

1歳ころから、子どもはことばを話しはじめ、世界を名づけはじめる。ことばは、親が使っていることばをそのまま模倣したり、外から教えた名前をまねるというような単純なプロセスで発達するのではない。ことばが生まれるには、子どものなかに世界をまとめあげイメージ化していく認識のしかた、世界を意味づける働きが育たなければならない。

ことばによって、世界は意味あるものに変わる。ことばによって世界は根本的に変化する。私たちが見ている世界は、光と影が瞬時に変化しながら絶えず動いている動的世界、ありのままの現象世界ではなく、意味の世界である。今、私の目の前にある本も机も、部屋の壁も天井も、窓から見える緑の山々も澄んだ青い空も、ことばによって名づけられることで恒常化し安定して、ここにあるものとして意味づけられている。私たちは、意味世界のなかに住んでいるのである。

ことばが生まれるころ、子どもの世界は意味づけられていく。子どもは、世界の見方を大きく変化させ、意味ある世界、生き生きと息づくイメージの世界を基盤にして世界と対しはじめる。このような「意味のはじまり」こそ、ことばによって世界が新たないのちを帯びて息づきはじめる転換点だといえよう。

世界が意味づけられるとは、世界が有機的にむすびついて見えてくることだと言ってもよいかもしれない。それまで空中の塵《ちり》のようにキラリと視野に現われては消えていくにすぎなかった断片《かけら》のような物体は、ことばによって名づけられる。ものに名前がつけられると、それは他の名前をもつものたちと関係づけられ、一定のルールで運行する星座のような網目のなかへ位置づけられて、居場所をもつ。星たちは断片的に行き交う単なるきらめきではなく、自分がいる視点から見た形でまとまり、さまざまな名前の星座としてかがやきはじめる。

ことばの意味は、人びとが共同体のなかで長い年月をかけて育んできた人類の財産というべき「ものの見方」の結晶である。子どもは、ことばによって、その意味世界の住人になるのである。子どもは人びとが育んできた共同の場所《トポス》に根っこを生やし、意味の森に住み、意味の天空を眺め、意味の食物を食べはじめる。意味の生成は、歴史と文化によって育まれてきた人類の世界観の継承であり生成である。

■意味と表象の発生

1歳児の身のまわりに起こるさまざまな「できごと」は、もう0歳初期のように個々バラバラのものではない。目の前にくりひろげられている今ここで起こっている、この「こと」は、前に見たことがある、あの「こと」へと有機的にむすばれ意味づけられていく。「意味のはじまり」は、表象化と記号化とものがたりのはじまりでもある。世界が現前にみえるもの、今ここにあるものだけではなく、かつてあった過去のものや未来の予感ともむすびつけられる。

意味と表象の発生によって、常に流れ去っていく現在という瞬間は、その見かけの変化を超えた変わらないものへと変換される。それは世界を眺める認識の枠組となり、感情の寄り処《どころ》となり、さまざまな人びとを位置づける基準ともなる。

そして今見ている現前の世界は見えない世界と重ね合わされ、ここの世界はあそこの世界と結ばれて、二重構造で眺められるようになる。ここにないものが、ここに居ながらまざまざと見えるようになる。今日

（現在）のなかに昨日（過去）が、そして明日（未来）が連結され、世界は構造化されていく。子どもが愛着をもつこの人という特別の人と、そのほかの人びととの差異化が行われる。

この時代に子どもが身にうつし、身に仕舞いこみ、身をもって体験する「できごと」は多様で生き生きしていて鮮やかで驚きに満ちている。しかしその体験世界の「できごと」の豊かさに比べると、表現できる「ことば」は、まさに「こと」の端《は》、片言にすぎない。

1歳代は、片言の時代である。「ああ！」「まあ！」と感嘆詞がつらなるような「知ること」の驚き、次々とものごとがつながりをもってまとめられていく「わかること」の喜び、それらによって体験世界は日々豊かになる。子どもはそれを自分のまわりの人びとにも当然わかってほしいと思う。だが片言のことばはそれを表現するにはあまりにも貧弱な媒体でしかない。

気持ちが相手にうまく伝わらないので、わかることと、やれることとのギャップの大きさに当の子どももいらだつ。しかし子どもに問いかけて説明を求めても、それに応じられるほどには開かれた態度も公共化された表現の手段もないから、問いつめるほどにわからなくなってしまう。コミュニケーションをことばだけに頼っていたのでは、子どもも大人も途方にくれるほかはないだろう。

しかしそれは、音声言語としてのことばだけを特別扱いしすぎだからである。特に1歳代は、音声による片言と並んで、我が身を使う「身のことば」ともいうべき身振りなどの多様な表象行動が生活のなかで重要な役割を果たすことに目を向けねばならない。

この本でも私の視点は、0歳代の乳児の心理を扱った第1巻の『ことばの前のことば』と同じように、ことばという氷山を海面下で支える言語機能「ことばにならない行為」のほうにある。現実生活のなかでの子どもの振る舞いをクローズアップすることで、ことばの働きを逆照射し、ことばの本質を考えていきたい。

ことばが現実生活において主導権をもつ時代は、片言を話しはじめたとたんにすぐはじまるわけではない。

最初のことばの発達は遅々としていることが多い。新しいことばは出そうでなかなか出ず、ほんの少しずつしか増えない。ことばが現前の世界を統制し主導権をもつには、イメージの世界が現前の世界を超え逆転劇が演じられるまでの長いプロセスが必要である。

言語機能の発達にとって大切なのは、よく知らない新しいことを次々に空疎にしゃべる能力ではなく、ひとつのことばに、どれだけの内実のある意味をもりこめるかということである。量の増大が質の変化を導くといわれるが、必ずしもそうではないだろう。量の不自由が質を高くすることがある。1つのことばだけでも真に意味あるものとして使えることが重要である。ことばの意味作用の核心がつかめれば、あとはさまざまに応用できるのである。

この時期の子どもが饒舌《じょうぜつ》ではなくわずかな片言しかもたないこと、1つか2つだけのことばを生活のあらゆる場面でひんぱんに試してみて、それらをじっくりと身にうつしていくこと、発達が急速ではなく遅々としていることは、すばらしいことである。

それはイメージの世界が大きくはばたく前の夜明け前、爆発的な飛躍の前の、よちよちではあるが大切な助走である。子どものこの時期をとりわけ大切にして、しんぼう強くつきあってみよう。

■身振りと我が身

ことばは、本来的に我が身をゆるがせて「うたう」ものである。第1巻で述べたように、ことばは、本来的に人と人のあいだで響きあい、共に振動させる「うた」である。今、ここという場所にいる人びとの声や情動的なふるえは伝染し、我が身も相手も同時に共鳴的に揺さぶられる。

遊ぶ子供の声聞けば
我が身さへこそ動《ゆる》がるれ　（梁塵秘抄）

0歳のはじめから人は「うたう」存在として生まれ、自己と他者の身体が溶け合った「ここ」という場所で営まれる共同行為として、コミュニケーションがはじまる。しかし、「うたう」行為が、そのままことばで語る行為へと直結するわけではない。「うたう」ことで共同化する行為の文脈から、いったん離脱し脱文脈化して、距離化し、記号化しなければ、「ことば」は生まれない。

「うたう」行為から、「ことば」へ移行する境界領域では、「身のことば」というべき「身振り」が豊かなコミュニケーション世界をつくりだす。

子どもは、1歳ころから表象的な身振りをはじめる。バイバイを意味する手振りや、イヤを意味する首の横振りなどである。このような身振りは、0歳初めから見られる共鳴的な「うたう」行動、興奮や情動にともない共振的に身をふるう（奮う、振るう、震う）行動に基礎をおいている。しかし、この時期に情動から離れて、身の一端を使って別の意味を表す記号として根本的に改変される。身の端を媒体にして、ことの端《は》としての「ことば」の機能を持ち始めるのである。

身振りは、周りの人びとに見世物や芸として披露される社交術になり、相手とウソのやりとりをするゲームとなり、「ふりをする」行動から「ふりつける」演技、「ぶりっこ」や「ごっこ」へと発展する。身振りは、身をもって相手とはりあう自己主張の強力な武器になり、身の範囲を超える自分の「つもり」を表現する。

身振りは、他者の行為を我が身に「うつし」て模倣するときには、注意を外方向に向ける外界志向的な認識とかかわる。しかし、その行為を我が身で再現するときには、注意を内方向へUターンさせて、我が身へ向かう自己志向的な認識にむすびつく。

このような自己志向的な認識は、自分の身体に気づかせ、ボディ・イメージを形成し、自己の身体を基にした認識の枠組としての心理的場所《トポス》をつくりだすと考えられる。

1歳代にあらわれる「私（自分）」という覚知は、世界の中心をつくる働きでもある。自己は、世界を関連づけてまとめる意味生成の基盤としての心理的場所の中心に生まれると考えられる。「私」というものに気づく過程はまた、私と違う「他者」を覚知するプロセスでもある。

このように表象的身振りの発生と、自己や他者認識の発生は、同じ土壌から生みだされると考えられる。それは、同時期にあらわれる有意味語「ことば」の発生と深くむすびついている。

■意味世界と「私」の発生

1歳代には、意味化のはじまりと並んでもうひとつ、決定的に重要な心理的発達がみられる。それは自分〈私〉というものが、おぼろげながらも覚知されはじめることである。ことばのはじまりと、私のめばえは、ほぼ同時期に両行《りょうこう》しながら発達する。それは、偶然ではないだろう。

意味は、〈ここ〉という身近で共感的な場所で体験を共にする〈私たち〉によって共同生成される。世界の意味づけが、独創的でありながら最初から社会性を帯びているのは、それが本来的に共同行為によってなされるからである。自分は、自《おの》ずから、そして自《みずか》ら、〈私たち〉の領域である「心理的場所《トポス》」の核として覚知され、それを認識と感情の基盤にして、まわりの人や物を眺め、位置づけ、意味づけ、世界を体制化していく。

意味の発生と自己の生成とは、今まで別々に考察されがちであったが、自己の居場所としての「心理的場所《トポス》」の概念をベースにおくことによって、両者は統一的に理論化されるだろう。

1歳代には「表象」と「私」とが、ほぼ同時に発生し両行して発達する。それらは共同して働き、外界のものを取り入れまとめていく認識の枠組をつくるという点でも、人と人との感情的コミュニケーションの枠組をつくるという点でも、乳児と大人とのあいだを隔てて横たわっていた根本的な溝をとびこえるような、画期的な心理構造の変化をもたらすと考えられる。

「ことばが生まれるすじみち」3巻シリーズは、世界がことばや記号によって意味化されるとはどういうことなのかという問いを発生的に追求する「発生的記号論」の試みである。それは、人と人が文脈のなかでどのようにコミュニケーションし、どのように語るようになるのかと問う「発生的ものがたり論」の試みでもある。ことばとは何かという問いは、自己がどのようにして生まれ、社会的ネットワークのなかでどのように他者とかかわっているかという関係論とむすびつけられる。したがって、このシリーズは「発生的自己論」「発生的関係論」の試みといってもよいだろう。

第1巻『ことばの前のことば ── うたうコミュニケーション』では、ことばが出てくる前段階としての0歳後半の発達を考えてきた。この第2巻では、1歳前半に焦点をあてて『ことばのはじまり ── 意味と表象』について考えてみたい。1歳代には、ことばと表象によって意味世界ができるのと両行して、重要な心理的発達がみられる。それは「私」というものが現れてくることである。それについては、1歳代から2歳前半の発達を扱う第3巻『ものがたりの発生 ── 私のめばえ』を参照いただきたい。

I

ことばのはじまり

ことばが生まれるすじみち２

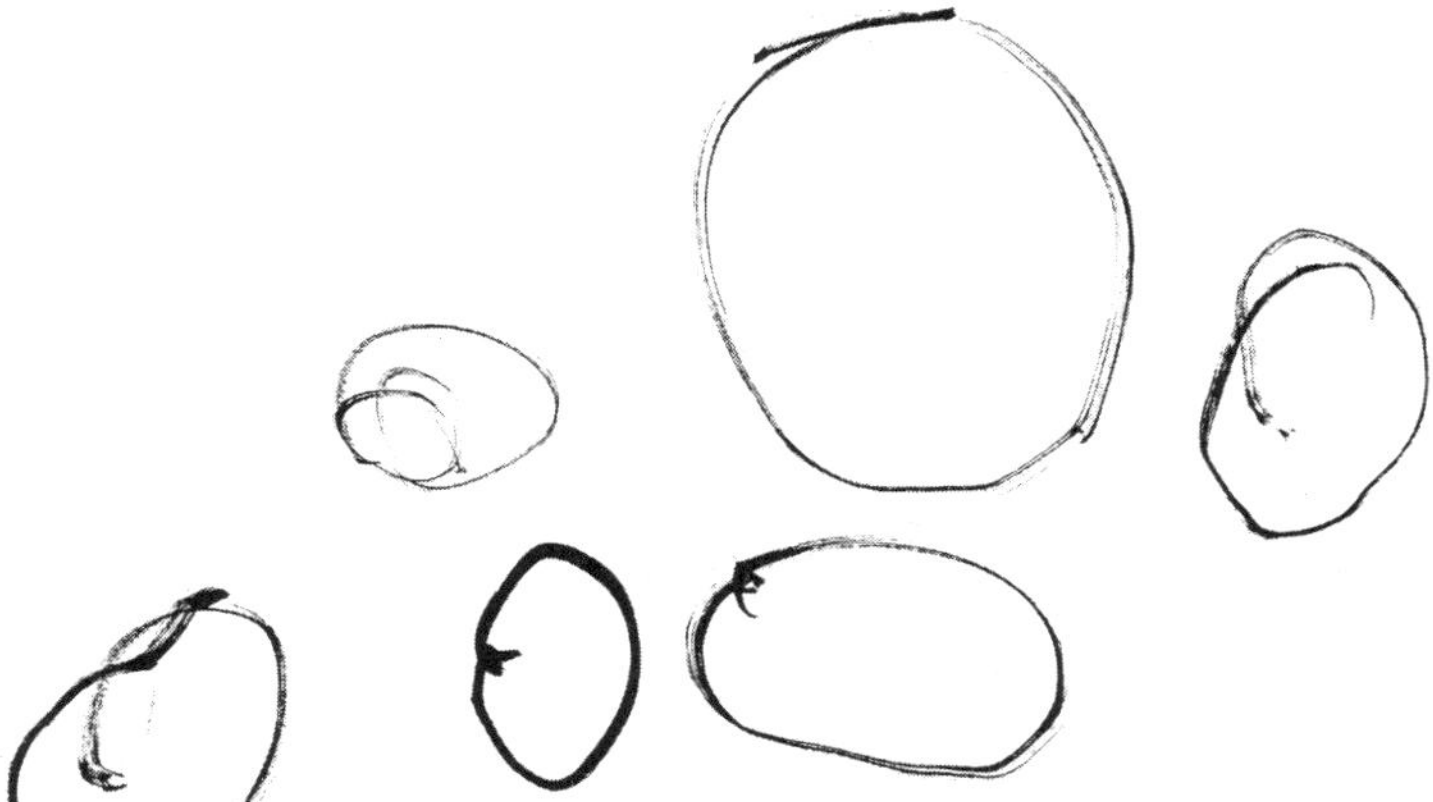

第1部

名づけのはじまり

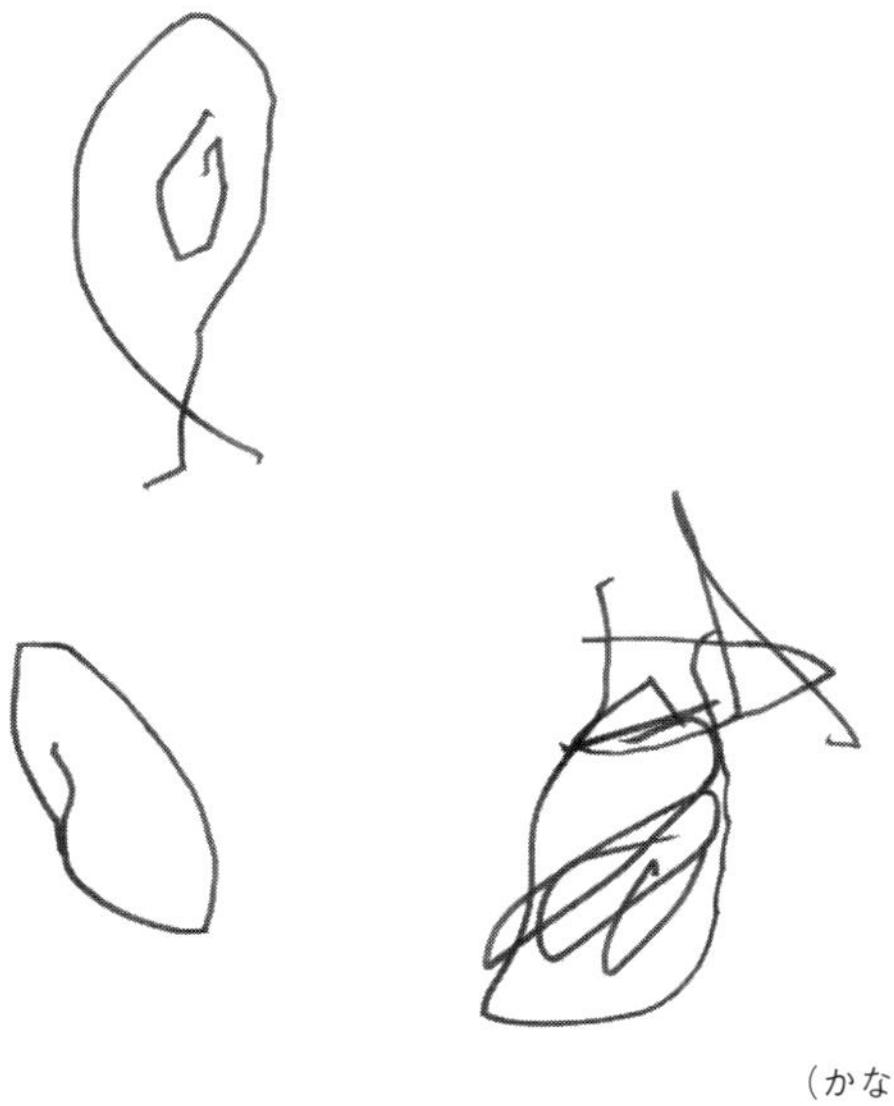

（かな　2歳）

鳥は生を名づけない
鳥はただ動いているだけだ
鳥は死を名づけない
鳥はただ動かなくなるだけだ

谷川俊太郎　「鳥」

1章　ことの端《は》としてのことば

1　片言の時代

■名前と意味

ものにはすべて名前がある。今、私の目の前にあるものは「机」とか「本」というような名で呼ばれている。人にもすべて名前がある。私たちは子どもが生まれると、まずその子に名前をつける。

名前というものがなぜあるのか、改めて考えてみれば不思議である。しかし、名前がなければどんなに不自由かはすぐわかる。生まれたばかりの赤ん坊の世界には、名前がなかった。私たちは第1巻『ことばの前のことば』では、0歳児とともに名なしの世界に住んでみた。これから、ことばが生まれる現場に立ちあい、乳児の心理世界がどのように変わるのかをみていきたい。

ことばの基本的な働きのひとつは、ものごとを叙述し「名づける」ことにある。名づけるためには、名づけられるものが必要だが、それは、外界にある個々の具体的な物、見る物、聞く物、触る物にひとつひとつラベルをはっていくような作業だろうか。そうではない。もしそのようにしてラベルをはろうとするならば、ラベルはいくつあっても足りないだろうからである。

たとえ同じ机でも、厳密に言えば、見るたびに見かけの姿が変わる。上から見れば四角でも、横から見ればうすっぺらで、遠くから見れば点のようになる。昨晩と今朝では光線が変化しているから、色も違って見える。しかし、そのような細かい違いは無視して、昨日見た机も今日見る机も、あれもこれもみな同じ「机」とみなして、一枚のラベルですましているのである。

そして机にもいろいろある。材質も大きさも色も形も装飾もいろいろで、応接室に備えられた大理石の机もあれば、ままごと人形の千代紙の机もある。全部実物とは限らない。テレビに映った机もあれば、漫画に描かれた机もある。しかしそれほど見かけが違っていても、そしてそれが生まれて初めて見るものであっても、あれもこれもみな同じ「机」という名前で呼ばれる。どうして、同じ名前で呼べるのだろうか。不思議なことである。

このように考えていくと、名前とは、外界にあるひとつひとつの具体的な物についているのではなく、それらを何らかのかたちでまとめあげたもの、それをとりあえず意味と呼べば、意味に対してつけられているのだということがわかる。そして名前そのものには、意味がないこともわかる。名前は、記号や符号のようなもので、多くの場合「机」の代わりに「つくえ」と表示してもよい。また完全に等価ではないにしても、desk と翻訳することも、それをまた「デスク」という発音に置き換えることもできる。だからみんなで協定すれば「机」という名前をやめて、同じイメージのものをたとえば「ポポコ」という名前に変えることだってできるにちがいない。

1歳ころから、子どもはことばを話しはじめ、世界を名づけはじめる。ことばを話すということは、「ママ」とか「パパ」とか発音できるということではない。それらの発音に「意味」が伴う必要がある。大人がモノを指し示して「ママ」などと発音しているうちに、子どもが模倣して言えるようになるという俗説が昔から繰り返しとなえられてきた。しかし、もし仮に、ことばを外から与えて、オーム返しのように、その名前を覚えて言えるようになったとしても、そのモノの見かけが少し変われば、応用がきかないだろう。あれも、これも「つくえ」というように呼ぶことはできない。ことばを話すには、子どものなかに世界を意味づける働き、イメージ化できる力が育たねばならない。

ことばを話すとは、「意味と表象の世界」に生きはじめるということである。子どもは、ことばによって意味ある世界、生き生きと息づくイメージの世界を基盤にして現実に対処しはじめる。それこそ赤ん坊の世界を、大人の世界へと決定的に変化させる転換点である。

■1歳代という時代

1歳代という時代には、「二本足で立ち上がって歩く」「ことばを話す」という、人間らしい2つの基礎能力が育つ。ここには、赤ん坊の世界から大人と同じ世界へ出発する転換点のなぞを解く鍵が秘められている。大人からみるとわずか1年にすぎなくても、子どもの体験する時間はまったく違う。子どもと共に暮らしてみると、初めての誕生日を迎えるときには「よくぞはるばるここまできた」という感慨に浸るほどに、1年間は長い月日である。

0歳代は、人間の一生のうちでもきわだって特別の時期である。体重ひとつを例にとっても、生後3か月で約2倍、1歳で約3倍になるというように、急速に成長する。0歳代の発達的な変化は、身体活動において著しい。子どもの成長は、体重や身長の増加グラフや、「這えば立て、立てば歩め」などの活動の変化で表わされ、心の発達も「〇〇ができる」という技能として外面的に把握される。

0歳児の心理世界は、一般の人びとからははるかに遠いとはいえ、まだまだ理解されやすいといえる。細かく発達を見守る専門家も、産婦人科や小児科の医師や保健師など多数いて、最近の医学や心理学の研究も、0歳代に集中して行なわれてきた。

また2歳代後半から3歳以降の子どもについては、すでに多くの研究がなされてきた。それは彼らが自らの内面を第三者に語るための、ある程度公共化されたことばを使えるからである。子どもたちは初対面の人にでも、質問されれば答えられる程度には、一般化されたコミュニケーションの手段をもっている。そして保育園や幼稚園や学校に通い公共の場で暮らすから、保育士や教師や友人や友人の親など、社会の広い範囲の人びとに理解されている。

そのあいだに挟まれた時期、個人差が大きいのだが、ほぼ1歳代を中心とする時期は、ふだん本当に身近にいて共に同じ体験をしたり、私的な感情的関係によって交流している人びと以外の第三者には理解されにくく、ほとんど研究も進んでいない特別の時期である。

その意味で、そこには未知の広大な領域が広がっており、神秘と不思議に満ちている。そして、たいへん魅惑的な時期でもある。

なぜなら、外からは見えにくいけれど、内面的には0歳代に匹敵するような急カーブの発達が進行しているからである。人間の発達は、完成までには非常に長い時間が必要で、限りなく変化する柔軟なプロセスであるが、その基礎は相当早くできるようである。そして人間の心の世界を編む原形となる、基本的でもっとも重要な心理機能は、ほぼこの時期にめばえると考えられる。

この「ことばが生まれるすじみち」シリーズの第2巻では、1歳代に生まれる「ことばと表象の発生」に焦点をあてて考えていくことにしたい。

方法論的には、この本は、世界の意味化のはじまりという、もともと外からとらえにくいテーマを扱い、そのうえさらに、外からとらえにくい年齢の子どもの心理にアプローチするという二重のハンディを負っている。

この本では第1巻『ことばの前のことば』で述べたように「モデル構成的現場《フィールド》心理学」の方法論をとっている。それは、生活の文脈と体験を丸ごと共にし、共感的に接している母親兼研究者が身近な一人の子ども（私の長男、通称ゆう、１９７７年７月６日生まれ）の行動を詳しく参加観察し、フィールド観察からボトムアップで理論化していくという方法である。（第1巻、第4巻と山田 1986、やまだ 1997 参照）。

なお、ゆうは、父、母、祖父、祖母、姉（通称ちぃ、ゆうとは3歳7か月違い）の6人家族で名古屋市で育った。父母ともに大学教員で、祖父は自宅でしょうゆの醸造業をしていた。当時はまだ育児休業の制度はなく、昼間はおもに祖母がゆうの世話をした。1歳8か月から2歳2か月までは、父、母、姉と4人でカナダのサスカツーンに移住した。1歳10か月からは保育園に通園した。

日誌研究の多くは、自分の子どものことばの記述からはじまった。それらは今でも高い価値をもっている。ことばの発達過程は、知れば知るほど不思議で、昔から多くの人びとの興味を惹いてきたが、科学が進歩した現代でも、機械的、大量生産的には調べにくい手仕事的な研究領域である。

ブラウンは「世界中どこでも、小さい子どもの最初の文は、努力してテープにとられ書かれて分析されている。あたかも偉大な哲人の最後のことばのように」と述べている。私たちに多少とも知識があるのは、苦労してこつこつと資料を蓄積してきた先人のおかげである。

ただし今までの言語発達研究の多くは、0歳代の行動を詳しく観察しないで、1歳前後の初語のはじまりから研究をスタートすることが多かった。また、音声や統語などの形式的側面からみたことばの発達にあまりにも偏っていた。

初期のことばは、音声言語だけに注目していたのでは、とても理解できないだろう。ことばは、それだけ単独に独立《シンプル・ロケーション》するものとしてではなく、子どもの生活の文脈のなかでとらえなくてはならない。ことばは、コミュニケーションや認識機能を担う他の行動との連関、ことばが埋め込まれた行動の文脈と有機的に関連させてとらえねばならない。また、ことばの意味的な側面こそ重要である。

このように考えると、子どもの初期のことばがゆっくりとしか出現せず、遅々としか発達しない「片言」であることに今一度注目しなければならない。

1、2歳くらいの子どものことを英語では、トドラー（toddler よちよち歩きをするもの）という。このことばは、この時期の子どもの行動の特徴をよく言い表わしている。

日本語にはそのような特別のことばはない。だがこのころの子どものことばの特徴を言い表わすのに「片言」という呼び名をもっている。水車の水音にも似た、カタコト（katakoto）というリズミカルな音で構成されたこの名前は、赤ちゃんことば（baby talk）という説明的呼び名よりも、すてきな命名である。

1歳代は片言の時代である。片言は、「理想的に構造化された言語」や「完成された言語体系」の側からみれば、不完全なものにすぎない。それは、大人のことばと比べれば不十分で未熟であるから、一刻もはやく脱出すべき発達途上の一過性のことばかもしれない。

しかし、別の側から考えることもできる。私たちは、経験したことや言いたいことのほんの一部しかことばにできないのが常ではないだろうか。それならば、ことばというものは本来、片言なのではあるまいか。

もしことばが、海面下に大部分を沈めている氷山の一角のようなもので、経験世界のできごとやことがら（こと、意味内容）を表わす、片端（ことのは）にすぎないとしたらどうだろう。大人のことばよりも「片言」のほうが、ことばというものの原形をよりよく示すはずである。

■ことの端《は》としてのことば

西欧の言語では、乳児は、ことばがないもの（infant）と呼ばれ、ことばがないものは、人間以下の生きものとみなされた時代もあった。それは、「はじめにことばありき」という世界観に基づいている。

神は「光あれ」と言われた。すると光があった。神はその光を見て、良しとされた。神はその光とやみを分けられた。神は光を昼と名づけ、やみを夜と名づけられた（創世記１－１）。

初めに言《ことば》があった。言《ことば》は神と共にあった。言《ことば》は神であった。この言《ことば》は初めに神と共にあった。すべてのものは、これによってできた。できたもののうち、一つとしてこれによらないものはなかった。この言《ことば》に命があった。そしてこの命は人の光であった。光はやみの中に輝いている。そして、やみはこれに勝てなかった（ヨハネによる福音書１－１）。

天地は滅びるであろう。しかしわたしの言葉は滅びることはない（マタイによる福音書24-32）。

「はじめにことばありき」の世界観では、ことばによる名づけが世界をつくり、ことばによって世界が恣《し》意《い》的に区切られるということば観をつくってきた。ことばによって構築される世界を特別に重視し、ことばは天地や物質よりも永遠に生きながらえる真実であると考えられたのである。この世界観はときに価値が反転して、ことばや文化や精神とは対極にある「自然」の価値を大きくする。ことばや文化と対極にある「ありのままの自然や生得的なもの（nature）、身体的なもの」を特別視する方向に大きく傾くのである。しかし両者は正反対のように見えて実は同じ世界観の両極にすぎない。

それに対して、私がこの本で述べようとしているのは、「ことの端《は》のことば」観と言えるかもしれない。この世界観は、ことばが〔ここ〕という場所や文脈から独立して永遠に存在しうる真理であるかのようにみなされてきたことへの懐疑から出発する。

斉の桓《かん》公が書斎で読書をしていると、庭先から車大工の輪扁《りんぺん》が手を休めて上ってきた。

「だんなさま、読んでいらっしゃるのは、どなたのお言葉ですか？」

「聖人の言葉だよ。」

「その方は、今も生きておいでですか？」

「とっくに死んでしまっているよ。」

「それでは、だんなさまが読んでいらっしゃるのは、昔の人の糟魄《カス》ですね。」

「カスだと？　私の読書に大工ふぜいが何を口出しするか。申しひらきができればよし、さもなければ一命はないぞ。」

「私の事から観るとそう思えるのですよ。車輪を削るのに、徐《おもむ》ろにやれば、甘くなりすぎて固くしまらず、疾《はや》くすれば、窮屈でうまく入らなくなります。ゆっくりすぎず、はやすぎず、それは手で得て心に応えるコツだけです。それは偶然のものではなく、理はその間にあるのですが、口では伝えられないのです。私は自分の子にそれを喩《おしえ》られず、子は私からそれを受け継げません。それで70にもなって年老いても車輪を自分で削っているのですよ。昔の人は、伝えることができないものと共に死んだのでしょう。ですから、だんなさまがお読みの本は、古人のカスにすぎませんよ。」

（荘子　外篇、やまだ訳）

ことばは、ことの端《は》である。はし（端）とは、「ものごとの末の一部分、切れ端、片、ふち、へり、さき」「周辺、末端、辺、隅、はずれ」などを意味する。ことばは、自分が見ていること、聞いていること、感じていること、起こっていること、できごと、生きていることなど「こと」や「もの」のほんの一部しか表わすことができないし、人にも伝えられない。身をもって経験したことに比べたら、どんな立派な人のことばも、カスのようなものである。

「端」は逆説的であるが、両価的である。それは周辺部であるからこそ、別の端《はし》をむすぶ「先端」になり、橋《はし》になりうる。はし（端、橋）は、ものごとのあいだをむすび媒介し、なかだちとなる。はしは、へり（縁）にあるゆえに、えん（縁）をむすばせ、離れたところにあるものに橋をかけ、かかわ（関わ）らせ、関係づける働きをする。

端《はし》は、ものごとのはじめ、先端、いとぐち、きざし、しるし、きわ（際）でもある。きわ（際）は、限り、果てであると共に、ものごとが接する場所、境目、境界、仕切りであり、ものごとの様相の転換に重要な役目をする。

「はじめにことばありき」言語観では、ことばが光であり闇に打ち勝つ。それに対して「ことの端《は》のことば」言語観では、ことばは「やうやう白くなりゆく山ぎは少し明りて（清少納言）」というように「はし」「きわ」を照らす。ことばは、最初に明るみを感知しうる先端や境目であり、光と闇をくっきりと分けるというよりも、両者のあいだにあって両者をむすび媒介し関係づける、手がかりやとっかかりであり、「よび水」である。

ことばは生きものであり、今ここという現前の場所〔ここ〕から離れたら死んでしまい、後に残るのはカスのようなものである。ことばは、身近な経験世界〔ここ〕を基盤にしないで理解したり伝えることはできない。

しかし、もう一方でことばは、人類の知恵の結集であり、宝庫でもある。ことばは、現前の場所〔ここ〕から相対的に自立しうる体系をもつ。カスであるはずの2300年以上前の荘子のことばが、まったく異なる文化・習慣・風俗をもつ現代に響くのだから、ことばは「ことだま」と言われるように、畏怖するほどスゴイ力をもつ。この矛盾を、どのように考えたらよいのだろうか。

ことばは、その時代に生きる人びとが、そのつど現在の自分が生きている経験世界や文脈のなかに「うつし」、もとの意味とは少しズレた意味になっても〔ここ〕で生かしながら使いつづけてきたから、現代においても生きているのではなかろうか。この本に引用した荘子のことばも、〔ここ〕の文脈のなかで荘子が想像さえしなかった新しい息ぶきを得て、新たないのちをもって生きはじめているだろう。

ことばは、世界を分節化する知識体系であるが、もう一方では、今ここという文脈や場所のなかで生まれて、変化していく「生きもの」である。生きたことばが、一人の子どもをとりまく人びとや文脈のなかで、どのようにして生成されていくのか。それを、できる限り詳しく観察・記述していくことが本書の目的である。

2　最初のことば

■初語「マンマ」

乳児が初めて2本の足で歩いた記念日は比較的はっきりしている。それは外からみた行動様式だけで判断できるからである。

だが乳児がたとえば「マンマ」と言ったとしても、ことばかどうかは発音だけではわからない。だからいつ初めてことばを言ったか決めることは容易ではない。乳児は早くから「マンマンマン」というような喃語(babbling)を発声するが、それは特定の意味内容を伴っていないからことばとはいえない。発声に意味があるかないかは、何度も繰り返して同じ対象やことがらをさして使われることを確認しなければならないから、最初の時点では決められない。しかもはじめのころは、意味があるようでないようで乳児自身もはっきりした使い方をしないことが多いから、よけい難しい。

しかし初語(first word)の発生時点がいつかを同定することは、それほど重要ではない。ことばの開始には個人差がたいへん大きい。顕著に遅いときには問題があることが多いが、話しはじめが早いからといって知能が高いというわけではなく、その後の発達を予測することもできない。

それは音声言語としてのことばだけが重要ではないからだろう。ことばにとって重要なのは、それが意味するもの、意味世界である。つまり、ことばにとって重要なのは、表象機能、イメージの世界ができることである。

ことばは、音声記号で表わされるだけではなく、身振りなど身体記号でも表現される。特に発達の初期段階では、音声と身体は密接にかかわりながら意味世界を成立させると考えられるので、それらを合わせて子どもの世界が豊かであればよい。また子どもによって表現のしかたや技能には得意、不得意がある。かなり早くから音声で明瞭に表現できるおしゃべりな子もいるし、身振りのほうが上手な子もいるが、ことばを使うほうが高級とはいえないし、幼児期後半になると個人差は少なくなる。

この時期では、音声言語も他の多くの表象行動のうちのひとつにすぎない。それらは共に支えあいながら、両行して表象機能を発達させるのだと考えられる。

ゆうの初語は「マンマ」であったが、それは次のような経過ではじまった。

308（0：9：17）「マンマ」「マンマ」という発声が独立して使われるようになってきた。「マンマンマンマン」という音声が連続した反復喃語ではなく、一区切りの発声になってきた。食べ物に対して言うとは限らず、意味はまだ不明瞭だが、まったく無意味ともいえず、哺乳びんを見ると言うことがあるし、何かを要求するときにも言う。

309（0：9：20）何かものを見て、それが欲しいとき、あるいは何かを表現するときに「マンマン」「マンマ」という発声をよくするような気がする。「ブーブー」など口をとがらせた発声は、無意味で単なる遊びのときが多いが、「マンマ」は対象があるときが多いようで、何かの意味が感じられる。

たとえば母に抱かれて、今まで自分では見えなかったタンスのガラス戸の中の人形を見ると、「マンマン」と言う。また必ずいつもというわけではないが、夕方母が帰宅したとき母の顔を見ると「マンマン」と言う。単なる機嫌のいいときの発声とも違う。そして本当に物が欲しいときの声でもない。物が取りたいときや欲しい気持を強く表出するときは、「アーアー」「アッアッ」「ウーウー」などの、強いイライラした声を出す。また母がゆうの前からいなくなったときなどは、「アーアー」という強い呼びかけの発声をする。

以上の例のように、「マンマ」の発声が明確化しその意味内容はまだあいまいではあるが、確かに何らかの意味が含まれているという段階から、次の例のように「マンマ」の中心的意味がおもに食べ物類に関係していることが明確になる段階へと移行したようである。私は「マンマ」が相当明確に一貫して使われるようになった観察に至って初語と認定したが、もちろんいつからとはっきり区切られるものではない。

なおこの本では音声表示としてはラフではあるが、カタカナで記すことにする。もともと音声表現の詳細な分析をするには日誌記録では無理であり、その目的のためには別の研究方法が必要である。

ゆうの発音には微妙な揺れがみられた。「マンママンマ」「マンマン」「ウマウマ」「ンマンマ」などいろいろに聞こえ、日誌の記述も少しずつ違っている。それはひとつには、乳児の音声の筆記の難しさの反映であり、実際には表記が違うほどには差異があるわけではないと考えられる。もうひとつには、指さしの場合と同様に、ゆう自身の音声表現そのものに揺れがあり、音声記号としての形式を一定のかたちに整えるのには少し時間がかかるのだとも考えられる。いずれにしてもここでは、音声表現そのものよりも、それがどのような意味内容を担っているかに注目していきたい。

310（0：9：27）　食べ物を見ると「マンマ」という発声がよく出る。セロハンの小袋に1つずつ包んであるおかしを見ると、ゆうが「マンママンマ」と言う。母がゆうに袋ごと渡すと、手で持つがすぐに捨てる（袋に入っていて食べられないことがわかる、それほど欲しいわけではない）。このように「マンマ」と言うときに必ずしも食べたいという欲求があるわけではない。また母がゆうに食べ物を見せないで口だけで「マンママンマよ」などと言うと、ゆうが欲しそうに自分の口を動かしたり泣きそうな声になるので、「マンマ」が食べ物の意味だということは、はっきり理解している。

311（0：10：01）　「マンマ」の発声が特徴的に用いられる。大きく分けると次の3種類の場合に言うことが、かなり一貫してきた。

第一に「食べ物」に関して、特に「食べ物を欲しい」という意味の「マンマ」である。たとえば台所へ行くと必ず「マンママンマ」と言いだす。そして、それほど空腹ではないのに、だんだん強くテンポの速い、少しかすれたイライラしたような切迫した調子の「マンマンマンマンマン」の発声に変わり、何か食べ物を欲しがる。また、食べ物や哺乳びんを見たときにも必ずのように「マンマママンマ」と言う。

第二に「母に来て欲しい、抱いて欲しい」という意味で使う。母の顔を見ると「マンママンマ」と言う。ゆうが自分からハイハイをして母のところへやって来るときよりも、母のほうに来て欲しい、抱いて欲しいという気持のときによく言う。

第三に何か興味をひく具体的な対象を見たときにも「マンマ」と言う。たとえば公園でゆうをシロツメグサの花の中に座らせると、「マンマ」と言っては花を取り、両手でちぎっては放る遊びを繰り返す。

ことばは、それによって世界を意味化し表象する認識機能のためにも、人に自分の要求やメッセージを伝えるコミュニケーション機能のためにも使われる。両者は明確に分けられるものではないし、分けるべきではないというのが私の考えである。だがことばはあまりにも複雑な働きをもつので、この本では、ことばの何をどのように問題にするのかをとりあえず限定しておきたい。そこで「叙述」「要求」機能をもつ発話を中心に、音声ことばだけではなく身体ことばというべき表象行動を幅広くとらえて、その意味作用（signification）を見ることにする。

「マンマ」の初期の使われ方をみると、食べ物に関したものが中心的な意味内容であった。次の例のように最初は、おもに要求（食べ物が欲しい）として使われ、まだ自分の欲求と分離した叙述としての使用はみられなかった。そして「マンマ」ということばを聞くだけですぐに何かを食べたくなってしまう様子がみられた。

312（0：10：24） ゆうは誰かが台所へ行くのを見ると、必ずのように「マンマンマン」と言って、自分もすぐに台所へハイハイをして行く。台所のドアがしまっていると、つかまり立ちして開けようとするが、あかないと泣きだす。満腹のときでも台所へ行けば、「マンママンマ」と言いだして食べ物を欲しがる。

313（0：10：28） ゆうは食べ物を見ると、空腹でなくても「ウマウマウマ」と言って請求する。母がとりあわないでいると泣きだす。台所へ行くと必ずそう言いだして、何かを欲しがる。家族の食べているところや、自分が食べたことがなくても食べ物らしきもの（袋やまんじゅうなど）を見ると、「ウマウマ」とやかましく言いだして口を開け食べたそうにする。ウエハースの箱やビスケットの箱、バナナなどは見ただけで食べ物とわかり、「ウマウマ」と言いだす。また空腹になると食べ物を見なくても「マンマン」と言いだす。

ゆうの場合には次の例のように、11か月後半ころから自分の欲求とは別に「食べ物があるよ」「これは食べ物です」と平叙文で述べていくような、叙述的な「マンマ」の使用がはじまった。

314（0：11：18） 病院の待合室で、他の子どもがジュースを飲んでいるのをゆうがじっと見ていた。その子が、ジュースの飲みかけのびんを棚の上に置いて、診察室の中へ入っていくと、しきりにジュースびんを指して「ウマ」と言う（特にそれを手に入れなくてもよい。遠くから眺めて発声しただけである）。

315（0：11：22） 絵本で自分がふだんから食べているビスケットやウエハースや哺乳びんの広告写真を見つけると、そこを人指し指でさして「マンマ」「マンマ」と言う。絵本で菓子やジュースやアイスクリームなど食べ物の絵を見ると、「マンマ」と言う。

316（1：0：09）　ゆうは、バナナなどの果物、パンや菓子、皿の上にあるもの、菓子の箱、哺乳びんを見たときや、台所へ行ったときなどには「マンマ」か「ンマ」と言う。母が「ゆうくん、マンマ食べよう」とことばだけで言うと、ゆうは「マンマ」「マンマ」と言いながら、先に居間から台所へ歩いて行き、母が来るのを待っている。「マンマ」と言っただけで食べたくなってしまうことは少なくなった。ゆうをスーパーマーケットへ連れて行っても他の売り場では何も言わないが、菓子売り場へ行くと「マンマ」と言う。しかしすぐに食べたそうにはしない。

317（1：0：10）　最近ゆうは、絵本でビスケットなどの写真を見たり菓子の箱を見ても、指さして「マンマ」とは言うが、それによってすぐに食べたくなることはない。叙述と要求は別である。またカップなどを手にもつと「マンマ」と言って口につけるが、中身が空でもよく、口につけて見せるだけである。

「マンマ」の使用例を集めてみると、その意味内容はその後も食べ物が中心であった。1歳1か月ころではそれは、ゆうが知っている食べ物やその絵、人が食べているもの（アメやセンベイやガムなど自分では食べたことがないものも含む）、食べている動作、炊事に関係する動作、食べる場所（台所や食卓やその椅子）、食べ物の入っている箱や袋、食器類や哺乳びん、炊事の道具、ジュースなどの自動販売機、外出時の母のカバン（その中に食べ物や哺乳びんが入っている）、食べ物の類似物（ドングリなどの木の実やほおずきなどの赤い実）などを指しており、いずれも叙述（食べ物があるよ）と要求（食べたい）の両方で使われた。おもな観察例は次のようである。

318（1：1：00）夕方ドライブに行ったとき、母の黒いカバンの中に菓子を入れていった。翌日（1：1：01）ゆうがその黒いカバンを見ると、「ウマウマ」と言いだし、その中を捜そうとする。

319（1：1：05）ゆうにほおずきを皮ごと渡す。5日前（1：1：00）にも渡したが、そのときには何かわからず、いろいろいじっているうちに皮の中に玉が入っているのを見つけてたいへん喜んだ。今日は、ほおずきを手に取ると微笑して、すぐに皮をむいて玉を取り出し、「ウマウマ」と言いながら少し離れたところにいた祖父に見せに行く。

320（1：1：10）ゆうをスーパーマーケットへ連れて行くと、バナナなどを見て指さし、「ウマウマ」と大声で言う。同じように「ウマウマ」と言いながら、次々と箱やびんなどを指さしたり触ったりする。母が抱き上げるといやがる。ゆうは、食べ物のひとつひとつを指さしては「ウマウマ」と言いながら、自分で歩くのを好む。しかし、母が「ゆうくんゆうくん」と呼ぶと、母のところへ来る。母の姿が見えなくなるほど遠くへ行っても、母のいるところを自分で捜して、レジのわきをすり抜けて母のところへ帰ってくる。

321（1：1：13）ゆうが一人遊びをしているとき、母がそっと台所で料理をはじめると、ゆうは満腹で食べたくないときでも、必ずやってきて母のスカートをひっぱって「マンママンマ」と言いだす。ゆうが「マンママンマ」とうるさく言って料理しているところを見たがるので、なかなか炊事ができない（母が料理をつくっているところを高椅子の上や抱かれて見たい。あるいは母に相手をして欲しい）。

このように「食べ物類一般」あるいは「何かして欲しいときの要求一般（母親に来て欲しいときも含む）」

とでもいうべき非常に大きい包括的な意味範囲ができ、それが「マンマ」類の発声で呼ばれたようである。なお食べ物ではなくても、デパートのショーウインドウや天井の玉飾りなど、ゆうにとって特に興味あるものやめだつものも、「マンマ」類の発声で呼ばれた。おもな例は次のようなものである。

322（1：1：12）父が押し入れからアヒルの形のオマルを取り出すと、ゆうは興味深げにそれをじっと見ていて、「ウマ」と言う。

323（1：1：13）母がオマルのアヒルを風呂場で洗っていると、ゆうはじっとそれを見ていた。それから台所にいる祖母のところへ行き、風呂場の方を指さして祖母に「ウマウマ」と言ってから再び風呂場の母のところへもどってくる（祖母にアヒルのことを伝えに行ったのだろう。このころから、そこに居ない人にわざわざ何かの情報を伝達しに行ってから帰ってくるという行動が他にも多くなった）。このアヒルにはたいへん興味をもち、一日離さないでそれを押して廊下を歩く（後には、このアヒルは「ガァガァ」と呼ばれるようになった）。

324（1：1：15）昼寝から起きて、母の顔を見ると、「マンママンマ」と言う（何かが食べたいとか飲みたいわけではないので、母への呼びかけだろうか）。そして外のテラスで姉が遊んでいるのを見ると、外にいる姉を指さして「マンママンマ」と言う。

■初期のことばの出現状況

ゆうの場合には「マンマ」の次に現われたことばは、自動車を表わす「ブー」であり、この2つがもっとも早くからみられた二大言語であった。

次のように「ブー」の発声そのものは、「マンマ」と同じころには十分できていたにもかかわらず、意味内容をもつことばとして自発的に使われたのは、2か月近く遅れて11か月すぎからであった。

しかしいったん出はじめたらその後の発達は早く、11か月半ばすぎにはすでに「マンマ」と同レベルのことばとして明確な一貫した意味で、しかもほとんど同時に叙述的にも使われた。（要求の「ブー」は、（0：11：11）が最初であった）。

325（0：9：17）ゆうが一人で唇を合わせて「ブー」という音を出して遊んでいる（特別に意味のない発声である）。

326（0：11：09）今まで「ブー」をはじめとして、かなり多様な音の発声をしても、「マンマ」の他には特定の意味とむすびついている様子はみられなかった。しかし今日初めて家の前の通りで自動車を見せているとき、母が「ブー」と言ってやると、ゆうが「ブー」と模倣した。それからは自動車が通るたびに、ゆうのほうから自発的にそして的確に「ブーブー」と発声する（今までもゆうは自動車にはたいへん関心があったので、母が抱いて二階の窓から、あるいは通りに出て自動車を見せることは多かった。そして母が「ブーは？」ときくと、自動車を指さしたり見たりしたから、ことばの理解は確実にできていた。しかしこのようにタイミングよく模倣することはなかったし、自分から発声することもなかった）。

327（0：11：19）ゆうは絵本で自動車を見ると自発的に「ブーブー」と言う。食事が皿にのっている絵やジュースの絵を見ると「マンマ」と言う。この2つは、ことばとしてかなり明瞭になってきた。

子どもは散歩や外出が大好きである。新生児でも、泣き止まないときには外へ連れ出すだけで機嫌がよくなる。幼い子どもは、家のなかの単調な世界から外へ出たくても、大人に頼らなければならない不自由な存在である。だから「連れて行って」「外へ行きたい」などの要求は、子どもにとって本質的なものであろう。自動車などの乗り物は、外出のための実用的な手段として価値が高い。

しかもそれだけではなく、乗り物には、身を丸ごと揺さぶる魔力的な魅力がある。通勤電車でおなじみのように乗り物のリズミカルな揺れは揺りかごのような心地よい眠りを誘うし、ときには遊園地の乗り物のようにスリルとスピードをもたらす。

また乗り物は見ているだけでも楽しい。人間は生まれつき「動くもの」に関心をもつ生きものであるが、乗り物はそれ自体で子どもの興味をひく「動くもの」でもある。

ゆうの「ブー」も、次の使用例をみるとわかるように、おもに「乗り物類（特に自動車）」を叙述したり、「乗りたい」「外へ行きたい」などの要求のために、生活のなかで頻繁に繰り返し密度濃く使われた重要語であった。

328（0：11：22）このごろのゆうは、庭に出たときや二階の窓から、父や祖父の自動車を見ると、必ず「ブー」と言う。

329（1：0：00）ゆうは、絵本の絵を指さしては「アー」などの発声をする。犬の絵には「ワンワ」に似た発声をするが確かではない。自動車の絵には確実に「ブー」と言い、食べ物の絵には「マンマ」と言う。絵本以外でも自動車の絵や写真を見ると、「ブー」と言う。ビスケットの菓子箱の裏に小さい自動車の絵が描いてあったら、それを指さして「ブー」と言う。

330（1：0：03）父と母が買い物に行く話をしていて（自動車の話題は出ていない）、父が立ち上がって服を着替えはじめると、ゆうが「ブー」と言いはじめ、自分から玄関へ行って座っている（自動車に乗って連れて行ってもらいたい）。

331（1：0：05）母が姉に向かって「さあ、お散歩に行こう」と言うと、ゆうがバイバイの手振りをはじめ、「ブー」と言う。母が朝、二階で学校へ行くために服を着替えはじめると、「ブー」と言う。

332（1：0：09）「ブー」は外へ出かけることと深いむすびつきをもっていて、母が「お散歩行きましょう」と言うと（実際には自動車では行かないのだが）、ゆうが「ブー」と言い、母より先に玄関へ行って敷物の上で座って待っている。父母が外出のために着替えをはじめると、ゆうが「ブー」と言って玄関へ行き、座って待っている。「ブー」と言ってバイバイの手振りをすることもある（これらの「ブー」は、これから起こることを予測し先どりして表示するもので、「外へ行くよ」「ブーで行くよ」というような意味であろう）。

333（1：0：12）毎朝、父母が学校へ出かけるための着替えをはじめると、二階から見える父の車を指さして、「ブーブー」と言いはじめる。父や母の顔を見ては繰り返し「ブーブー」と言い、連れて行って欲しいという意志表示をする。玄関へ行って、しきりに「ブーブー」と言っている。父と姉が順番に出て行き、最後に母が出て行くときに、ゆうが玄関で母に両手をさし出して抱かれたいしぐさをしても、とうとう自分だけ置いていかれそうになることがわかると、母が出る直前に、ウァーンと精いっぱいの声で泣きだす。

ついていた)。

334 (1:1:02) 夜に帰宅した父に抱かれると、ゆうは「ブー」と言う(「ブーに乗ってきたんだね」というような意味である。以後同様の記録が多くあり、「ブー」は父の代名詞であるかのように、父と自動車とがむすびついていた)。

335 (1:1:18) 朝、父母と姉が学校や保育園へ出かける用意をしていると「ブーブー」と言って落ち着かなくなり、母について歩き、玄関でうろうろしている(「ブー」で行きたい)。いよいよ自分だけ置いていかれることがわかると、「ニャイニャイ　ニャイニャイ(イヤ)」と言いながら泣きだす。

336 (1:1:23) 玩具の消防車を見ると、「ブー」と言う。母がハシゴを伸ばしてやると、母の顔を見て「ン」「ン」と言い、何度もやれと要求する。絵本の消防車を見ても即座に「ブー」と言うが、玩具と絵本の両方をむすびつけるような様子はみられない。

337 (1:1:25) 夜に居間にいるとき、近くで自動車の音がすると、ゆうは玄関の方へ何度も見に行く(父が帰ってきたかと思うらしい)。本当に父が帰宅したときは、父の顔を見るなり「ブー」と言う。

338 (1:2:09) 父母と姉と共に琵琶湖の方へドライブに行く。その朝ゆうは、自分も連れて行ってもらえることがわかるのか、いつものようなイラだちはなく、しきりに「ブー」「ブー」と言いながら、ニコニコしている(「ブー」で行くよ)。おしめを替えてもいやがらない。ただし準備しているあいだ父母がどこへ行っても、ゆうが「ブー」と言いながら父母の後をついて歩く。

車から降りて自宅へ帰ったとき、玄関に入って祖母の顔を見るなり、ゆうは祖母に向かって大きな機嫌のよい声で「ブー」と言う。自動車に乗っているときは言わず、しかもすぐ側にいる父母に対してではなく、祖母の顔を見たとたんに言う（一緒に行かなかった祖母に「ブーに乗って行ってきたんだよ」と報告をしているかのようである）。

ことばのはじまりは、どこの国の子どもでも驚くほど似ている。初語の開始は基準のとり方で変動するが、デイルによると生後10か月から13か月ころが大部分である。それは日本の資料でもほぼ同じである（村田）。ネルソンは、初語よりも語彙が10語になる年齢のほうがより安定した言語発達の指標になるというが、それは平均で15か月ころだという。

表1－1はゆうの自発語の出現状況である。特定のことばがいつから出はじめたかということは明確に同定できないから、およそでしかないが、年齢的にはゆうの発達はほぼ標準的だと言えよう。

ことばの出現には個人差がたいへん大きい。だがごく初期のことばは、一般に遅々としか発達しないところが大きな特徴である。

ゆうの場合には、初語の出現以来少なくとも2か月以上にわたって、ことばの数はおもに「マンマ」と「ブー」の2語だけであった。11か月27日には犬を指さして「ワンワ」と言った記録があるが、これは散発的でこの時期では頻繁に一貫して使われることはなかった。

そしてその後、1歳0か月26日ころから眠いときに「ネンネ」、1歳1か月01日ころから拒否の意味の「ニャイニャイ」がはじまった。

語彙の増大は、一般的にみてもはじめのうちはたいへんゆっくりである。スミスの調査（デイルによる）では、語彙数が3語まで増えるには、生後10か月から1歳まで約2か月かかる。そして約20語になるには、

表１－１　ゆうの自発語の初期の出現状況

10か月		(10:01)	マンマ（食べ物、欲しい）
11か月		(11:19)	ブー（自動車、外へ行きたい）
	＊	(11:27)	ワンワ（犬）
１歳		(1:0:26)	ネンネ（ねむい）
１歳１か月		(1:1:01)	ニャイニャイ（いや）
		(1:1:14)	ブンブ（水）
１歳２か月		(1:2:03)	ゴォーゴ（乳母車、電車）
	＊	(1:2:07)	ブー（ぶどう）
１歳３か月	［	(1:3:01)	アイ（はい・返事）］
	［	(1:3:04)	ニャーン（猫の鳴声）］
		(1:3:29)	アァ～ア（やっちゃった）
	［	(1:3:29)	ゴンゴ（何かを問われたときの答）］
１歳４か月		(1:4:02)	バァーン（物を放るときなどの声）
		(1:4:08)	バァー（あけて）
		(1:4:08)	ダンダ（ふろ）
		(1:4:08)	ジャージャ（牛乳、哺乳瓶、飲みたい）
		(1:4:12)	ニャーニャ（猫）
		(1:4:13)	ガァーガァ（鳥、アヒルのオマル）
		(1:4:15)	タータ（くつ、外へ行きたい）
		(1:4:20)	バァー（バナナ）
1歳8か月25日	約41語 マンマ（食べ物）、ママ（母）、チー（姉の名）、トット（父／トト・魚）、ジャージャ（牛乳）、ジャあるいはディ（牛乳以外の飲み物、ジュース）、ブンブ（水、お茶）、チーあるいはチッコ（尿をしたあと、トイレ）、タッチ（立ちたい）、イャン（いや）、ニャイ（いや、ない）、ニャイニャイ（いや、お片付け）、ワンワ（犬）、ニャーニャ（猫）、メェーメェー（ヤギ）、ピッピ（鳥）、ダンダ（風呂）、パッパ（タバコ）、バァー（あける）、イナイナイ・バアー（いないないバー）、ネンネ（寝る）、ブー（自動車）、ゴォーゴ（電車）、ブーン（飛行機）、タータ（くつ）、アム（ハム、肉）、オン（本）、カンカン（ちんちん）、ア～ア～（こぼしたときなど、やっちゃた）、パン（パン）、ガァーガ（アヒルなど）、ポーン（ものを捨てるとき、「ころころポーン」の本）、ディンゴ（リンゴ）、ゴンゴン（音がするとき）、コッコ（鶏）、ウン（返事）、アイ（ハイ）、ガッコウ（学校へ行くこと、大事なもの）、ダイジ（大事）、コウコ（タクワン）、バーン（たたくこと）		

［注１］明瞭な意味内容を伴う自発語のみで、（　）内は中心的な意味である。

模倣して発音したものや、一貫した反復使用がみられない不明瞭なものは含まない。他にも、特定の意味内容はもたないが、一貫して頻繁に反復使用された機能的な発声がみられたが、この表には入れなかった。指示的な「アッアッ」「ン、ン」、感動や呼びかけの「アー」、質問の「ン？」などである。

［注２］＊は出現当時は不安定であったが、後に定着したことばである。

［　］はごく一時的に出現して消失したことばである。後に復活したことばもある。

［注３］ゆうの二語発話は１歳６か月 11 日から開始。

さらに半年の月日が必要で、1歳半ころになる。しかし1歳代後半の半年になると、状況は大きく変わる。語彙数が急速に増えだすのである。そして2歳には約270語になるという。

ごく初期のことばは、なぜ遅々としか発達しないのだろうか。これは、ことばというものの本質を考える上での重要ななぞである。

また初期のことばはすべて、1つのことばだけの一語発話であるが、2つのことばが連結される二語発話が出現するのは、多くの資料によれば、1歳6か月から1歳8か月ころである。したがって語彙数においても統語においても、初期のことばは、1歳代後半以降のことばとは質が少し違うと考えてよいだろう。

初期のことばは音声的にも、はっきりした特徴がある。どこの言語圏で育つ子どもも同じような発音の一語発話をする。

音声は1～2音節で、たいてい子音と母音からなる。子音は両唇音（m. p. b）や、口腔の前部に近いところで発せられる音声（d. t. n）が多い。言語地域にかかわらず初語には「ママ」の類のことばが多いとも言われる。母親が「ママ」、父親が「ダダ」「パパ」などと同じような名前で呼ばれるのも、調音上の理由と関係があるのだろう。

ことばが言えるかどうかということと発音のしやすさは大きな関係をもつ。だが調音できることは、ことばが話せることへと直接的につながるわけではないようである。

「マンマンマンナンナンナン」「プープープープー」などの無意味な音声を連続して出す喃語は、生後半年ころに多くなる。これは、大人の抑揚パターンや強勢に似ていて、まるでことばを話しているようにみえるときもあり、音調の発達と何らかのつながりがあると考えられる。しかし喃語とことばとのあいだには、大きなギャップがあることも確かである。

反復喃語には、調音を使った遊びという側面がある。乳児が一人で自発的にしきりにいろいろの音を出して楽しむことが多い。どの動物も子どもは好奇心が強いが、人間の子どもの好奇心は並みはずれている。そして少し変わったことができると、おもしろがってもっとやろうとする。そして次にはもう少し変えてまたやってみる。調音の発達にも、このような自発的にやってみようとする探索意欲や、自己学習能力がかかわっている。乳児は、遊びながらいろいろな音声を出す練習をするわけである。

だから喃語段階ではかなり幅広い音声が発声される。村井潤一（1970）によれば、音声バラエティのピークは、8か月から1歳ころだという。ことばの出現後は、それまでは多様化や拡大化に向かっていた音声は逆に、縮小され制限されるようになる。たとえば喃語段階では頻繁に使われていたエル（l）とアール（r）は、初期の語にはめったにみられなくなり、それらの使い分けも言語習得の最後のほうにならないとできない（クラーク）。

このような意味では、マクニールが言うように「喃語から最初のことばへの発達は連続しているのではなく不連続である。幼児は、多数の音を発する時期を速やかに通過して、コミュニケーションのための数少ない音のみを集中的に発するようになる」（『ことばの獲得』）のだと言えよう。

また喃語レベルでは、母語の影響はほとんどなく、どの言語圏の子どもも似通った発音をする。中島誠によれば、生後1年までは日本の子どももアメリカの子と音声上の差異がなかったという。また、大人になってからでは発音が難しくなるロシア語やフランス語の特殊な音も出すことができる。この時期には、子どもはどのような言語圏のことばでも習得できる可能性をもっている。

ひとつのことばを身につけるとは、外から何かを「獲得する（とる）」だけではなく、可能性を「捨てる」ことかもしれない。

音声が意味の媒体として使われはじめるとき、自由度を拡大するのではなく、縮小する方向へ向かうことは興味深いことである。同様の現象は、身振りなどの発達においてもみられるし、乳児期だけではなく発達のさまざまなレベルで生じる。発達とは、ある面では自由度と可能性を捨て制限し縮小していくプロセスでもある。

それは初期のことばが遅々としか発達しないこととも関連するだろう。初期には子どもは、多くのことばを発音するのではなく、少数の単純なことばを時間をかけて頻繁に繰り返し、生活のなかで密度濃く使いこなせねばならない。

だからこの時期の子どもにとっては、調音上の制約があり、音声模倣が自由ではなく、次々と空疎なことばを発する誘惑から免れていることはとても重要ではないだろうか。ことばにとって本質的なのは、形式や道具（音声や統語）の良し悪しよりも、それにどれだけの意味をもりこめるかということだからである。

3　一語発話の意味

■「マンマ」と「ブー」の意味発達

初語期から半年ほどのあいだは、どこの国の子どもの発話も、ブルームの用語を使えば一度に一語（one word at a time）の一語発話である。

一語発話は、スターン以来「一語文」と呼ばれることが多かった。子どもはたとえば母親を意味する「ママ」ということばで、「ママこっちへ来て」「ママ抱いて」「ママあれが欲しい」「ママ好き」など、さまざまな意味の態度を表明する。だから表現されているのは、「ママ」一語であっても、それは語ではなく文

(sentence) なのだという。

一語文という考え方は、ある意味では妥当である。たとえば「ママ」を大人の言語カテゴリーをそのまま適用した品詞に分類して語彙数のリストをつくっても、子どもの言語発達を理解することは難しい。子どもにとって「ママ」は、単なる名詞以上の機能をもつ意味的複合体だからである。

そのような考え方は、今でも大すじにおいて認められている。しかし生成文法理論の流れをくむマクニールのように、一語を発することに限定されているが、子どもが完全な文に似たものを思い浮かべることができ、文法的な「文」を知っているのだとみなすとすれば行き過ぎだろう。

一話発話を大人の文を分類するための品詞に機械的に分類することが妥当でないのと同じように、一語発話を「文」とみなす考えは、子どもの発話を成人の言語カテゴリーの基準でとらえすぎている。そして言語のもつ統語的側面に関心が偏りすぎている。

子どもは最初の2年間に、外界に対する自分のさまざまな体験を意味化し、それをもとにしながら言語記号による構造化をなしとげていくのだと考えられる。したがってマクナマラが言うように、初期の言語発達においては、意味が果たす役割こそ基本的である。

そのとき大人の枠組をそのまま子どものことばの解釈にあてはめるのは危険である。子どもの片言は、意味の複合体の片端（ことの端《は》）である。だから何よりも子どもの目でみた世界の構造化を探らねばならない。

この本ではそのためのいくつかの試みを述べる。まず、ゆうの場合に初期の二大言語であった「マンマ」類と「ブー」類の意味発達をまとめてみたい。

図1-1は「マンマ」類、図1-2は「ブー」類の意味内容に関する使用例を集めて発達の概略をまとめたものである。2つの図を比較してみるとわかるように、2つのことばの意味内容の発達過程にはやや違いがみられた。

「マンマ」は、先に述べたように食べ物を中心に非常に包括範囲が広く、最初に「食べ物類一般」あるいは「要求一般」とでもいうべき大きい意味範囲ができ、それが「マンマ」かその類似発声で呼ばれた。そしてその広い意味範囲の中身がだんだん分割されていくようなかたちで、後に述べるような「ブンブ（水）」や「ジャージャ（牛乳）」をはじめとして多くの分化した語が発生した。

それに対して「ブー」は、初期からかなり狭い意味内容をもち、その使用のしかたは叙述的に使われる場合は、大人の「自動車（乗用車、トラック、消防車など、実物でも玩具でも絵本や写真でもよい）」にほぼ対応していた。そして「ブー」の意味範囲は、後にもほとんど変わらなかった。つまり「ブー」の中身が細かくなるやり方ではなく、その外側に「ゴォーゴ（乳母車、電車）」などの別の語が発生するというやり方で発達していった。

これから、「マンマ」類から「ブンブ（水）」と「ジャージャ（牛乳）」の語が、そして「ブー」類から「ゴォーゴ（乳母車、電車）」の語が生成されるプロセスをたどりながら初期のことばの意味について考えていきたい。

■意味の生成1 「ブンブ（水）」

まず「マンマ（食べ物）」類と関連することば、「ブンブ（水）」類の出現経過を追いながら、ことばの意味の生成過程をみていきたい。

発音形式においては、「ブンブ」は「ブー（自動車）」と類縁関係にあった。「ブー」も実際には「ブーブー」「ブーブ」など連続して用いられることが多かったので、両者は文字でみる以上に似ていたといえる。

「ブンブ」が出現する少し前には、次のように自動車の意味とは違う「ブー」類の発音が再び多くなった

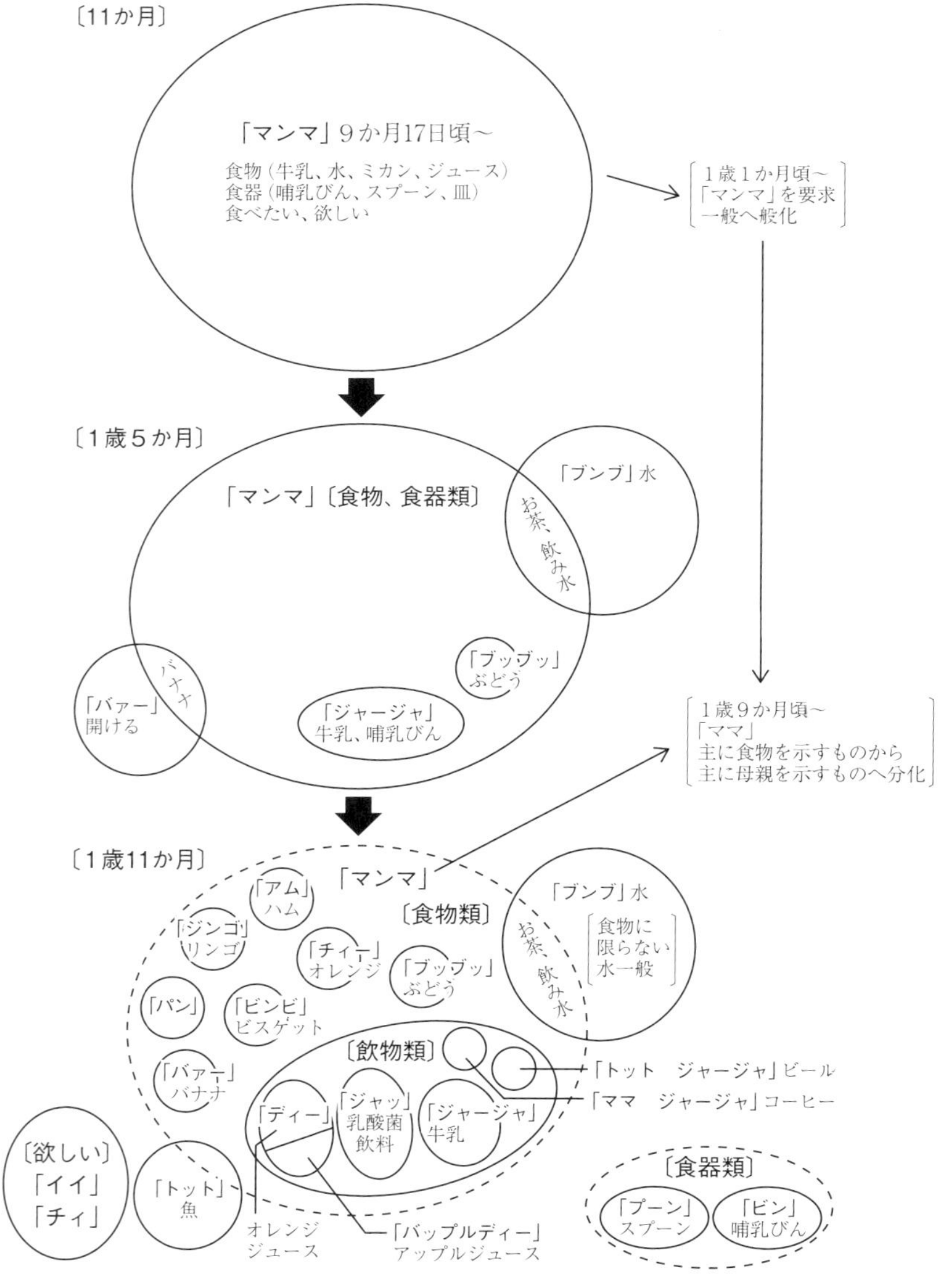

図1－1　ゆうの「マンマ」（食べ物）類ことばの発達プロセス（山田 1982a）

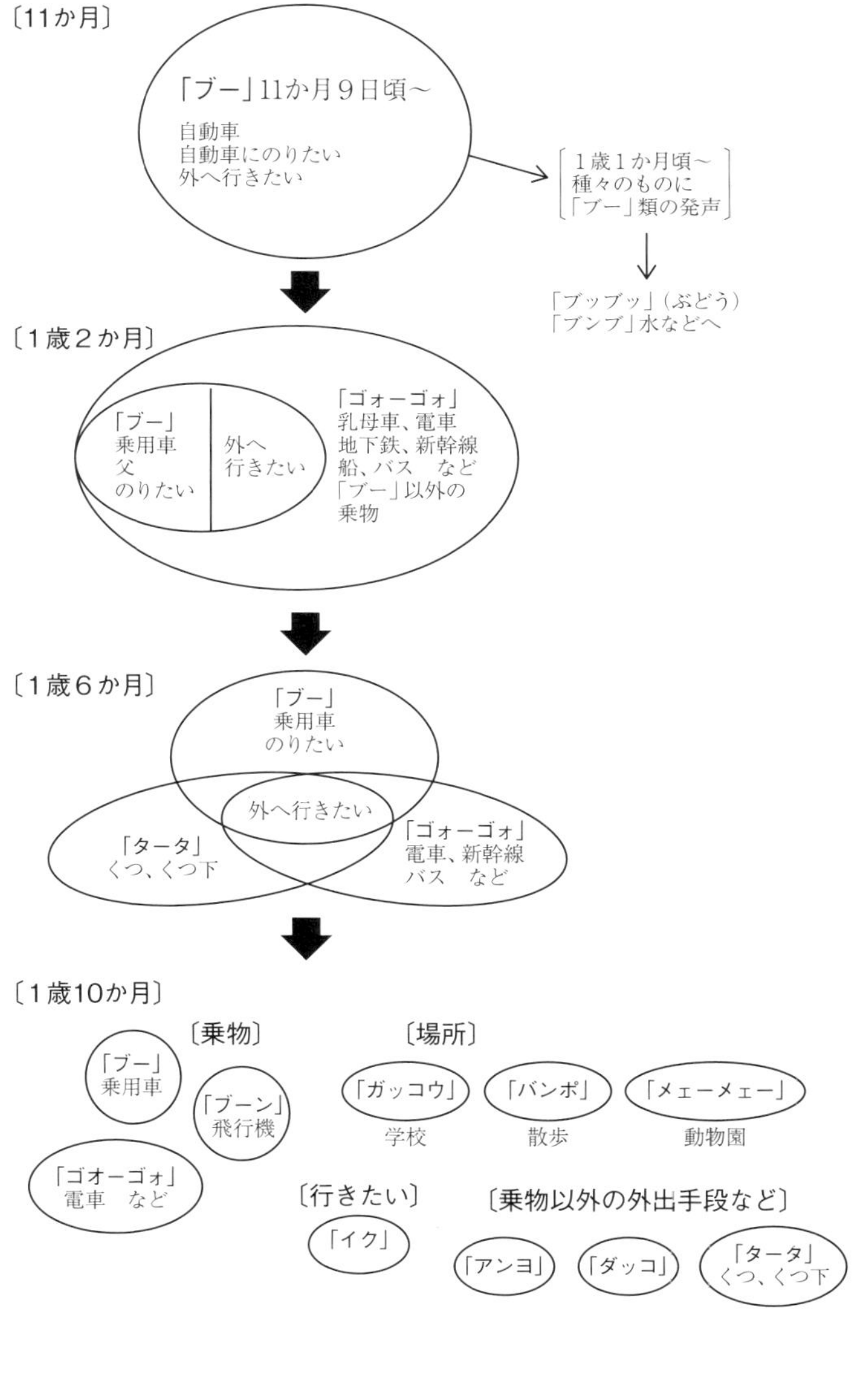

図１−２　ゆうの「ブー」(乗り物) 類ことばの発達プロセス (山田 1982a)

ことが観察された。自動車の意味での「ブー」の使い方は依然として一貫しており、意味が揺れ動く様子はみられなかった。ただ「ブー」類の発音だけが、再び喃語的遊び的に使われたり、何か意味がありそうでことばに似てはいるが明確ではないという使われ方をした。

私はそれを「ブー」音の可動化（mobilité）と呼んでいるが、そのような「ブー」音の使い方が盛んになった2日後に、水を意味する「ブンブ」が出現したのは興味深い。

339（1：1：12）「ブー」は今まで自動車に関する語に限定されていたが、種々のものに対して「ブー」と似た発音をするようになった（ただし、自動車の意味での使用は明確であり共通点もないので、拡大使用とも、それらのものと自動車を混同しているとも思われない。子どもなりの呼びかけのラベルがたまたまブー音に近い発音なのだろうと思われる。なおこのころマンマ類の発音も、要求や母への呼びかけや珍しいものを見たときなどに幅広く使われるようになった）。

ゆうは一階の窓の網戸を開閉しながらしきりに「ブーン」「ブーン」と言う（大人が前に「ブーン　ブーン（ハエ）が飛んでくるから閉めましょう」というような使い方をしたからかもしれない）。近くの市営住宅内にある山状の形をした特殊なすべり台を初めて見ると、それを指さして「ブーブー」と言う。風呂の水を見ると「ブァーブァー」と言う。風呂でアヒルの玩具を見ると「ブーンブーンブァー」と言うなど、「ブー」音がいろいろなものに対して使われる。まったく無意味というわけでもなく、何かを指しているようでもある。

340（1：1：14）公園の水飲み場の噴水状の水を見て初めて「ブンブ　ブンブ」と言う。台所の流しの水道の水、行水のタライの水を見ても「ブンブ」と言う（水を意味する「ブンブ」のことばのはじまり）。

341（1：1：14） 自動車以外のものに対する「ブー」類の発声はまだ続いている。今日も丸い筒を見ると「ブンブー　ブンブー」と言ってそれを手に取り、そばにあった本をその中へ入れようとし、うまく入らないと別の大きいガラガラも入れようとする（明らかに大きさが合わなくて無理であるが）。他に、口先だけで「プープー」「ブーブー」などと言って遊んでいることもある。

前記の例のように水を意味する「ブンブ」のことばが出はじめてからも、「ブー」音をいろいろの対象に適用したり、無意味に口先でブ音を出して遊ぶ行動はまだ引き続きみられた。

またその少し後には、「ブー」の類似音を使う別のことばも出現した。1歳2か月7日ころからはブドウの意味の「ブー」あるいは「ブッブッ」類の発声がはじまった。この「ブー」は発音的には自動車の意味の「ブー」とよく似ており区別できないこともあったが、食卓でゆうが特別好きなブドウを指し示して使われており、意味的には混同している様子はまったくない「同音異義語」とでも言うべきものであった。なお、このような「同音異義語」や「異音同義語」はその後も多くみられた。

このように音声の可動化とあいまって、その音声が別の意味を担うようになり、新しいことばが出現したことは興味深い。村井潤一（1976）も、ある特定の音声（たとえばブーブー）を、特定の玩具（ぶた）にむすびつける臨床実験をした際に、その途中で訓練された音声に類似度が高くなった後、それが否定されて遊び的、喃語的に使用される時期があったことを報告している。

このような可動化の現象は、いろいろな場合に生じると考えられるが、身振りの発達においても、手振りの可動化が観察された（5章）。それは表現媒体が、特定の文脈や目的から「はなれて」自由度を増していく過程、子どもが主体的に自在に媒体を駆使できるようになる過程としてとらえることができるだろう（第1巻9章「はなれる」ということ）。

意味の面では、ゆう自身の「ブンブ」の使い方は、大人と少し違いがあった。ゆうは「ブンブ」を、飲み水に限らずあらゆる種類の水（噴水の水や池の水や風呂の水など）に対して、初期から比較的明確な意味で使った。

母はこの時期、特に意識していたわけではないが、水、特に水道の水など流れている水を見ると「ジャージャ」と言い、飲むためのお茶や水に対しては「ブンブ」と言うことが多かった。風呂の水は「ダンダ」と呼んでいた。同じころ父は、お茶だけを「ジャー」と呼んでいた。

このように周囲の人びとは、ゆうに話しかけるときには、ゆうに合わせた赤ちゃんことば（育児語）を使っていたが、人によってことばの使い方は一貫しなかった。大人はおもに水をその機能によって違う名前で呼んでいたわけである。しかしゆうは、どのような機能をもつものであっても（温度や形態や色や容器や状況などが違っても）、それらをすべて「ブンブ」と呼んだ。

ゆうの姉（通称ちい、年齢差3歳7か月）も、ゆうに話しかけるときには自発的に赤ちゃんことばを使うことが多かった。そしてほとんど父母と同じようにそれらのことばを使っていたが、水の類をどのようにカテゴリー化するかには微妙な違いがあり、次の例のように母の名づけ方に抗議することがときどきあった。

342（1：1：25）　絵本を見て母が話をすると、ゆうは絵を指さしてじっと見たりよく話を聞いていることが多くなった。母が「これお船ね、ね、お船、お船燃えてケムリ、モクモク出てるねえ～」などと言うと、ゆうは絵を見ながら神妙な顔で聞いている。このとき姉も一緒に絵本を見ていることが多いが、母が「これお船ね、ここはお水ね、お水ジャージャーね」というのを聞いて、「これはお水じゃないでしょ、お母さん、海でしょ、これは飲めないでしょ」と言う（姉は、海の水も「水」だということはもちろん知っているが、「お水」と言うときの中心的な意味は飲めるものだということらしい）。

343（1：2：13）姉はいつも、母の口調をまねてゆうには「これはブーブね」とか「トト　トト　泳いでるね」というように話しかける。「ブーブ（自動車）」や「トト（魚）」などが何を意味しているかを、母が姉に説明する必要はまったくない。姉はそれが何の意味かがすぐにわかって、ほとんどのことばを母と同じように使う。しかし今日は母がゆうの言い方のまねをして、ゆうに風呂の水を「ブンブ」と言うと、姉が「これはブンブじゃないの、お湯」と訂正を加える（姉にとって「ブンブ（水）」と「湯」は別のカテゴリーに入るらしい）。

水は、機能や温度や存在場所によって、さまざまな名前がつけられている。意味カテゴリーの区切りはいろいろである。なぜ同じものを、あるときは「水」と言い、あるときは「池、川、海」などと呼ぶのだろうか。また日本語では同じものでも温度が違えば「水」と「湯」とが区別される。よく似た湯でも、飲み物になれば「お茶」と呼ばれ、人間が入るときは「風呂」と呼ばれる。また「水」は、英語のウォーター（water）のように「湯（hot water）」を含む上位カテゴリーとしても使われる。

「ブンブ」は母の最初の使い方では、後に示すゆうの「ジャージャ（牛乳）」に近い飲み物類であり、飲み水やお茶を示すことが多かった。母はその他の水については「お水」と言うことが多かった。しかしゆうは「ブンブ」に対しては、飲めるかどうかとはまったく別個の基準を適用しており、「マンマ」類というよりは物理的な意味での「水」を意味したようである。

日常のことばは、いちいち定義されるわけではなく、同じものも視点や時と場合によっていくつもの名前をもつほうがふつうである。それにもかかわらず次の例のように、ゆうはたとえ初めて見るものであっても自分なりに一貫して使ったのである。ゆうが「ブンブ」と命名したものが、母の「ブンブ」の意味と違うというだけではなく、ゆうの使い方のほうが「水」の本来の意味カテゴリーに正確に一致していることは驚くほどであった。

344（1：2：04）ゆうは道を歩いていてドブの水を見ると、「ブンブ」と言う。

345（1：3：29）公園で水飲み場を見ると、「ブンブ　ブンブ」と言いながら、いちもくさんに水飲み場の方へ走って行こうとする。

346（1：4：07）絵本で噴水の絵を見ると、それを母に見せて「ブンブ」と言う。

347（1：4：27）野鳥公園の池を見ると「ブンブ　ブンブ」と言う。建物の中へ入って池が見えなくなってからも「ブンブ　ブンブ」と言っては外を指さす。

348（1：5：09）風呂の湯をくむとき「ブンブ　ブンブ」と言う。

349（1：5：11）台所で洗い物をしている母を見ると「ブンブ　ブンブ」と言う。1つずつ皿などを母に手渡して、母が洗っているところを注目する。

350（1：6：18）母が姉のコップに牛乳をついでいると、それを見て「ジャージャ」と言う。水やお茶のときは「ブンブ」と言う。

以上のように「ブンブ」と呼ばれた対象をみると、子ども自身のなかに、多様な対象に共通する特徴をまとめあげようとする傾向や認知的枠組が強く存在していることがわかる。何をどのように名づけるかということについては、個人差が大きいだろう。しかし従来は初期のことばを、役割や機能的意味、あるいは情動的意味によって実用論的《プラグマティック》に解釈しすぎてきたかもしれない（グリーンフィールドとスミス、ベイツなど）。子どもは大人が想像する以上にリアリストであり、ものの物理的知覚特性に敏感なようである。子どもは、ある物と別の物が機能的に違う役割をもつ場合でも、これ（ドブの水）もこれ（噴水の水）もこれ（お茶）も、あれも「水」だというように、その共通特徴をズバリと抽出できる力をもっている。

また「ブンブ」ということば自体は、「マンマ」や「ブー」と同じように最初は大人が使ったものであり、育児語（赤ちゃんことば）としては一般的な共通語であるから、子どものことばが、大人の使うことばと無関連ではなく、音声形式の選択には模倣が何らかの役割を果たしていると考えられる。しかしそのことばの意味づけ方は、単なる受動的な模倣ではないことも明らかである。

もし名前とものとを一対一対応的にむすびつけて、言われたとおりに覚えなくてはならないとしたら、「この場合は何と言ったらいいの？」という事態が続出するだろう。しかしそうではなく、最初から応用のきくことばとして出現する。

子どもは自分なりに世界をまとめあげ、命名していくのだと考えられる。ことばは、子どもの側の能動的な世界の構造化であり、子どもによって主体的に生成されるものなのである。

■意味の生成2 「ジャージャ（牛乳）」

「ジャージャ（牛乳）」は、「ブンブ（水）」よりも少し後から出現したことばで、同様に最初から明確な一貫した意味で使用された。このことばも「ブンブ」以上に大人の使い方とは大幅に違っていた。

はじめ大人は、牛乳や哺乳びんを「ミルク」あるいは「牛乳」と呼んでいた。そして大人の使い方では「ジャージャ」は先に述べたように、おもに川や水道などの水の流れを意味する擬音語の類であった。後には、大人のほうがゆうの使い方を模倣して牛乳を「ジャージャ」と言うようになったが、ゆうが言いはじめるまでは、大人は一度もそのように呼んだことはなかった。

ゆうは「ジャージャ」を、食べ物類「マンマ」のなかの飲み物類の特殊化したことばとして、次の例のように「牛乳」「哺乳びん」「牛乳が欲しい」などのときに、きわめて限定した意味で使いはじめた。

351（1：4：08）ゆうは朝起きると、枕元にあった空の哺乳びんを母にさし出して、「ジャージャ」と言う（初めてである）。

352（1：4：12）病院で診察を受けるとき、ゆうは少し眠くなっていたので機嫌が悪く、哺乳びんが入っている母のカバンを指さしては「ジャージャ　ジャージャ」と言う。

353（1：4：16）ゆうは二階の寝室で目覚めると、「ジャージャ　ジャージャ」と言う。母が一階へ連れて行き、着替えをさせようとしても、牛乳をもらうまで「ジャージャ」と言って泣きわめく。

新しいことばは通常、母との関係のなかで出現し、祖父母や父に対して使うようになるのは、2、3日遅れることが多かった。だから次の例のように、新しい特殊化したことばである「ジャージャ」を、今まで使ってきたより大きい意味範囲のことば「マンマ」と併用する現象もよくみられた。

354（1：4：10）　二階にいて眠くなると、「ジャージャ」と言いながら、階段の方を指さし、両手をさし出して母に抱かれにくる（牛乳が欲しい、牛乳を取りにいきたい）。ゆうを一階へ連れて行き、母が牛乳の準備をするために台所へ行こうとすると、ゆうはすぐに祖父母のいる居間へ行き、祖父母に「マンマ　マンマ」と言う。

（祖父母に「これからマンマだよ」と伝えに行った。この時期、このようにわざわざ祖父母のところへ行って話をしてから母のところへもどってくることが多くなった。しかしこの場合には、祖父母に対しては「ジャージャ」ではなく従来のことば「マンマ」を使っている。子どもなりに、聞き手にあわせてことばを変えているのである）。

牛乳や哺乳びんはゆうの愛用品で、ふつうよりも長く使用したためか、「ジャージャ」類はその後、1歳代後半以降二語発話期（ゆうの二語発話は1歳6か月11日から開始）になって、興味深い意味分化を生み、独特の命名を生じさせた（山田 1982c）。次におもな例を簡単に記述してみたい。

【「ジャージャ（牛乳）」と「ジャッ（乳酸菌飲料）」の分化】

355（1：7：13）　ゆうはヤクルトなど小容器に入った乳酸菌飲料を要求するのに、「ジャッ」と言うようになった。牛乳のことは今までどおり「ジャージャ」と言う。

ゆうは「ジャッ」「ジャッ」と言いながら母の手をひっぱり、冷蔵庫の前まで母を連れて行く。そして「バァー（開けて）」と言う。母が「ジャージャが欲しいの?」と聞くと、首を横に振って「ニャイニャイ（いや）」と不快そうな声で言う。このように「ジャッ」と言って要求しにきたときには、ヤクルトをもらうまで「ジャッ」「ジャッ」と言いつづけ、母が牛乳をさし出しても首を振って「ニャイニャイ」と言う。

この「ジャッ」ということばも、ゆうの周囲の人間は一度も使ったことがない。だからはじめは「ジャッ」が「ジャージャ」と違う意味をもつことなど思いもよらなかったが、前記のような行動が繰り返されるうちに、ゆう自身が使い分けていることに気づいた。これらの乳酸菌飲料を大人は、「ヤクルト」「エルビー」など、そのつど違う商品名で呼んでいた。だからゆうが自発的に、「ジャージャ」類の「ジャッ」とコード化して命名したのだと考えられる。しかも牛乳を飲む哺乳びんと乳酸菌飲料の容器の大きさの違いが、命名に反映していることさえ推測できる。なお、1歳8か月25日には、「ジャージャ（牛乳）」と「ビン（哺乳びん）」が使い分けられるようになり、中身のあるものは「ジャージャ」、空の哺乳びんは、「ビン」と呼ばれるようになった。

【「ジャッ（乳酸菌飲料）」と「ディー（ジュース）」の分化】

356（1：10：13）ゆうはジュースのことは、「ジャッ」とはやや発音が違う「ディー」という発音で要求していたが、オレンジジュースは「ディー」、アップルジュースは「パップル　ディー」と区別して言うようになった。

「ディー」がいつごろから使われるようになったか日誌に記載がないが、この時点では乳酸菌飲料とジュースは明確に使い分けられていた。そして同じジュースでも、オレンジジュースは「ディー」のままだが、アップルジュースには、さらに限定された名前がつけられたことがわかる。

飲み物類は「ディー」に限らず次の例のように、きわめて明確に特殊化し分化した意味で用いられた。

357（1：11：07）母「ゆう、ジュースがいいの？」ゆう「ウン」。母「牛乳は？」ゆう「ナン（いや）」。母

「水は？」ゆう「ナン」「ディー　イイ（ジュースが欲しい）」。母がオレンジジュースをコップに入れてさし出すと、ゆうは「ディー　ビン　イイ（ジュースを哺乳びんに入れて欲しい）」。

【「トット　ジャージャ（ビール）」と「ママ　ジャージャ（コーヒー）」の分化】

358（1：11：22）父が車でビールを買いに行ってもどってくると、ゆうは「トット　ジャージャ」と言う。最近はビールのことを「トット　ジャージャ」、コーヒーのことを「ママ　ジャージャ」と言う。

日誌には明確な使用開始の記載がないが、このころ、ゆうはビールを「トット（父）　ジャージャ」、コーヒーを「ママ（母）ジャージャ」と呼んでいた。この名前も大人は使ったことがなく、ゆうが自発的に命名したものである。明らかにゆうは、ビールやコーヒーを「ジャージャ（飲み物）」類として同じカテゴリーのなかへ入れて認識していることがわかる。しかもビールは父の飲み物、コーヒーは母の飲み物というように、対にされている。両方とも大人の飲み物で子どもは飲むことを許されないが、ビールは父だけが夕食時に飲み、コーヒーは父母ともに朝に飲むのだから、実態に忠実であるならば、コーヒーが母とのみむすびつけられる理由はない。コーヒーは、父が飲むビール（トット　ジャージャ）と対にして認識されているからこそ、「ママ　ジャージャ」と名づけられたのであろう。

【「ジャージャ（牛乳）」と「ブクブク（スキムミルク）」の分化】

359（2：01：13）旅行をするのに、牛乳の代わりにスキムミルクを持参し、水に溶かして哺乳びんに入れてゆうに飲ませようとすると、最初は飲んだが、次からは一口飲んでは「ブクブク　イヤ　マズイ」と言う。時間を変えて何回試みても、スキムミルクだと「ブクブク　イヤ」と言う。

スキムミルクは見かけは完全に牛乳だが、ゆうからは、はっきり区別され、「ジャージャ（牛乳、飲み物）」類とは違う命名がなされた。ミルクをつくるところは、ゆうに見せてはいないが、よく見るとスキムミルクは、かきまぜるので少し泡が立っている。「ブクブク」はそこからきた命名だと思われる。親がごまかして飲ませようとしても、ゆうが、あまりきっぱりと拒否して「ブクブク　イヤ」を連発するので、一時このことばは我が家の流行語になり、嫌いなものは皆が「ブクブク　イヤ」と言って拒否するようになった。

以上のような「ジャージャ」の語の使われ方や意味分化の過程をみると「ブンブ」のときと同じく、「大人が繰り返し子どもに話しかけると、そのことばと意味が連合して発話が可能になる」というような単純な連合・強化説では、ことばの出現は説明しきれないことがわかる。

子どもは、大人があらかじめ設定した分類枠をとり入れる（獲得する）ことによってことばを覚えるというよりは、子どものほうが主体的に外界をまとめ、意味づけ、それに名前をつけていくのである。

■意味の生成3「ゴォーゴ（乳母車）」

先に述べたように「ブー」は、ゆうにとっておもに乗り物類を意味することばで、「マンマ」とは対照的に意味範囲が狭かった。

ゆうは最初から自動車の類（乗用車、トラック、消防車など、実物でも玩具でも絵本や写真でもよい）に対しては「ブー」と言い、その他の乗り物（乳母車、電車、新幹線など）には「ブー」とは言わなかった。自動車以外の乗り物には、その後「ゴォーゴ」という別のことばを使いはじめたから、まるで自動車の補集合が理解できているかのようであった。また「ゴォーゴ」は「ブー」と同じように「乗りたい、外へ行きたい」など要求も意味したが、何の乗り物で行きたいのか指定するかのように明確に区別して使われた。

360（1：2：03）ゆうが自発的に乳母車を指して「ゴォーゴ　ゴォーゴ」と言うようになった（外へ行きたいという意味である。母も今まで乳母車をそう呼んでいた。ゆうが乳母車を「ブー」と呼んだ例はないから、最初から自動車とは別のカテゴリーに入っていたようである）。母が「お外行きましょう」「おんも行きましょう」などと言うと、ゆうは乳母車を指して「ゴォーゴ　ゴォーゴ」と言う。ただし「ガァーガァ」の発声と類似していて、まだ乳母車だけを指すとは限らない。

361（1：2：17）父が休みだと父の後をくっついて歩いている。そして、しきりに「ブー」「ブー」と言う。どこかへ連れて行ってもらうまでゆうが「ブー」「ブー」と言うので、たいてい父も根負けして自動車に乗せて連れ出すことになる。しかし散歩に行きたいときは、玄関で乳母車を指して母を見て「ゴォーゴ」と言う（乳母車で外へ行きたい）。公園などで遊びにあきると、乳母車を指して「ゴォーゴ　ゴォーゴ」と言いはじめる（乳母車で帰りたい。以前は同じ状況で乳母車を指してバイバイの身振りをしていた（観察500参照）が、ことばに置きかわった）。

（父にどこかへ連れて行ってもらいたい、自動車に乗せてもらいたいというときには「ブー」と言う。父は自動車に乗せてもらう人であるらしく、父に向かって「ゴォーゴ」とは言わない。しかし母に向かっては「ゴォーゴ」と言って乳母車に乗せてもらいたがる。）

「ゴォーゴ」は、音声的には「ガァーガ」から分化したことばだと考えられる。しかし興味深いことに、のちに鳥類を意味することになる「ガァーガ」よりも先に有意味語として独立した。次の例のように「ガァーガ」は早くから明確な調音をもち、何かの意味が認められる原言語とでも言うべきものであったが、有意味語としては「ゴォーゴ」よりも2か月ほど遅れた。

362（1：1：28）絵本で好きな汽車の絵を見ると、それを指さして「ガァーガァ」「ガァーガ」という発声をする。最近、「ガーガ」「ガァーガァー」の類の明瞭な発声が出てきた。ことばを話しているように声を出す。しかし、いつも特定のものを指しているとは限らず、汽車に対してだけ言うわけではない。

363（1：2：03）絵本でよく知っているものを見るときには、発声のしかたが違う。ウサギ、ネコ、イヌなどを見ると、「ガァーガァ」というような声を出して指さし、母の顔を見て微笑したり、高音の「キィキィ」というような声を出して笑う。

364（1：2：11）同じように何かを指さししていても、特に質問のように母に名前をきくときと、叙述をしたいときとでは、発声のしかたが明らかに違ってきた。指さして名前をききたい質問のときは、「ン?」「ン?」という発声をする。自分のほうが何かを語ることに中心がある叙述のときには、それを指さして「ゴーゴ（電車や汽車）」「ブー（自動車）」「マンマ（食べ物）」「ブッブッ（水、ブドウなど）」「コッコッコッコッ（絵本のニワトリ）」「ガァーガ（特定の対象ではないが、何か力をこめてそのものを伝えたいとき）」「アッアッ」などと言い、熱心に話をしているような声を出す。

365（1：4：13）公園で鳥を見て「ガァーガ　ガァーガ」と言いながら、微笑し、指さす。落ち葉を拾っては鳥の方にさし出して「ガァーガ　ガァーガ」と言う（鳥を意味する「ガァーガ」のことばのはじまり）。

ゆうにとって「ブー」は、大人の「自動車」あるいは「乗用車」に相当する明確な形態と用途をもつものであった。そして「ゴォーゴ」は、その他の乗り物類とでも言うべきものであった。先に記した乳母車の他に、電車や地下鉄や新幹線なども「ゴォーゴ」と呼ばれた。またいつもではないが、ごくたまにバスや船などに対しても「ゴォーゴ」と言うことがあった。「ブー」と「ゴォーゴ」は、次の例にもみられるように形態によって明確に使い分けられていた。

366（1：4：15）　母が紙にクレヨンで乗用車の絵を描くと、ゆうがそれを見て「ブーブー」と言う。母がその同じ絵の車体を長くしていき、絵の形態を乗用車から新幹線に変えると、それを指して「ゴォーゴ　ゴォーゴ」と言う。

乗り物もさまざまな名前をもっている。母はゆうに対して、乳母車だけを「ゴォーゴ」と呼び、バスは「ブー」とも「バス」とも呼び、船は「おふね」と言い、電車や新幹線もゆうが「ゴォーゴ」と言いださない前は「でんしゃ」「しんかんせん」と言うことが多かった（その後は母もゆうの言い方をまねて電車などを「ゴォーゴ」と言うようになった）。だから、乳母車も電車もバスも船もまとめて「ゴォーゴ」という名前で括ったのは、母ではなくゆうのほうである。

なお使用例は少なかったが、コマを「ゴォー」「ゴォー」と言ったことがあったし、電車には、動きを表象する手の小刻みな横振りの身振りを伴っていることが多かった（観察516、517）。だから「ゴォーゴ」のことばには、乗り物というよりは「動くもの」という意味が含まれているのかもしれない。

しかし、ブランコや鳥や動物など動くものはたくさんあっても、それらは「ゴォーゴ」とは呼ばれなかった。ブランコは、ゆうが大好きなものであり、「ブランコ乗ろうね」などと言われればその意味を十分理解していたにもかかわらず、手や体の動きで表象されることはあっても、固有のことばで呼ばれることはなかった（母は「ブランコ」あるいは「ブウラン　ブウラン」と言っていた）。

ことばの意味の区切りは、大人と子どもでは違うし、それぞれの子どもによっても相当違った使い方をするだろう。ことばは、外から教え込まれるものではなくて、子どもが主体的に能動的に生成するものだからである。

しかしそれにもかかわらず、その意味は生活を共にしている者にはかなりよく了解できる。乗用車は「ブー」だが、乳母車や電車やバスや船は「ゴォーゴ」だと言われれば、そのことばを知らずそのような使い方をしたことがなかった者にも、なるほど、そのような意味づけ方もあるのだということがわかる。たとえ自分流に使われることばでも、意味づけ方の奥には社会性や共通性がある。そこがことばの不思議なところである。

4　何によって意味づけるのか

■ことばの般化使用

今まで述べてきたように、子どもはことばを繰り返し教えられてそのとおりにことばを話しはじめるのではないと考えられる。子どもなりに主体的に外界をまとめ意味づけ、それに名前がつけられるのである。

そのことをよく示すのは、子どものことばの意味範囲が大人のものと大きくずれる過拡張（over-extention）あるいは般化使用（generalized use）の現象である。

子どもの初期のことばの出かたや使用のしかたには個人差が大きい。ゆうのことばの出現はふつうで早いほうではないが、出てきたときには意味内容が明瞭で大人のものに近かった。それに比べると、ゆうの姉（通称ちい）は発話の開始が10か月と非常に早く、早くからことばを話したためか、自分流のことばの使い方、ことばの拡張使用や独特の命名が多くみられた（やまだ 1989b）。

ちいの初語は、やはり「マンマ」「ウマ」「ウメー」の類の発声で、食べ物の意味がほぼ明確になったのが9か月10日ころであった。生後1歳0か月5日では、ちいの自発語は8個であった（「ブー（自動車）」「ウメー（食物、欲しい）」「パッパ（タバコ）」「タータ（くつ、くつ下）」「チョーチョ（蝶）」「ミーミー（ネコの名）」「バァー（イナイイナイバァー、あける）」「ヨッコイ（階段など登るときのかけ声）」）。

ちいの初期のことばでは、「チョーチョ」が拡張使用の例にあげられる。最初は9か月21日のときに、蝶（正確に言えば蛾）が居間の壁に長いあいだとまっていたのを、ちいが発見してしきりに指さして驚いてじっと見つめていた。母が「チョゥチョ」と言うと、それを指さしながら熱心に音声模倣をし「トータィ タィタィ」などと何度も言った。その後少し時間がたってから母が何げなく「チョゥチョ」と言ったときに、居間のその壁を指して（そのときはまだとまっていた）「チョーチョ」に似た発声を何度も繰り返した。翌日見たときには、もうその蝶はそこにいなかったのだが、その後もちいは以前に蝶がとまっていた壁を指しては「チョーチョ、チョーチョ」と繰り返し言うようになった。

やがて蝶はもちろん、トンボや蜂など空を飛ぶ虫を見るたびに、ちいは「チョーチョ」と言うようになった。さらに空中を飛ぶもの一般、コウモリにも凧にも「チョーチョ」と呼ぶというように拡張使用された。

そしてその冬に、ちいは、初めて見る雪がちらちらと庭を舞うと、大喜びで、「ウマウマ チョーチョ、

ウマウマ　チョーチョ（おいしい　蝶々）」と雪を呼びながら、くるくると庭をまわり、両手をあげ口を開けて空を見上げたり追いかけたりした。ちいは「チョーチョ」ということばを、空中を飛ぶものを呼ぶ他に、金魚などひらひら動くものに対しても使った。また街路の飾りや月や星やクリスマスツリーなどキラキラしてめだつものに対しても使った。ちいは、それらを見つけると非常にうれしそうな顔で指さしながら大声で「チョーチョ」と言った。

母は、ちいが「チョーチョ」と名づけたものを改めて眺め、なるほど金魚は水の中の蝶のようなもので、ひらひらした動きかたや装飾的な姿には何となく共通点があると改めて発見した。そして子どものものの見方の新鮮さに感心した。

子どもとつきあう楽しさは、子どもの目で世の中がどんなふうに見えているのか、その新鮮な世界を大人も共に眺めて新しい発見を味わうことができることである。子どもによって個人差があるものの、ことばの拡張使用のしかたは、子どもの世界を覗く絶好のチャンスを与えてくれる。

ことばの発達がかなり早い女児の例（岡本夏木）では、「ニャンニャン」の語が、白犬から猫、虎、ライオン、白熊など四足獣一般に適用されたのと同時に、玩具のスピッツの毛から白毛のパフや毛糸や毛布などふわふわした感触のものへと拡張された。ことばの発達が早い子どもは、私たちにその中身を透かして見やすくしてくれる子どもたちかもしれない。

日誌研究には、独創的で楽しい語の拡張使用の例が数多くみられる。たとえばバウアーマン（クラークによる）は、1歳3か月のエヴァが月を意味する語を、本当の月から、半分に切ったグレープフルーツ、薄切りのレモン、拾い上げた小さく平らな丸い緑の葉、食べようとしたほうれんそうの団子、Dという文字、ひっぱり出した壁くぎ、紙束から破りとった半月形の紙など、半月の形のものへ次々に拡張した例を報告している。

またエヴァが1歳5か月のときには、静止した対象を自分で蹴ることで、蹴るという意味の語を使いはじめたが、それは、足元にボールが描いてあるネコの絵、飛んでいる蛾、蹴る動作をしているテレビ画面中の漫画のカメ、自分が何かを投げたとき、回っている三輪車の車輪でボールをはじいたときなどにも拡張された。

語の拡張使用は、どこの言語圏の子どもにもみられるもので共通性も高い。1歳代を中心としたほぼ同じ年齢範囲に生じ、頻繁に行なう期間は比較的短い。一人の子どもの持続期間は長くてもせいぜい8か月以内である。そして子どもたちが多くのことばを音声模倣で話しはじめ、「これ何?」と数えきれないほど質問し、猛烈な速度で新しい語彙を増やすころ（約2歳半〜3歳）には消え去る。

だが先にゆうの例でみたように、初期のことばは主体的に生成されるものだから、拡大にせよ縮小にせよ大人の意味範囲と違ったり、意味基準にずれがあるのがふつうである。昔から注目されてきた語の過拡張は、そのずれが特に大きく顕著な場合にすぎない。

だから、子どものことばが大人のことばの意味範囲や使い方と違っていても、それは訂正されなければならない「誤り」ではない。その適用は決してでたらめではなく、大人にもある程度は意味のつながりがわかるような共通特徴をもつ。それは、ことばの本来の機能にそっているからこそ生じる間違い（ことばによって代表させる「間」の違い、つまり意味範囲の区切り方の違い）なのである。

子どものことばの使用は、「一を知れば十を知る」ごとく応用がきく。たとえば犬が「ワンワ」だとわかった子どもは、実物の犬、茶色でも黒でも白でも、大型犬も小型犬も街角で出会った犬らしきものをみんな「ワンワ」と呼びはじめる。そして絵本の犬もぬいぐるみの犬もテレビでみる犬も「ワンワ」、洋服についている小さなししゅうの犬も「ワンワ」である。大きさも色も細かい違いはほとんど無視され、ひとまとめにされて「ワンワ」ということばで代表されるものとなる。

ことばの代表作用・表象作用（representation）という点では、子どものことばは最初から驚くほど本来的な機能を備えており、その意味で正しい。だからこそ、犬も猫も馬も熊も「ワンワ」だというように拡張使用されるのである。

オクサールは、1歳6か月のスヴァンが鍵穴に関連してエストニア語で穴を意味する語を知りそれを鍵にも適用したが、2週間後にはその語を、引き出された引き出し、ふたのない箱、開かれた本のページとページのあいだの空間などに拡張使用したという。そして大人の語にはなくて1つの独立したカテゴリーとして認識しにくい「欠如」という概念範疇（日本語には、非存在を表わす「ない」や無など、それを表わすことばが豊富にある）を子どもがきわめて早期に認識したことに驚いている。

子どもは自分なりに世界をまとめはじめる。言語によってことばや意味は異なるので、違う言語では違う基準でまとめられるのがふつうである。ことばの意味範囲や基準が母語の大人のものと違っていても誤りではない。それは子どもに本質的な言語能力が育っていることを証明するものである。

それどころか初期のことばにみられるように、表面的な相違を大胆に無視して、ある種の共通性や類似性を抽出し、それを基盤にして次々に別のものへ飛躍的に「うつり（移り）」、関係を生みだしていく比喩的な能力こそ、意味作用の本質的な部分ではないかと考えられる。

それは決して、未熟で非論理的な思考様式というわけではない。エディが、ヴィーコのことばを借りて述べているように、かけ離れて存在していて一見したところもっとも似ていない類比関係を知覚する能力（メタファー）こそ、言語の本体をつくりあげる「哲学的能力」なのであり、巧妙で鋭く輝きにあふれたあらゆる表現形式の起源と原理をなすものなのである。

そのような観点から眺めれば、子どもがことばを「正しく」使用できるように「発達」することは、細分化、固定化、慣習化しすぎた大人の意味範囲に近づくことにすぎないかもしれない。ことばの発達は、原初のことばがもつ詩人のような自由を喪失するという側面ももつのである。

そしてまた、直感的にとびうつって生成していく類推や比喩的に「うつる」力や、ひとつのことばが多くの意味内容を「つつむ」力を排除して、1つのことばができるだけ狭い意味内容しか示さないように、定義と限定と細分化を重ねて明晰化する方向に向かってきた科学の専門用語についても、それが本当に「進歩」だったのか問いかけられることになるだろう。

■「ブー（自動車）」の手がかり

初期のことばは何を手がかりにまとめられ、どのような意味基準をもっているのだろうか。今まではそれを、語の拡張使用の事例などから推測するほかはなかった。

しかし、子どもと親密な関係をむすんだ人間が日常生活のなかで子どもの自発的行動を生かすようなやり方でならば、実験的方法を使って、もう少し厳密に調べることも不可能ではないだろう。私が姉のちいに対して試みた実験的アプローチを簡単に記してみたい（山田 1978c）。

ちいは自動車を見ると「ブー」と言う。私は自動車のカードを見せて何がそのことばの手がかりになっているのか調べるために、自動車を「全体像から部分像へ」「現実に近い像から図式化・簡略化へ」「自動車の類似物（トラック、電車、自転車など）へ」など条件変化を考え、どこまで「ブー」と呼ぶかを確かめた。

まず自動車の写真を使って、全体から部分に変化させたときに、どこまで「ブー」と認知できるか調べた。

厚紙にはった自動車のカラー写真カード（20×13㎝）を9枚用意した（車種や色は異なる）。コントロールのためにその他の写真カードも6枚用意した（ヨーグルト、蝶々、時計、パン、女の人の顔、子ども4人）。これらのカードを母がランダムに1枚ずつ見せ、ちいの自発的発声を記録した。その際、母はいっさい発言せず応答もしなかった。提示の場面や生活の文脈はそのつど変えたが、遊びのなかで自然にカードを提示した。1回の提示は最高3枚までで同一カードの提示は1日に最高4枚までとした。ちいが1歳0か月5日のときから1歳0か月8日までのあいだに調べた。

結果は、予想以上に「自動車」とそれ以外のものとでは反応が違っていた。たとえ部分的な写真でも、「自動車」というものがかなり明確に認知され、他のものと区別された。

特に「全体・横」「前上部・1／3」「輪のみ・1／12」（数字は全体に対する面積比）の正解が高かった。一般に全体は部分よりも認知されやすかったが、面積が大きいほうがよいというわけではなく、前上部や輪の形態は、自動車の特徴をよく示す部分としてドミナントな役割を果たしたようである。輪があってこそ「車」なのかもしれない。ただし、輪のみがクローズアップされた写真は「ブー」と言われやすかったのに対して、輪の周囲のみの写真（輪を含む）は「ブー」と呼ばれにくかった。

4日目になると、ちいは母がこのカードの袋を取り出そうとする動作をしたり、袋を見るだけで即座に「ブー」と言うようになってしまった。状況や動作全体が手がかりになり、それが「ブー」と名づけられることになったらしい。しかしその際も個々のカードに対してすべて「ブー」と言うわけではなかったから、知覚的・形態的手がかりと、動作的・状況的手がかりは別個に働いているとも考えられる。

いずれにしても、まだこの年齢では組織的な実験や調査には子どものほうが耐えられないようで、カードを見ることはあまり楽しくないようであった。子どもが楽しく主体的に参加する場合でないと子どもの実験はうまくいかない。そこで他の条件変化について調べることは中止した。

自動車を「全体像から部分像へ」「現実に近い像から図式化・簡略化へ」「自動車の類似物（トラック、電車、自転車など）へ」と条件変化させて、どこまで自動車と認識できるかという問いは、きわめて概念的な問いであり、子どものイメージ世界とは異なる大人の思考様式である。1歳の子どもにとって、輪があればそれで十分「ブー」である。また、写真カードを出すしぐさも「ブー」と名づけられたように、状況的にも意味が形成されるので、「ブー」一語にはさまざまな意味が含まれる。ただし、何でも「ブー」になるわけではない。ごく初期の命名において、さまざまな形態や色をもつ「車」の写真だけがすべて「ブー」と呼ばれ、その他のものと区別されていたことには驚かされる。

■「ウメー（食べ物）」と「パッパ（タバコ）」箱の区別

1歳のちいに対して、もうひとつ、日常生活から考えついた実験的試みをした（山田 1978c）。それは「ウメー（食べ物）」と「パッパ（タバコ）」の箱が何を手がかりとして区別されているのかを調べるものであった。母と乳母車に乗って散歩に行くと、ちいは好奇心いっぱいにキョロキョロと周りを見回すのだが、道ばたや公園に落ちている空箱をめざとく見つけると、それを指さして活発な声で得意そうに「ウメー」とか「パッパ」とか言うのが常であった。その名づけ方は、ちいが全然知らなかったり、今まで一度も見たことがなかったものでも、かなり当たっていた。それがとても不思議になり、なぜ同じような空箱なのに、あるものは「ウメー」、あるものは「パッパ」と呼ばれるか、その意味を分けている基準は何なのか調べようと考えた。

タバコの空箱を8種（祖父が吸っている20本入のピースは既知の箱、チェリー、ホープ、セブンスター、エコー、他は初めて見る箱）、菓子の空箱を7種（カルケットのみ既知で、クラウンチョコ、アーモンドチョコ、プリッツ、プリンなど、他は初めて見る箱）、タバコでも食物でもないその他の空箱（化粧クリーム、ボンド、フォークなど）を5種用意した。それらを遊びのなかでランダムにちいに見せて自発語を記録した。提示までの動作はいっさい見せないようにした。自動車のカード実験でカードを出す動作そのものが手がかりになった反省から、1回に提示するのは1個のみにした。同一カードは、日をおいて2回提示して一致するかどうか見た。1回の提示回数を減らしたので、1歳0か月10日から1歳0か月25日までの15日間の長期にわたって調べることになったが、その間に手がかりが変更したふしはなかったし、日をおいても大部分のものについては同一反応が得られた。また絵カードとは違って、空箱への発声は楽しそうに即座になされ、明瞭で判断に困ることはなかった。

結果は、「パッパ（タバコ）」と「ウメー」では判断基準が異なっていた。「パッパ」の命名には、箱の「大きさ」がもっとも重要な手がかりになっていた。「パッパ」と発声された空箱は、色、柄、材質はさまざまであったが、大きさ（体積ではなく、縦横厚みの比率）はよく似ていた。チョコレートや化粧品など実際にはタバコでなくても、およそ同じような大きさの箱が「パッパ」と呼ばれた。箱の図柄は、アーモンドチョコ以外は単純であったから、図柄もやや関係すると思われる。しかし逆に図柄だけでは「パッパ」にはならないようであった。確認のため、タバコの箱の実物をつぶして平面化した図柄（チェリー、エコー、クール）と広告写真（峰、おおぞら、マリーナ）を補足的に提示してみた。平面のタバコに対して明瞭に「パッパ」と発声されたのは、チェリーに対してのみであった。図柄のみではタバコとは認知されにくかったのである。

「ウメー（食べ物）」と発声されたものは、空箱の大きさはいろいろであったが、いずれも食べ物を描いた派手な図柄がつけられていた。したがって「ウメー」の命名には、箱の大きさや寸法は関係なく、食べ物の図柄が認知の基準になったと思われる。その他の箱には何も発声されなかった。

以上の結果から、生後12か月でも子どもなりにかなり明確な認知基準をもっており、初めて見たものでも、ある特徴をもつものはタバコの意味カテゴリーに、ある特徴のものは食べ物のカテゴリーに入れられ、しかも、その他のもの（既知の語の意味基準にあてはまらないものでそれには発声されない）も区別されていることがわかった。

なお、ちいと違ってゆうにはこの種の実験はできなかった。ゆうは、ちいのように街頭でキョロキョロと空箱を捜しては、積極的に「ウメー」とか「パッパ」とか呼んで喜ぶ命名遊びにはあまり興味がなく、空箱などには無関心だったからである。しかも長いあいだ「マンマ」と「ブー」しか言えなかったので、このような微妙な弁別が早期にことばで明確には表示されなかった。

しかし、先に示したゆうのことばの使い方を見ても、形態的・知覚的特徴はかなり重要な手がかりだという共通点を見いだすことはできる。個々のことばの具体的事例については、そのまま追試することはできない。しかし、その奥にある命名のしかたや、ことばと意味内容との関係などについて、違う事例からでも共通特徴をみることはできる。

この結果はクラークが、語の拡張使用の多数の事例を検討して、その基準の多くが、知覚的類似にあると述べていることにも一致している。彼女はもっとも重要な基準的特性は「形態」であり、それに「運動」「大きさ」と「音」、さらに「味覚」と「感触」が加えられるが、「色」や「使い方などの機能」はあまり関係しないと述べている。

ここであげられた知覚特性が乳児の知覚的興味をひきやすい環境特徴であることも興味深い。乳児は以前考えられていたよりも早くから知覚能力があることが最近わかってきたが、やはり輪郭線で示される形や図柄、動くもの、音の出るものなどがもっとも興味をひきやすい。

乳児は従来考えられてきた以上に、情緒的な色彩や情動価を帯びた特徴で世界を認識するのではなく、大人にも通用するような形態的・知覚的特徴によって、ものを意味づけているのではないかと考えられる。

この実験ではもうひとつ興味深いことがわかった。タバコとそっくりの大きさだが、実は食べ物という空箱（いちごキャラメル、キスチョコ、クッキーチョコ）を用意したら、ちいはどうするかを調べたのである。タバコは大きさ、食べ物は図柄を基準にして命名されているとしたら、大きさと図柄の2つの手がかりを同時にもつ箱を見たとき、どちらの基準で命名するか悩むのではないかと予想した。しかし、予想に反して、ちいはまったく迷うことはなかった。箱を見ると即座にはっきりと「ウメー」と言った。

ちいの意味カテゴリーは、基準があるといっても、それはまだ前カテゴリーとでも言うべきもので、大人のような概念的なカテゴリーではないことがわかる。

大きさの基準と図柄の基準が共存するときには、大人であれば、どちらの命名にするか迷いが生じるはずだが、即座にドミナントなほうの手がかり（この場合には食べ物の図柄）だけに注目がなされ、別の手がかりはあっさり無視されてしまった。2つの異なる基準を相互に関係づけたり、比較・照合するようなプロセスは生じなかった。

ことばの覚えはじめに、何らかの意味基準はありながら、概念的にはあいまいで、矛盾を矛盾と感じないことは、たいへん重要なことではないかと考えられる。

ことばの意味は概念的に考えると矛盾だらけで、あるものと別のものとでは違った観点で名前がつけられているのがふつうである。

「机」と「椅子」は機能が違うが、両方とも「踏み台」としても使える。「踏み台」は、「踏む」という機能に注目した命名である。「三脚」は椅子に似ているが脚が三本あることに注目した命名であり、「支柱」は何本脚があってもかまわず「支える」機能に注目している。「机」は、食事の場面では「食卓」とも呼ばれる。これらは、どのような基準で区別されているのだろうか。

ことばの境界も自明ではない。たとえば「走る」と「駆ける」はどう違うのだろうか。「かけっこ」や

「駆け足」はなぜ「はしりっこ」や「走り足」とは言わないのかを、合理的に説明できるだろうか。「歩く」と「走る」をどう区別するのかと問われても、きちんと定義することは難しい。しかし競歩など特別の場面は別にして、日常生活で「あの人が歩いている」と言うべきか「あの人が走っている」と言うべきかで悩むことはまずない。

適当におおざっぱにどちらかのカテゴリーに入れておけば大部分の日常生活は間にあうのだし、真剣に考えたら、話ができなくなってノイローゼになるのが落ちであろう。幼児のことばは大人に比べたら間違いが多いが、しかし、それは程度の問題である。ある観点に注目しているときには別の観点を忘れたり無視してしまい、平気で間違うことができ、おおまかにことばが適用できることこそ、ことばを使うための重要な能力なのである。

子どもは、ものを見たとき、まず非常におおざっぱに当てずっぽうの意味で括って、それをことばで呼ぶことができる。だからこそ、犬でも猫でも馬でも「ワンワ」と呼ぶような語の使い方ができるのである。それは、ものの特徴や要素を数え上げてひとつひとつ順次つきあわせて不適切なものを消去し、最後に適切なことばに到達するような方法、コンピュータの得意なやり方の対極に位置するやり方である。

適当に見当をつけて要点だけをクローズアップしたり、類似のものを勘で大きくまとめあげていくような情報処理のしかた、そのようなイメージ化の力こそ、意味作用の根源だと考えられる。ことばによる命名は、まず概念的な基準や定義や境界をつくり、分岐した樹木《ツリー》型でカテゴリーを分けていくような方法とは大きく異なるのである。意味づけるときの中核となるイメージや基準はあるが、それらを分ける境界は明確ではない。また、基準も多様なものが併用され、あるときには大きさ、あるときには図柄というように異なるものが用いられ、相互の基準に矛盾や衝突があるときには、状況によって適当に判断する。このようにあいまいでアバウトな命名ができることこそ、生きたことばを使いこなすために本質的に重要なことだと考えられる。

5 名づけるということ

■理解と表出のギャップ

子どもは、ことばを話す前から世界についてかなりの認識をもっている（サンクレール）。子どもは、すでによく知っていることを、ことばにするのである。

子どもが理解できることと、話せることとのあいだには、たいへん大きいギャップがある。その関係は、一筋縄ではない。長いあいだなじんでいて意味としては明らかに理解され子どもにとって重要なものでも、なかなかことばで呼ばれないものもある。逆にそれほど重要ではなくても、ことばで表出されるものもある。だが多くの学者が確かめてきたように、初期の言語発達においては、理解のない表出はありえない。理解は表出よりもはるかに先行している（ブルーム、オクサール、マクナマラなど）。

【ことばの理解（ことばだけで次に何が起こるのか、何をするのかわかる）】

367（1：3：12） 夜に父が帰宅してしばらく、ゆうと遊んでいた。しばらく遊んだころあいを見計らって母が父に「あなた、ごはん、食べたら」と小声でそっと言った。すると、父と本を読んでいたゆうが、父が応えるよりも早く、すぐに立ち上がり、階段を指さして「アッアッ」と言いながら母に両手をさし出して抱かれにきた（ゆうも台所に行きたい。ゆうはすでに夕食を終えているので、お腹はすいていない）。

【おみやげと話題を持参する】

368（1：3：12）二階にいて一階に行くとき，「ゆうくん，下へ行くよ」と声をかけると，わざわざ絵本やビニールのバックをつかみ，それを持って下へ行きたがる。下へ行くと，祖父母に持ってきたものを見せて「ン」「ン」と言う（まるで「おみやげ」を持参するかのように，ことばでは伝えきれないことを実物を持参して伝える）。

369（1：3：17）母が夕方帰宅して玄関に入ると，急いで居間へもどって本を2つほど抱えてから玄関へ迎えに出てくる。すぐに母に「ン」「ン」と言って，持ってきた本を見せようとする（母に本を見せて話題を共有しようとする。「コレ，ミテタヨ」）。

ゆうの場合にも，理解と表出には大きなギャップがあった。たとえば1歳4か月1日のときの自発語は表1－1のように不安定な使い方のものを含めて約12であった。それに対して，表1－2のように当時ゆうが理解できた語や文は最少限に見積っても80を越えた。ここにリストアップしたことばは，第一に身振りや文脈の補助がなくても，母のことばのみで理解できることが確実なこと，第二にゆうがそのことばに対して，何らかの独特の自発的行動を示し観察で明確に確認できること，という2つの条件を満たしたものである。だからゆうが理解していても明確な行動で示さないものや，状況や文脈などと関連づけて複合的に理解しているものや，ややあいまいな理解のものも含めれば，その数は何倍にもなるはずである。

初期に子どもがことばとして表出できるのは，たくさんの知っていることのほんの一部でしかない。後に述べるように，1歳4か月のゆうはすでに，自分に関係する生活のルーチンのかなりの部分を「これがこうしてああなるのね」「これはあれね」「これとこれはあれね」というように，つながりのある「ことがら」として心の内部にしまいこむことができた。一語発話は，これらゆうの内にしまわれた「ことがら」の，ほんの切れ端であり、氷山の一角のようなものなのであろう。

理解語と表出語は、量的に差異があっただけではなく、両者の意味範囲や内容においてもかなりのギャップがみられた。たとえばゆう自身は、あらゆる種類の自動車を「ブー」と呼んでいたが、母もゆうと同じようにすべてを「ブー」と言うのでは満足しないで、母には次のような明細化した説明を要求した。それは「マンマ」においても同様であった。

370（1：2：03）ゆうは絵本を持つと、母や祖母や父のところへ持って行き、読んでくれというしぐさをする。救急車や消防車などいろいろの自動車の絵に対して、母が新聞などを見ながら適当に「ブーブーね」などと言うと、「ニャイ　ニャイ」と言って怒り、新聞をつかんで捨てて、絵を指さしては「ン」「ン」と言い、1つずつ説明を求める（母が上のそらで説明していると怒る）。また母がどれに対しても、「ブーブーね、これもブーブーね」などと言っても怒る。「ホラ、ブーブ、ピポピポの救急車のブーね」とか「ここは火事でしょ、けむりモクモク出てるね、するとブーブーくるね、ウーウーウーの消防車くるね」などと説明しなくてはならない。そのたびに、その絵を指さしながらじっと眺め、母に何度も説明を要求する。自動車の細かい部分や火事の煙の部分なども指さしては説明を求める。

371（1：4：11）姉が図鑑を喜んで見ていることが多いので、ゆうも図鑑が好きになり、姉が見ていると必ず見に行く。そして「アッ」「アッ」「マンマ」と言いながら、果物のページを開いてくれと要求する。ブドウの絵を指さして「ブッブッ」と言う。イチジクの絵を指し、次にドアの方を指さし、母の顔を見ながら「ン」「ン」と言う。これには母の答えが「マンマ」でも「イチジク」でも満足しないで、何度でも同様の動作をして「ン」「ン」と言う。

表1－2　ゆうの理解語（1歳4か月1日）

自発語12語（表1－1　参照）、理解語80語以上。	
ゆうが（1：4：01）において確実に理解していることば	
人の名前	「おとうさん」「おかあさん」「おねえちゃん」「おじいちゃん」「おばあちゃん」「ゆうくん」。（「○○は？」と問うとその人を見るか指さす）。
身体の部分の名前	「手テ」「アンヨ」「あたま」「目メ」「お耳」「お鼻」「お口」「おヘソ」「オチンチン」。（問うとそれを見るか指さす）。
物の名前	「でんき」「ブー」「自動車」「ゴォーゴ」「電車」「バス」「船」「ひこうき」「ブドウ」（問うと指さす）。
生き物の名前	「ワンワ」「ニャーニャ」「パンダ」（問うと指さす）。「クマさん」「ガァーガァ」（クマのぬいぐるみやアヒル型のオマルを捜してもってくる）。
歌や身振りと むすびついたことば	「ウサギさん」「ぞうさん」「カニさん」「げんこつ山のたぬきさん」「イナイナイバー」「ブラン　ブラン」（ことばだけで手を振るなど独特の身振りを始める）。
生活にかかわることば	「ごはん」「マンマ」「食べましょう」（台所へ行く）。「お二階へ行きましょう」「下へ行きましょう」（階段を登ろうとする、階段を指さすなど）。「お外行くよ」「お散歩行きましょう」（玄関へ行く）。「おやすみなさい」（祖父母の所へ行っておじぎしたりバイバイする）。「ネンネ」「寝ましょう」（寝床へ行く、寝ころぶなど）。「ダンダ」「おふろ」「おふろ入りましょう」（風呂場へ行き、服をひっぱる）。「おしめ、かえかえ」「おしっこ」（自分のまたを指す、逃げる）。「べべ」「お洋服着て」「お洋服脱いで」（服をひっぱる）。「タータ」「おくつ」（クツや足をみる）。「ハーハ磨きましょう」（洗面所へ行ってハブラシを取る）。「ほうき」「ほうきもってきて」（もってくる）「テレビ」「テレビみてごらん」「テレビ、ポチンして」（指さしたり、テレビのスイッチをいれる）。「バイバイ」「さよなら」（手を振る）。
しつけにかかわることば	「ちょうだい」（さし出す）。「いい子いい子」「おりこうね」（自分の頭や人形の頭をなでる。うれしそうにする）。「ダメ」「メッ」「アァーア」（行動をやめる、逃げる）。「ポイしなさい」（もっていたものを放る）。「チイナイ」（おもちゃ箱などにしまう、片づける）。「マチマチしてらっしゃい」（座って待っている）。

生活の文脈ぬきで、ことばだけの質問に確実に応答するものに限った。
文脈を含めると、理解語はさらに何倍も多いと考えられる。

母が「イチジクね、イチジクお庭になってるね」「イチジク、おじいちゃんがお庭でとるね」というような長い説明をすると満足する（母がこのような説明をしないと、イライラして怒りだす。その様子はまるで自分がしゃべれないのがもどかしいという感じである。ゆう自身はイチジクを指して「マンマ」としか言えないが、ただ名前を呼ぶだけでは満足していないのであり、イチジクにまつわる自分の体験に基づく話がしたいのである。このころ、同様のことが多くなった。観察399参照）。

なお現在一番好きなブドウとイチジク以外にも、ゆう自身はまだ「マンマ」としか言えないが、ミカン、バナナの絵などは「ミカンは？」などと問えば確実に指さすことができるし、母にもそのように言って欲しがる。

一語発話は、子どもの意味連関の束のインデックスのようなものである。あることがらに、めだつ覚えやすい名前（「ブー」や「マンマ」）がつけられると、その名前を頼りにことがらの全体が想起しやすくなる。そして伝達もしやすくなる。

しかし子どもが表象するイメージは、一語で示される名前以上に複雑な中身をもっているし、伝達したいことがらももっと複雑である。そして理解できることの割には表出できることが少ないこと、わかっている割には実行能力に欠けることは、子どもをいらだたせるが、それは子ども時代を通じてかなり長く続くようである。

幼児の内的世界は大人が夢想するほどユートピアではない。子どもは、うまく言えない自分、うまく伝わらない自分をもどかしく思い、わかってくれない大人に不満を感じる。しかも、それでも子どもは大人の力を借り、代弁してもらわなければ生きていけない。子どもは天使ではなく、もどかしくてみじめで不自由な存在なのである。

しかし、子どもは大人に一方的に依存しているわけではない。ことばの名づけ作業は、子どもの能動的な仕事である。いかに口調がよく、子どものレパートリー内の音声の名前であっても、そして子どものよく知っているものに名前をつけて大人が教えても、子どもがそのままそれを採用するとは限らない。

そしてどのようなものを集めて、1つの「こと」あるいは「もの」として意味的にまとめるかも子どもにまかされている。意味の生成過程でみてきたように、子どもがことばに付与している意味は大人が教えたものとは、少しずつずれている。しかしそれにもかかわらず、生活を共にしている者には十分意味がわかるし、子どもが自分流に意味づけしたにしては、驚くほど共通性も高くはじめから社会性をもっている。

子どもは初期の段階から、ものごとの枝葉末節は無視し本質的な部分だけに着目してそれをことばでまとめあげる力をもっている。その点では、子どもはことばの働きの本質をつかんでいる。大人のことばとは表現形式に大きな差異があり、未熟な発音でしかも統語能力をもたない一語発話の段階からすでに、ことばの本質としての意味作用は、フルに機能しているのである。

■はじめにことばありき？

ことばは単なる情報伝達の道具ではない。ことばによってはじめて世界が生成され、その枠組のなかへ位置づけられ関係づけられることによって事物も認識される。

先天盲の患者は開眼手術をして生理的には異常がなくなっても、私たちが事物を見ているようにはものが見えないことが報告されている（鳥居・望月など）。手をかざしても、いくつかの穴のようなものが見えて、「手」としてのまとまりのあるゲシュタルトは見えない。「自動車が向こうからやってきて、目の前を通り過ぎて行った」とは見えないで、「何かの染みのようなものが視野に現われ猛烈な勢いで拡大し、あっというまに縮小して消えた」というように見える。ものを見るにも経験が必要である。今ここに見える染みや断片が1つの事物として認知できるのも、その動きがひとつながりのシーケンスをもつ運動として認知できるのも、世界の意味化と深く関係している。

ことばによって名づけること（命名）と、それによって世界がまとめられ意味づけられることとは、もともと切り離すことができない表裏一体の関係にある。メルロ＝ポンティが言うように、「事物の命名は認識の後になってもたらされるのではなくて、それは認識そのものである。」

しかし従来はことばが世界を分節化すると考えられ、「名づけ」が「意味づけ」に先立つことが当然とされすぎてきたように思われる。そのようなことば観は、西欧の長い伝統「はじめにことばありき」の世界観をそのままひきずっている。だが子どものことばの生成過程をつぶさに調べれば、そのような世界観には疑問がもたれるはずである。

言語学と記号学の祖ソシュールは、少なくとも2つの重大なことを明らかにした。そのひとつは、名前が実体としての物につけられたラベルではないことである。実体としての物が先に存在していて、それを指し示すものとして「名前」があるのではない。名前は、現存している実体に対してではなく、イメージあるいは意味概念に対してつけられるのである。

そのようなものの見方は、カッシーラのことばを借りれば「実体概念から関係概念へ」という現代的な世界観の変化と軌をひとつにしている。

現代は物質文明と言われるが、本当のところ私たちはすでに手ごたえのあるカチンと固い物質、実体としての物からははるかに離れた世界にいる（やまだ 1988a）。私たちは記号や情報や名前が、逆に「実体のようなもの」を生みだす世界に生きている。

たとえば紙幣は「現ナマ」と言われるが、本当はそれ自体はただの紙切れにすぎない。それは物と交換できるという約束事によって、物の代わりに価値をもつだけである。現在ではそのような代理物としての紙幣でさえさらに別の記号に代えられつつある。そして札束の代わりに、ゼロが重ねられた数字だけがやりとりされるようになった。預金通帳のゼロが増えるのを喜んでいる人は、幾重もの交換を仮定した代理《リプレゼンテーション》の世界、幻想の世界に生きているのである。

ソシュールの見解は、このようにますます記号化と情報化が進む現代社会の先どりとしても、きわめて重要なものである。しかし、記号という「関係概念」でものを見る見方は、ある種の「現実」とまったく切り離された恣意的体系として、ことばをとらえていく道を推し進めることにもなった。

それは彼のもうひとつの重大な貢献、記号（signe シーニュ）を「意味するもの（能記 signifiant）」と「意味されるもの（所記 signifié）」の二面体としてとらえ、両者をまったく恣意的な連結と考えたことに対しても言える。

今まで疑われることなく前者は能動態、後者は受動態で呼ばれてきた。そこには「意味するもの（名前）」によって「意味されるもの（意味内容）」になるという考えが暗黙のうちにしのびこんでいる。それは「名づけ」によってはじめて世界が「意味づけ」られるという考え方につながる。ソシュールの研究家として知られる丸山圭三郎は次のように述べている。

> ロゴスとしての言葉は、すでに分節され秩序化されている事物にラベルを貼りつけるだけのものではなく、その正反対に、名づけることによって異なるものを一つのカテゴリーにとりあつめ、世界を有意味化する根源的な存在喚起力としてとらえられていたことになる。くだいて言えば、私の「頭」と魚の「頭」、私の「脚」とテーブルの「脚」は、それぞれ「頭」と「脚」という言葉によって同じカテゴリーに括られていくのである。（丸山圭三郎『言葉と無意識』p.20）

名前（ことば）が先か、意味が先かという議論は、鶏が先か卵が先かという議論と同じように空しい。両者は表裏一体であるし相互作用するからである。しかしこのように、ことばによってはじめて世界はまとめられ、ことばによって世界はいかようにも恣意的に分節化できると考えてよいのだろうか。

丸山があげた例をそのまま使えば、その疑問は次のように言い換えることができる。それでは魚のしっぽも「頭」と命名すれば、「頭」として、私の「頭」と同じカテゴリーに括られていくのだろうか？

日本語では魚の前びれを「手」とは呼ばないし、尾びれは「足」とは呼ばない。たぶん手や足とひれの生物的相違に注目して、別々のことばが与えられているからだろう。だが、前びれを「手」に、尾びれを「足」に見立てることは可能である。だからもし子どもが「魚の手」「魚の足」と言ったとしても、そのことばを使わない大人でも、その意味を簡単に了解することができる。それらは別々のことばで命名されていても、形態や機能に類似性があるから、同じイメージのものへと括ることが可能だからである。

しかし、たとえば「尾」や「前びれ」を、「頭」と呼ぶことはできるだろうか。「頭」と命名しさえすれば、それらは同じカテゴリーへとまとめられていくのだろうか。そのように命名することは非常に難しいのではないだろうか。同様にテーブルを支える棒状のものを、人間の「あし（脚）」との共通性に注目して、「あし（脚）」という名前で呼ぶことはできるが、それを「頭」と命名することは難しい。椅子もテーブルも「あし」をもっているが、それを「頭」にしようと恣意的に名づけても簡単にはそう呼べないだろう。それは、「頭」というものが、魚でも人間でも動物でも共通する意味内容をもち、形態的・機能的共通性をもつからである。

ことばが同じだから、同じカテゴリーに入れて認識されるというだけではなく、もともとイメージに共通性があるから、同じことばを与えられている可能性のほうが高いのではないだろうか。

同じことばを与えられていなくても、同じイメージで括られていく意味化の働きは広範に存在する。見立てや比喩は、そのようなイメージの「うつし（移し）」で生じる（8章参照）。そしてその移動の動きにも何らかの有縁性や類似性が必要で、どのようにでも恣意的に移れるのではない。そこには一定の法則を見いだすこともできるにちがいない。

たとえば先の例では、「人」を基準にした「人擬《もど》き」のうつし（移し）は生じやすいから、人間の頭を魚の頭にうつして、同じ「頭」という名前で呼んだり、前びれを「手」と呼んだりするうつしは起こりやすい。私たちは自分を基準にして環境を認識しているからである。だが、魚のほうを基準にして、私たちの手を「前びれ」と名づけることは非常に少ないだろう。海から陸に移って人間のようになりたいと願う「人魚姫」の物語は一般的でも、陸から海に移って魚のような身体になり、手足を「ひれ」に変換したいと願う物語はあるだろうか。

サピアやウォーフが言うように、ことばが世界の区切り方や認識のしかたを変化させ、文化的相対性をもたらすという面は確かにある。しかし、もう一方では、人間が基本的なものに抱くイメージには、かなりの共通性があることも事実である。

それは子どもの発達過程だけのことではない。たとえば長いあいだ、色のスペクトルもことばによって任意に分割されると信じられてきた。しかし基本的な色名に注目するならば、決してそうではないことがわかってきた（バーリンとケイ）。

ある言語に2つの色名しかないときには、どのようにでもランダムに区分されるのではなく、白と黒（明と暗）が取り出される。そして白がほぼ暖色をカヴァーし、黒がほぼ寒色をカヴァーする。そしてもしある言語が3つの色名しかもたないときには、白、黒、赤が選ばれる。6つの色名ならば、白、黒、赤、黄、緑、青が選ばれ、茶や紫や桃やだいだいや灰色は含まれない。もちろん色名の境界はあいまいであり言語によって異なり一致しない。しかし焦点になる基本色とその名前には、ある程度一貫した階層性や秩序がみられる。

それは人間の知覚の共通性を反映しているからだろうと考えられる。

子どもにもこれらの基本色は視覚的にめだちやすく想起しやすい。それで大人が色に言及するときには、その色のことを言っているのだと感じる。それは大人どうしで会話を交わすときにも、同様であろう。

私たちは、今自分に見えている世界が他の人のものとそれほど大きく違わないことを信じて生きているが、基本的な水準に関する限り、その信念はそれほど大きく裏切られなくてもすむ。「ない」という欠如を表わす単語をもたない言語体系の子どもでも「ない」という意味概念を動作で示したり、「いっちゃった(gone)」ということばで示したりする。コミュニケーション(共通のものをつくる営み)も、ことばだけでなされるというよりは、人の認識のしかたやものの見方の共通性にある程度は支えられているのではないだろうか。

それは丸山が「言分け」に先立つ「身分け」という注目すべき概念で述べていることに近い。しかし、身分けは必ずしも人間が他の動物と共有する、あるいは種として生得的にもつ生物的な知覚・行動様式に限らないのではないだろうか。

ことばは、社会的・文化的・人工的に構築されたものであるが、すべてが完全に恣意的につくられるというわけではない。人間は「物理的現実《フィジカル・リアリティ》」のなかで生きているのではなく、「心理的現実《サイコロジカル・リアリティ》」のなかで生きている(6章)。人間のものの見方、感じ方、振る舞い方にある程度の共通性があり、ことばはその心理的現実の共通性に支えられているのかもしれない。だからこそ、私たちは異なる意味区切りをもつ多様な言語を用いながら、ある程度は翻訳が可能なのである。

ことばが、世界を有意味化させるというよりは、ことばは、世界をまとめて認識し有意味化しようとする働きの一部を担うのにすぎないのではないだろうか。意味づける働きは、ことばの根底にある地下水脈のような運動体であって、ことばのはじまりは意味化のはじまりの、ほんの片端のほとばしりなのである。

2章　共感のことば

1　〔ここ〕世界のことば

■意味の共同生成 ── 意味のやりとりゲーム

かつて子どもは孤独に生まれ、だんだん社会化されて社会の一員になるのだと考えられてきた。ことばも、大人社会で使われているものを「とり入れること（獲得 acquisition）」によって学ばれるのだと考えられてきた。

ブルーナーによれば、長いあいだ流布してきた考えは、アウグスチヌスが言ったといわれる次のことばに代表される。「私は、モノの方を振り向いたときに、大人が口にした名称でモノを指し示して呼んだことがわかり、それを覚えました。こうしていろいろなことばを耳にしているうちに、自分でも進んで話せるようになりました。」

このような考えは環境説と呼ばれ、現代の学習理論にも受け継がれている。環境条件に重きをおくマウラーたち学習理論家は、子どもが出すさまざまな音声のうち、有用なものだけが強化されて定着していくのだと考えた。また、スキナーは言語行動を2つの機能に分けた。マンド（mand）は demand や comand からの造語で、命令、要求、懇願など話し手の欲求充足に役立つ道具的行動である。タクト（tact）は、contact からの造語で、命名、記述、情報提供の機能をもつが、マンドが形成された後で二次的強化によって獲得されると考えた。

しかしことばは、学習理論家が考えたような単純な学習プロセスによって学びとられていくのではなさそうである。

先に述べたように子どものことばは、単なる欲求充足の道具ではなく、かなり初期から表示的であり、コンタクト、コミュニケーションそのものを楽しむものであった。また、子どものことばは大人の使い方とは違っており、初期から主体的に生成される。しかもそれに対して大人は、正しいものを選択的に強化したり、修正のフィードバックをすることはほとんどない。たとえばふつう親は、1歳児が猫や馬を「ワンワ（犬）」と呼んでもそのまま了解し承認してしまうことが多い。いちいち「それはちがう」と指摘したり、「ネコと言いなさい」「これはウマです」と言い直させることはあまりしない。それどころか多くの親は、そのような種類の修正を熱心にやると、子どもがどもりだすことさえあって、ことばの発達には百害あって一利なしだということを、経験的に知っている。

下記の1歳2か月児のように、はじめのころ子どもは自分流にことばを言うことはできても、たとえ固有名詞のように単純な名でさえ、親が意図的に模倣させようとしたり、外から教えようとしてもうまくいかないのである。この母親は、何度「スヴァン」と言って教えても子どもが「ピー」としか言わないことにいらだっている。しかし、この例では、子がまったくでたらめに発声しているのではないことに注目すべきだろう。この子は一貫して相手の子を「ピー」と名づけている。その名づけ方が大人とは異なっているだけである。

サシャの母親「サシャ、スヴァン（子どもの名）と言いなさい！」
サシャ［piːʃ］
母親「サシャ、これはスヴァンですよ。スヴァンと言いなさい！」
サシャ［piːʃ］（少し笑う。）
（2時間後、もう一度会う。）
母親「サシャ、スヴァンと言いなさい！」
サシャ［piːʃ］（まじめな顔付きで。）
母親「スヴァンですよ！」（声を大きくして、少しいらだった風に。）
サシャ［ppiːʃ］（非常に明白な帯気音を伴って。）
（3時間後、もう一度会う。）
母親「サシャ、スヴァンと言ってみなさい！」
サシャ［piːʃ］
母親「スヴァン！スヴァンですよ！」（興奮して。）
サシャ［piːʃ］（軽く笑う。）

（オクサール『言語の習得』）

このような事実は、さまざまなレベルで指摘されている。より大きい子どもの文法発達の研究では、刺激の貧困（poverty of stimulus）と言われてきた（大津）。たとえば、母親が語りかける文章の大部分は単文で構成されており、しかも適確ではない形式も混ざっており、どの部分が不適確かという情報も提供されないのに、子どもは複文についての正しい知識をもち、正しい形式で使えるようになる。子どもは、親の語りかけなどの外界の情報に直接的に依存しないで、それ以上のことを表現できるのである。

人は、今までに一度も聞いたことがない文や新しい意味を生成することができる。ミラーたちの計算によれば、英語の20語以内の文章の組み合わせは、ほとんど無限の数になる。これを一度で聞いて覚えるとしても、100年で覚えこむためには、3×10^{20}ずつの文章を聞かなければならないという。環境刺激の直接的な模倣や強化によって説明する古典的な学習理論は、ことばの習得には明らかにあてはまらない。

子どもがわずか2年ほどのあいだに、大人でも説明できない一般化したルールに従って複雑なことばを生成できることは驚くべきことである。だから生成文法理論を提出したチョムスキーは、子どもが生まれつき普遍的な言語能力をもつという生得説を主張した。

確かに人間の子は、ことばを話すための生物的素地をもって生まれてくる。そして生後1か月の早期でもバ音とパ音の弁別ができることなど、従来考えられていたよりも0歳児の知覚能力が高いこともわかってきた（エイマスなど）。しかし語りかけられることばがない環境では、子どもの話す力も育たないことは確かである。そして1歳児の認識能力が、0歳初期の子のそれとははるかに大きな隔たりがあることもまた確かである。最初の2年間に驚異的に発達するのは、何もことばだけではない。子どもの能力の発達に環境との相互作用は不可欠であり、環境は本質的に重要な役割を果たす。

ことばの意味の習得は、単なる生得的なものでも、単なる学習の産物でもない。しかも先に見てきたように、初期のことばは子どもが主体的に生成するという側面がある。それならば、ことばが本質的にもつある種の公共性や普遍性はどのように考えたらよいのだろう。もしそれを子どもの生得的な能力の普遍性に単純に帰すこともできないとすれば、次のようなアリスの疑問には、どのように答えればよいのだろうか。

「僕がことばを使うとき」と、ハンプティ・ダンプティはむしろ軽蔑的調子でつづけた。「ことばは、僕が決めただけのことを意味するんだ。それ以上でもそれ以下でもない。」「問題は」とアリスがいった。「あなたが自分勝手にことばに意味をつけてもいいのかどうかだわ。」

ルイス・キャロル『不思議の国のアリス』

ことばは、子どもによって主体的に意味づけられないと生まれない独創的なものでありながら、本来的に社会性や公共性をもつようにみえる。

その理由のひとつは、1章で述べたように、人間の認識のしかたや、人間が生みだす基本的なイメージには、ある種の共通性や類似性があるからだと考えられる。

もうひとつの理由は、ヴィゴツキーがいうように、ことばは、子どもだけで孤独に生みだされるのではないからである。ことばは、すでに構造化された母語の意味世界と文化のなかに住んでいる大人との共同世界〔ここ〕における、共同行為のなかから生まれ、共同生成されると考えられる。

ことばを支える共通認識の基盤は、生活‐意味体系としての文化のなかに共に住むことにあると考えられる。認識するとは、その本質において文化的なものである。それは人びとが共同の場所で協働しながら生きている、日々の生活世界の流れのなかで行なわれる。

ヴィトゲンシュタインは、原初的概念として「言語ゲーム」という概念を導入した。ことばが、言語使用とは関係なく固定した意味のコードでつくられているというのではなく、人びとが共同で目的のある活動にたずさわる際のやりとりの機能のなかにこそ、意味は見いだされると考えるのである。

ことばの意味は、その子どもが生きている〔ここ〕の文化・社会的関係から切り離されたところで生みだされるのではない。そして0歳後半で形成された三項関係が、次の段階において「意味の共同生成」を育む人間関係のベースになると考えられる。それは1歳代では表象を含む三項関係に変化し、意味のやりとりゲームになる。

意味は、私たちが住む〔ここ〕を基盤として共同生成されるからこそ、原初から共同性を帯びているのではないだろうか。

■共感の「うた」──感動詞とかけ声

初期のことばは、子どもが認識していることがらのほんの一部しか表示しないという意味で、ことの端《は》である。

そして初期のことばは、コミュニケーション活動のうちの、ほんの一部を担う媒体でしかないという意味でも、ことの端《は》である。

子どもの生活全体からみれば、コミュニケーションは大部分、ことば以外の媒体を使ってなされる。もっともそれは子どもだけではない。あまり意識されないだけで、本当は大人でも非言語的コミュニケーションのほうが日常生活では主役なのであり、その割合は伝達活動の90パーセントをしめるという学者さえいる。

ことばは、第1巻で述べたような「うたう」行動とつながっている。ことばは、何よりも「うた」であり、0歳初期の共鳴行動のように、気持が気持へと直接伝わる、情動的なコミュニケーションが行なわれる場所、〔ここ〕という現前の場所で生まれる。

ことばは、音調やリズムや抑揚をもって語られる。語調や語気やアクセントは、情動を直接揺り動かす。たとえば、同じことばも語調が違えば違った感情を表わす。「ゆうくん〜」とやさしく呼びかけるのと、「ゆうくん！」と強く言うのではまるで違ったものが伝わる。

しかし、ことばは「うた」そのものではない。ことばによる伝達は、〔ここ〕で「うたう」行動とは、矛盾する側面をも合わせもつ。ことばは〔ここ〕で語られるものでありながら、〔ここ〕を超える世界、〔あそこ〕を表現するときにその長所を発揮する記号体系だからである。

〔ここ〕で「うたう」伝達、「気」が「気」を揺り動かす情動的伝達にもっとも近いことばのひとつは感動詞である。感動詞は、言語的な音声の一部を形成していてコミュニケーション機能をもつという点では、ことばの仲間に入れられるが、文法的にも意味的にも他語と関係性や構造性をもたないという点では、ことばとはいえない。

村田孝次（1984）は、感動詞的表現は人間言語の一番近い祖先の名残りであるという。感動詞を言語の起源や原点だと考えると、それはもっとも未分化な言語であり、一人称の世界を表現している。これに対して言語は叙述を通じて三人称の世界を表現しているという。

「ああ！」「ええ！」「まあ！」「おお！」という感動詞的表現は、ため息や驚きの発声のごとく情動の直接表出に近い。しかし情動表出を一人称的といってよいだろうか？　それは〔ここ〕という同じ心理的場所にいるものを同じ感動の渦にまきこみ、同じ気持にさせるという点で強い伝達性と集団性をもつ。ことばの源は、集団性と共同性と情動性を帯びたリズミカルな「うた」である（第1巻3章）。

したがって、ある面からみれば、ブルーナーらが考えるように、ことばは協働行為（co-operative action）あるいは共同行為（joint action）の特殊化され慣用化された拡張だといえよう。この意味では、感動詞はことばの原形である。

しかしもう一面では、第1巻で考察したように初期の「うたう」行動がそのまま言語に直結するわけではないことに注意しなければならない。「うたう」コミュニケーション能力は言語発達の妨げにもなる。

ことばの発達には、人とうたう機能だけではなく、物との関係づけから得られる「うたわない機能」の確立が必要である。だからこそことばは、他者から離れることができるもの、他者とは違う私の内的世界をつむぐ独自の表象にもなりうるのである。このような意味では、感動詞は、ことばに似ているがことばの周辺部に位置するものにすぎない。

同じように感動を伝えるものでも、指示的な発声を伴って「ほら、あれ！」「あっ、あそこ！」というように、他者と「並ぶ関係」をつくって外界の別のものを指し示す場合には、ことばとしての機能はより明確になる。

単なる驚きの発声ではない指示的な「ン」「ン」や、「アッアッ」という発声、あるいはイントネーションを変化させた質問的な「ン?」「ン?」という発声などは、ゆうの場合には相当明確に使われたので、ことばの範疇に入れるべきかどうか迷った。これらは指さしと同じように、道具的機能は明確だが、それ自体には固有の意味内容をもたない発声である。

このように、どこからどこまでがことばかという区切りは、実際の伝達活動を考えればそれほど明確ではない。

ハリディは、9か月ごろから1歳4か月ころの初期の一語発話期のことばを原言語（protolanguage）と呼んだ。それは内容（意味）と語彙・文法（lexicogrammar）と表現（音声）という三構造から成立せず、内容（意味）と表現（音声）だけから成るからだという。この定義では、かなり広い範囲のことばが原言語とみなされる。

それに対して原言語を「日本語にはないが、文脈から伝達意図のわかる音声」とみなす定義もある（辰野ほか）。指示的発声や質問的発声は、このような定義での原言語だと言ったらよいのかもしれない。

いずれにしても、ことばはそれだけで独立しているのではなく、それに類似した多くの種類の原言語や、ことばの周辺に広がることばと類似した音声的伝達活動のなかの一部にすぎないのであるから、それらを含めてことばをとらえていかなければならない。

「うた」という観点からみて興味深いことば、あるいは原言語は、かけ声である。ゆうの場合には、階段を登るときや外を歩くときに「ダンダンダンダン」というようなかけ声に近い発声をすることがあった（このような場合に母がうたうように「ランランラン」とか「タンタンタン」と言っていたからかもしれない）。姉のちいの場合には、もっと明確に階段を登るときのかけ声として「ヨッコイ」ということばを使った。

これらのかけ声は、手をリズミカルに振る行動などと同じように、自分の行動をコントロールしたり調子づけるものとして使われた。

かけ声は、このように自己の声と自己の身体の動きをかかわらせる、セルフコントロールの機能をもっている。

さらにかけ声は、自己の声と他者の声など、自他を共感的にかけあわせる機能ももっている。他者を自分と共に情動的に「うたわせる」という意味では感動詞にも近いが、さらにはっきりと、調子を合わせコントロールしながら共同リズムにのせるという働きをもっている。

「うた」にはたいてい、かけ声や合いの手や伴奏や拍手が必要である。それらが要所に入らないとのりにくい。それは本質的に共同行為である「うたう」という行動の性質をよく表わしている。

■交替の「うた」——呼びかけと返事

実際の会話には、うたと同じように「かけあい」のできる能力が必要である。呼びかけることができなければコミュニケーションははじまらない。そして、ことばをやりとりするには第1巻で述べたように、ことばの中身も大切だが、互いのあいだのとり方やタイミング、調子よく受け応えできる能力のほうがもっと重要になることが多い。

母子相互作用の研究では詳細な分析によって、乳児が非常に早期から、会話的に音声をやりとりする音声の交替ができることが証明されてきた（ブラゼルトン、シャーファーなど）。

またブルーナーは、発話行為（speech acts）の個体発生を研究して、母子のあいだにパターン化した共同的なコミュニケーション・フォーマットができること、子どもはことばを使用できる前に、交換手順や交換様式などを学習することを示した。

ゆうの場合には、相手への呼びかけとして「アー」や「オー」という音声をよく使ったが、このような音声を相手と相互に交替してさしはさむだけで、立派に「かけあい」になる。

会話的関係をつくるうえでは、自分が人を呼ぶだけではなく、呼びかけられたときに返事ができる能力が必要である。自分が何かを言ったときに相手にそっぽを向かれたり無視されたり黙殺されるのは腹立たしい。そして、タイミングよく返事が返ってくれば、それだけで気分がよくなる。「あっしにはかかわりござんせん」というのでは、しらけてしまう。かかわること、人の呼びかけに何かの応えを返すことは、やりとりを存続させる条件である。

子どもが幼稚園などの集団生活に入ると、自分の名前を呼ばれたときに「ハイ」と元気よく返事することをまず教えられる。それは、ことばそのものを教えるというよりも、自分勝手にしたいときにしたいことをするのではなく、言われたときに応える、人に合わせるという集団行動の基本を改めて訓練しているのかもしれない。

0歳の前半では「うたう」機能が強いので、熱心に訓練すると3か月でも名前を呼ばれるたびに「アアー」などという「返事」をすることがよくある。しかし、それは強化しつづけてもいつのまにか消えてしまうことが多く、ことばには直接むすびつかないようである。

0歳前半では無理としても0歳後半から1歳代であれば、外からの訓練によってことばを教えることができるであろうか。

ことばは周囲の人びとの働きかけと大きく関係するから、訓練することも可能だろう。しかし先に述べたように、ことばの出現は、繰り返しある音声を聞かせそれを模倣したときに強化すればよいという単純な学習プロセスでは説明できない。ことばはオーム返しのように音声形式が整うことよりも、それにどのような意味を含ませるかということのほうが大切だからである。

そして音声形式は外から教えることができるが、意味を教えることは至難である。たとえば犬を指して「ワンワ」と教えたとしても、その犬と「ワンワ」を一対一でむすびつけるだけではだめで、「犬なるもの」の意味に「ワンワ」と言えなくてはならない。この「犬なるもの」は、子どもが能動的にまとめあげるからこそ成立するのである。それを外から教えようとすれば、たいへんやっかいなことになるだろう。

その点、呼びかけや返事やあいさつのことばは、少し性質が別で、外からでも教えやすいものである。慣習的なパターンさえ覚えればよいから、機械的でも通用する。そして日常生活ですぐに役に立つし、周囲の人からも喜ばれる「芸」になりやすい。

ゆうの場合には、祖父が教えて1歳3か月には自分の名前を呼ばれると「アイ」と確実に返事するようになった。しかしこの返事は、ゆうも一時皆からほめられて得意になっていたし、家族もおもしろがって何回もやらせて強化しつづけたにもかかわらず消えてしまい、ことばとしては定着しなかった。この例だけでは何ともいえないが、やはりゆうのほうで能動的にはじめたものではないから、内的必然性に乏しかったのかもしれない。

372（1：3：01）数日前から祖父が「山田ゆう○○くん」と言うと、「アイ」と言って手を上に上げるように教えたら、そのようにやるようになった。何でも呼ばれたらやるというのではなく、自分の名前を区別しているようにみえる。祖父が「山田ち〇〇さん」と言うと、姉が「ハイ」と言って手を上げる。次に「山田ゆう〇〇くん」と言うと、ゆうが「アイ」と言って手を上げる。間違えるときもあるが、順序や文脈などを変えてもほぼ確実にやる。

373（1：3：23）「山田ようこさん」「山田ち〇〇さん」などと言っても返事しないが、「山田ゆう〇〇くん」と言うと、ゆうが「アイ」と言って片手を上へあげる。しかし以前はこのように言うと、すぐ返事したのに、このごろはよほど気が向かないとやらない（技能としてはやれるのに、やろうとしない）。母や祖父が名前を呼んでもしないことのほうが多い（そしてこれ以後には、ほとんどしなくなった）。

このような大人が教えた「アイ」の返事が消えたころに、それとは直接関係ないかもしれないが、ゆう自身が自発的にはじめた返事が一時的にみられた。何かを問われたときにもっともらしく、しかも明瞭な発音で「ゴンゴ」と答えるようになったのである。この「ゴンゴ」も短命で、のちには個々のことばでの返事に変わっていった。

374（1：3：29）絵本を見ながらゆうに「ゆうくん、お豆どれ?」とか「お月さま出てるかなあ?」などと聞くと、自分が関心のある自動車関係や食べ物関係のもの以外は、「ニャイ　ニャイ（いや、ない）」と言って、答えないことが多かった。しかし最近、ゆうが知っているもののときは、それを指してはっきりと「ゴンゴ　ゴンゴ」と答える。「アッアッ」「ン」「ン」というような何かを指示するレファレンスの発音とは明らかに違って、何かを指していて意味があるようにみえる。しかし特定のものについて言うのではなく、いろいろなものに対して「ゴンゴ」と言う。あえて言えば、「ブー」や「ゴォーゴ」や「マンマ」（これらはかなり確実にそのことばで答える）とは違う、その他のものにつけられた名前のようである。

375（1：4：29）図鑑でゆうがよく知っているミカンを指して、「ゆうくん、これなに？」と聞くと、ニッコリ笑って勢いよく「ゴンゴン」と答える。

■気の伝達――ことばでその気になる

ことばは気持を通じあわせる媒体になるだけではなく、ことばそのものが〔ここ〕の雰囲気や気分を渦のように変化させ、新たな「気」をかもしだす力をもつ。

0歳初期でも「気」の伝達力は強力であった。たとえば、微笑のような表情は相手にも微笑の表情を起こすというように同じ表情が相手に直接「うつる」ことによって、同じ気分にさせてしまうものであった。

それに対して、ことばによる「気」の伝達は、過去に体験したことや現前にないある雰囲気や意味内容を、〔ここ〕へうつす（呼び起こす、リプレゼントする）のである。だからたとえ〔ここ〕では相手が微笑んでいたとしても、ことばひとつで〔ここ〕の雰囲気が変わり、気を悪くすることも起こるようになる。「ママ」ということばを聞いただけでほのぼのと楽しい気分になったり、「バカ」と言われて腹が立ったりするのだが、そのことばを全然理解できない人には何の感情ももたらさない。

ことばがかもしだす「気」で、意図的に相手の気持を操作することもできる。全然かわいいとは思わないのに、ことばで「かわいいね」と言って、相手を気持よくすることもできる。

ことばは「気」を伝達する。1歳代の前半ではまだ、子ども自身が意図的にそれを考慮してことばを使うことからはほど遠い。しかし萌芽的でしかないが、他者のことばの理解においては、ことばで「その気になる」ことがみられる。

はじめに、ことばが生みだす雰囲気が理解されるようになる。ゆうの場合には、1歳1か月半ばごろから特に敏感になった。それは語調などによってかもしだされることが多く、純粋にことばの理解とは違うものであるが、純粋に物理的音（たとえば急に大きな音をたてると0歳初期でも驚くがそのような種類のもの）によるのでもない。何かよくないこと、あるいはよいことが話されているということがわかりはじめるのである。

376（1：1：14）朝、雨が急に降ってきたので、母が祖母に「あっお母さん、あめ！」と大声で叫んで洗濯物をしまうために外へあわてて出て行こうとすると、ゆうが「ウアーン」と泣きだす（何かよくないことが起こったと思ったらしい）。このごろ、以前は平気でいたことでも、しかも自分の要求とは関係なく、周りの雰囲気によって泣きだすことがある。姉がいたずらをして母に「ダメ！」と大声でしかられて泣きだすと、ゆうも同じように泣きだして、母の方へ来て母のスカートをひっぱる（母に抱いて欲しい。小さいころの伝染性のもらい泣きとは違って、もう少し複雑な理解がはじまっている感じがする。いずれにしても、最近再び、人への関心が強くなり、母が怒るとゆうの表情が変わり、皆がニコニコしているとゆうも喜ぶというように人の気持に非常に敏感になった）。

377（1：1：14）ゆうは母が台所で食事の支度をしているとき、そばで青じその葉をちぎっては床にばらまいて遊ぶ。あちこち散らすと、勝手口からほうきとちりとりを持ってくる。そして、すぐにほうきを持って居間にいる祖父母のところへ行く。祖父母に「ゆうくんおりこうね」とか「おそうじしているの」とか「えらいね」とか、何でもいいが一言ほめてもらうと、ニコニコと微笑して得意そうな顔ですぐにまた台所へもどってくる。ほうきで床をこすり、さらに青じその葉をあちこちに散らかして遊ぶ（ものを散らしたとき、ほうきとちりとりを持ち出すとほめられることがわかり、ほめてもらうために祖父母に見せにいったのである)。

しかられる、ほめられることの理解は、最初は語調や雰囲気への反応にすぎないかもしれないが、やがては、ことばがかもしだす「気」の理解へと進む。そうすれば、後一歩でことばでその気にさせる、おだてにのせることもできるようになる。

もちろん、ことばなら何でも同様の働きをするのではない。誰にとっても、もっとも「気」になるのは、自分のことについて人に言われたことばである。〔私〕こそ〔ここ〕世界の中心に位置するもっとも大切な核心なのだから、自己に対する関心の高さは他人とは比べものにならない(6章、第3巻)。

ゆうの場合には1歳2か月の終わりごろから少しずつ、相手の関心が自分に向けられているかどうか、自分が他者の話題になっているかどうか、相手が自分をどのように評価しているかが、「気」をかもしだす効果をもちはじめた。

378(1:2:20) ゆうが、従兄弟のいたるくんからもらった赤い長そでのシャツを初めて着ていたので、祖母と母が「この服もなかなかよく似合うね」「赤もかわいい」などと話をしていたら、ゆうがしきりに自分の服のそでを左手でひっぱり、「ン」「ン」と言いながら、ゆうを抱いている母に自分の服を見せて微笑する(自分の服のことが話題になっている、しかもよい意味で話されていることがわかる)。しばらくしてから、祖母と母が再び何げなくゆうの服のことを話題にしたら、また同様のしぐさをはじめる。

379(1:2:21) 母が姉に「あっ、なんかくさい。プーしたんじゃない?」と言い、姉が「ちがう、ちいちゃんじゃない」などと言って2人で話をしていると、ゆうが自分の股を手で押さえて「ン」「ン」と言いながら、話に割りこんでくる。オシッコやオシメの話をしていると、ゆうには関係がないときでも自分の股を押さえて見せにくることが多い（話題に入ろうとする）。

380（1：3：24）夜、寒くなってきたので姉の赤い綿入れを着せると、いやがってそでをひっぱり脱ごうとする。母が「あら、ゆうくん、このべべかわいいね、よく似合うね」と繰り返し言うと、ニコニコしはじめる。そして自分で綿入れのそでをひっぱって「ン」「ン」と言いながら、祖母や父に見せに行って満足する。

■赤ちゃんことばと育児語

どこの国の子どももはじめは片言の赤ちゃんことば（baby talk）を話す。そして親や保母など育児をする大人も子どもと話すときには、自然に幼児の言語水準に合わせて赤ちゃんことばを使う。これはたいへん普遍的でどこの言語圏でもみられる現象である。

赤ちゃんことばは、擬音語の類とたいへんよく似ている。犬は「ワンワ」、猫は「ニャーニャ」、車は「ブーブ」、電車は「ゴォーゴ」など、名詞も鳴き声や音声に写される。大人のことばやその一部を使うものでも、「ナイナイ（ない）」「チーチー（しっこ）」「クック（くつ）」など、反復した語音をもつので、擬音語のような語感になることが多い。この語感は幼児の身体リズムによく合う。

親など育児者がことばを語るやり方にも、共通した特徴がみられる（クラークなど）。育児語は、幼児に発音しやすい単純で短い語音からなり、何度も繰り返し反復されて、強調される。さらに呼びかけの名前や、感嘆詞、調子の極端な変化などが多用される。文法も、省略され限定されて使われる。またたとえば「私があなたに」ではなく「ママがゆうくんに」というように、代名詞は固有名詞に変えられ、話し手の視点からではなく聞き手の視点に合わせて話される（後者については日本語では大人の会話でも、同じルールが適用される）。

このように育児語は、子どもの注意をひきやすく、理解しやすく、子どもに合わせた口調で話される。そして今ここで、子どもが見て行動している世界について、子どもの立場に合わせて語りかけられる。たとえば「ゆうくん、ほら！　あそこ、ワンワいるよ、ワンワ、ゆうくんとこ来るね、ワンワ大きいね」「あら！ゆうくん、バァーしちゃったの、箱からバァーしちゃったね、ナイナイしなくっちゃ、ナイナイしようね」というふうに。

会話は、話し手と聞き手との共同作業である。大人の会話でも相手によって、語り口を変えているはずである。親も子どもには、子どもに合わせて語りかける。

そして子どもも自然に、親の語りかけを我が身へと「うつし」、親と合わせるかのように、片言を発しはじめる。親は子どもの片言に対して、たいへんに共感的で許容的である。間違っていようと、舌足らずであろうと、子どもが何かを語ったというだけで喜ぶ。そしてさらにそれに合わせて、子どもの何倍ものことばで惜し気なく応える。このような相互行為（interaction）が、あきるほど何度も繰り返される。

子どもは単なる音声のシャワーを浴びて育つのではない。子どもは万人向きの一般的なことばではなく、自分の興味や行動に合わせて語られる、自分のための密度の高いことばを聞く。子どもは自分のレベルに近く親近感があってヴィゴツキーがいうように、少し先んじたことばを聞く。子どもは相互性と応答性のあることばに、ふんだんに接する。子どもに意図的にことばを教えたり模倣させることは難しい。しかしそれは、〔ここ〕という共感的な場所で自然に生まれる自発的模倣の役割を軽くみてよいということではない。

ことばは、親子が共にいる場所〔ここ〕で、共に見、共に行ない、共に感じていることがらについて語られる。ブルーナーは、会話的行動の基礎には、母子の共同注意（joint attention）や共同行為があることを指摘している。またグリーンフィールドとスミスは、母子の対話は互いの発話を合わせてひとつの意味構造を形成する、二人型意味構造（two-person semantic structure）をもつと述べている。

初期のことばは、新しい情報や知識を他者に伝達したり、異なる意見を対立させて討論するものではなく、今ここで共同体験していることを共に「うたいあう」ものである。人と人とがうたうときには、「とる」か「とられるか」の闘いをするときとは違い、互いが同調し相互を「合わせる」ことが基本である。ことばも、子どもが大人から獲得するものでも、大人が子どもに教えるものでもなく、お互いを共に合わせるものだと考えられる（8章）。

このようなことばは、乳幼児期だけにみられる特殊な一過性のものなのだろうか。

かつて森有正は、日本語あるいは日本人においては、一人称が真に一人称として独立することができず（したがって三人称も独立できず）、どこまでいっても個人が存在しない「二項関係」でしかないことを歎いた。この場合の「二項関係」とは、「二人の人間が内密な関係を経験において構成し、その関係そのものが二人の人間の一人一人を基礎づける結合のしかた」のことであり、和辻哲郎の用語では、孤独な実存ではなく「間柄的存在」のことである。

だがことばは本来、そのような間柄のなかでこそ、意味づけられると考えたほうがよいのではないだろうか。ことばや個人を本来的に、他者と切り離され〔ここ〕から独立したものだと考える思想のほうが転倒しているのではないだろうか（やまだ 1988a）。そうだとすれば、赤ちゃんことばは単なる未熟な言語ではなく、言語の本質的な特徴を単純化し鮮明にできる〔ここ〕世界のことばとして、すぐれた特徴をもつことになるだろう。

2　音声の響きと意味の響き

■こまっちゃったね「アァ～アァ～」

ゆうの場合に、〔こここ〕世界で共同生成される共感のことばとして特に興味深かったのは「こまっちゃったね」「しまったね」「やっちゃったね」というような意味の「アァ～アァ～」であった。これは、してはいけないことをしてしまったとき、よくないことをしたとき、失敗したときなどのことばである。

これは困ったときに出るため息をはっきりした音声にしたようなもので、感動詞にも近い。しかし「アァー！」というような感嘆の発声とは明確に区別された。独特の音声形式と口調をもっており、はっきりした固有の意味内容も伴っていたから、これは明らかに「うた」から発しながら、それを超えたことばである。

ゆうは自分でもよくないことをしたことがわかったときに、このことばを頻繁に使った。その意味では、これは最初の道徳語でもある。

しかし、悪いことをして自分がしかられることば「ダメ」「メッ」などとは明らかに質が違っている。ゆうはそれらを早くから理解していたのだが、ゆう自身で自分に対して発することはほとんどなかった。後で言えるようになっても「ちい（姉の名）メッ」というように他者に向かって使った。

「アァ～アァ～」は困った結果になったにはちがいないが、自分が直接しかられることばではなく、共に不幸を歎くことばである。だからわざと悪いことをしたときにも安心して使えるのだろう。

381（1：3：29）ゆうが積み木を放り投げたり、水をこぼしたり、箱の中のものを放り出してめちゃくちゃにしたときなどに、母が「アァ～ア～こんなにしちゃって、アァ～ア」などと最初のアァに強いアクセントをおいた独特の口調でよく言っていた。ここのところ、2、3回そのようなことがあった。

今日はゆうがわざと箱の中のものを全部ひっくり返して、母とそっくりな口調で「アァ～アァ～」と言う。ゆうは、食べ物をこぼしたり、下へ落としてしまったときなどにも、それを指さして「アァ～アァ～　アァ～アァ～」と言うようになった。

382（1：4：08）母が本を読んでいると、ゆうがそれをとりあげて持って行き、本を広げて何やら声を出し、読むようなかっこうをする。母が近づいて「ちょうだい」と言うと、ゆうは「ニャイ　ニャイ（いや）」と言って、本を母のいる方向とは反対の方へ放り投げてしまい、「アァ～アァ～、アァ～アァ～」と言う。

383（1：4：10）ゆうは姉のクレヨンを下へ放っては「アァ～アァ～」と言う。クレヨンを拾って箱に入れながら「ニャイニャイ（ない）」と言い、また箱をひっくり返して手で払いながら「アァ～アァ～」と言う。母が「ナイナイしなさい」「おかたづけしなさい」などと言うと、よけいにひっくり返したり、放り投げたりする。そして「アァ～アァ～」と言う。

このことばは初期には、主として自分がやった行動に対して頻繁に使われた。特に母や姉に向かってダメとか怒られそうな悪いことをして、「アァ～アァ～」と言うことが多かった。やがて、他者の行動を見て言うようになった。そして2歳すぎてもほとんど同じ意味で長いあいだにわたって一貫して使われ、生活のなかで重要な位置をしめることばであった。のちには、父がビールビンを割るなど印象的なできごとを見たときの語り「アァ〜アァ〜（こまっちゃったね）ストーリー」と名づけられるようなものがたりへと発展した（第3巻6章参照）。

「アァ〜アァ〜」ということばは、ことばだけではなく何かしでかすという状況やできごとの文脈とむすびついて使用されること、そして情動が伴っていることから、このことばだけでは自立できないという限界がある。しかし、それゆえ家族だけではなく、実家へ行っても公園などでも、他の人びとにもすぐに意味がわかり通用した。通常の日本語にはないことばだが、特定の音声に意味をもたせ、周囲の人間がそれを了解して使いつづければ「ことば」として機能しつづけるのであろう。

■擬音語・擬態語「バァーン」

ことばは〔ここ〕世界で響きあう共感の「うた」である。

オースティンやサールが明らかにしたように、実際に〔ここ〕で話される語用論的な言語使用や運用という側面からみれば、ことばはさまざまな機能を果たす。たとえば「おりこうね」という発話は、それが使われる文脈や話し手の意図や聞き手の解釈によって、賞賛、同情、皮肉、軽蔑などさまざまな感情や効果を媒介する。

ここでは、そのような発話媒介行為としての「うた」を問題にするのではない。より重要なのは、ことばが共感の「うた」であるならば、それが表示作用・意味作用（signification）そのものに、どれだけ本質的な役割を果たすのかを問うことである。

ことばは音声の響きをもっている。もちろん音声の響きそのものは、ことばではないが、それは意味作用とどのような関係をもつのだろうか。擬音語の類をもとにして考えてみたい。

ゆうは1歳4か月ころから、物を落としたり放るときに「バァーン」と言うようになった。物を意図的に落とす行動そのものは、生後8か月ころから出現した。これは、ボールのやりとりなど社会的に認知される方向に向かう場合もあるが、乱暴な行動にもなりやすく、物が破損するなど被害が出かねないから、大人からは喜ばれない。しかし本人にとっては快感のようで、ものを放る行動は多様な変形を含みながら長く続いた（第1巻）。

そしてゆうは物を放るときに、自発的に「バァーン」ということばを付加しはじめたのである。このことばは、ゆうがツルの折り紙を飛ばすしぐさをして、それを落としたときに言ったのが最初の記録であるが（観察456参照）、このころから頻繁に言うようになった。

このことばは物が落下するときの音をまねた擬音に近いが、単なる擬音ではない。立派に「擬音語」である。紙が落ちても、「バァーン」などという音が出ることはめったにない。「バァーン」は、物を落としたときに出る音を表象（リプレゼント、再現）しているのである。

物を落としたときに出る物理的な音は、実際にはさまざまである。紙を床に落とせば、カサッというだろう。それも紙の質によって違う。新聞紙ならばバサッバサッ、ダンボール紙ならドンと落ちるかもしれない。そして落とすときの力の入れ方によっても、物がぶつかる対象の性質によっても、ぶつかり方によってもそのつど音が変わる。

0歳代後半から1歳にかけての探索行動は、物をさまざまに試して、多様な効果が生まれることを楽しむものであった。それは、いろいろな違った音が出るほどおもしろい。探索行動は発達に伴って消失するわけではないが、一語発話期には、後に慣用操作（4章）において述べるように、探索とは逆の方向、つまり物を一定の型にはめるやり方で扱う方向への発達がみられる。

慣用操作と同様に、生みだされる音も一定の型にはめられる。カサッ、コソッ、ドチャ、ドテッ、バチャ、バシーン、バターンなどというそのつど違う一回限りのさまざまに違ったニュアンスのものではなくなる。現前する、この音もこの音も、「あの音」だというように、代表される一定の音の型へと入れられて認知され、一定の音の組み合わせの単位で再現されるのである。

猫は本当は「ニャー」となくのか、それとも「ミュウー」だろうか。犬は「ワンワン」なのか「バウワウ」となくのか。いずれでもない。「ウゥーウー」や「ブゥーウー」や「バウゥーン」となく犬もいる。日本語ではカエルは「ケロケロ」となくのが一般的らしいが、草野心平によれば「ぎゃわろつぎゃわろつぎゃわろろろろりつ」とか「るるり。るるり。りりり」とないたりする。もっと違う鳴き声を聞いた人もたくさんいるだろう。しかしそれでもカエルは「ケロケロ」となくことになっている。

擬音語は、実際の音を模してはいるが、単なる音声模写ではない。ある意味内容を一定の音声で名づけたことばなのである。聞く人によって違い一回ごとに変化する多様な音は、ステレオタイプ化した一定の音の組み合わせで表示されることによって、伝達範囲の広がりと共通理解が確保される。

ゆうの場合の「バァーン」も、落下の音の擬音語だと考えられる。また、これが放る遊びの楽しさを倍加させ、効果を高める役目をしたことも注目に価する。紙などのあまり音が出ないものを落としても、自分で「バァーン」とつけ加えれば、激しい落下が起こったような「つもり」になれる。観察456のツルの行動の場合には、ゆうがそこまで意図的にしたわけではないにしても、現実を超える演出力をもつ擬音語をつけ加えたという点でも、ごっこへと一歩近づいているといえよう。

擬音語は「擬音」であること、つまり実際の音の「擬《もど》き」であり現実の音に似ているゆえに、現実らしさを「ここ」の世界に生む効果をもつ。

擬音は、ウソの世界を現実もどきにするために、ことば以上の演出効果を生むことができる。たとえば歌舞伎のなかで絶妙なタイミングで入る「ボーン」という寺の鐘の音の擬音は、「さびしいね」などというせりふとは比較にならないほど生き生きと効果的である。しかしこの場合の擬音も、擬音語に近いものであって、鐘の音にまつわる約束事を知らず、それにかかわる生活体験をまったくもたない人には、物理的には同じ音が聞こえてもさほどの意味を伝えないし、深い感情を揺さぶることも少ないだろう。

歌舞伎の身振りが現実もどきでありながら、現実以上に誇張や単純化や様式化されているのと同じように、擬音も、現実の音〔これ〕のもどきでありながら現実以上のもの〔あれ〕を呼び起こす。しかも〔これ〕は、実際の音とかけ離れたものではなく、それに似た擬《もど》きであるために、ウソでありながらウソとは感じにくく、自然に人びとを〔ここ〕世界にそのまま居るような気持にさせ、疑似体験を生みやすくするのである。

擬音語は、〔ここ〕世界にいる他の人びとの気持に直接響く効果をもつ。ゆうの場合にも、母との遊びのなかで「バァーン」ということばを使うことがよくみられた。「バァーン」は、一人遊びをよりおもしろくするだけではなく、観客に共感的な伝達をするために演出効果を発揮することばである。次の例にもみられるように「バァーン」と言って物を放る遊びは一人でやってもけっこう楽しいようにみえるのだが、その効果は共感してくれる相手がいないと半減するようである。

384（1：4：04）　母が座敷の縁側に置いてある子どもタンスのそばで子どもの服を入れ換えて整理していると、その間ずっとゆうは、座敷から廊下を越えて隣の居間へ行って本を一冊ずつもって、座敷へもどってきて、座敷机の上へ「バァーン」と言いながら落として遊んでいる。1つ落とすとすぐに再び居間へ行き、テレビの棚の下などに置いてある本を持ってきては、座敷机の上に「バァーン」と言いながら落とし、声をたてて笑う。そしてまた居間へ本をとりに行く。

同じことを何度も何度も繰り返しながら、たいへん上機嫌で「バァーン」と言いながら実にうれしそうに笑う。

ゆうがこの遊びにのっていたように見えたので、母はゆうが機嫌よく一人遊びをしているから、そのあいだに二階のタンスの服も整理しようと思い、ゆうが座敷にいないときに黙ってそっと二階へ行った。するとゆうは居間から座敷へもどって母がいないことに気づいたらしく、あれほど熱中していたように見えた遊びをすぐやめてしまい、持っていた本をそこに置いたままで、母を捜しに階段を登ってきた。

（ゆうは特に母に対して働きかけをしなかったので、母はゆうが熱心に一人遊びをしているのだと思い込んでいたのだが、ゆうにとってはそばで見ている人がいなければいけない遊びであったらしい）。

子どもが積極的に遊ぶには安心できる場所でなければならず、ウィニコットが言うように見知らぬところでは安全基地としての人（母など）の存在が必要である。だから熱心に一人で遊んでいるようにみえても、母がいなくなると子どもが不安になり、遊びを中断して母を捜す行動はよくみられる。しかし前記の例はそのような状況とは違っている。なじみのよく知った場所では、子どもにとって他の人の存在は必ずしも必要ではないし、物との遊びに熱中しているときには、人はかえってじゃまなくらいである。

幼児といえども常に母を欲するのではない。気ままな一人遊びのほうが楽しいときもある。しかしこの観察例では観客としての母が必要だったようである。したがって、この放る遊びは提示行動に似ていると考えられる。見せ物の場合には同じことをしても観客がいるのといないのでは楽しさが違う。「バァーン」ということばも、共感の相手がいてこそ、より意味があるのだろう。

なお「バァーン」は、物を落とすときだけではなく、たたいて音を出したりするときにも使われた。その点で英語のバング（bang）によく似たことばである。

本来は音が出ない動作やしぐさを音で表わすことばは、擬態語と呼ばれ、擬音語と区別されることもある。ゆうの場合の「バァーン」も、動作を表わす音とみなすこともできる。物を落としたときに、母のところへ来て「アッアッ」と物を指して、「バァーン」と言うなどの使い方もしたからである。この場合には「落としちゃった」というような動詞の代わりかもしれない。

子どもの行動観察をしていて痛感するのは、日本語には英語や中国語などに比べて、動作を具体的に詳細に記述する的確な動詞が少ないことである。日本語での行動記述はその点では不利である。主客の区別、単数か複数か、時制などに無頓着なことも加わって不正確になりやすく、行動記述だけでは実際どのような動作がなされたのか再現しにくい。

私はかつて比較行動学的な行動分析のカテゴリーをつくるために、日本語の「打つ、たたく」にあたる英語の動詞を調べたことがある（山田 1978b）。英語のストライク、ヒット、パンチ、ビート、ノック、タップなどが日本語では一語で表わせず、そのままカタカナで日常語になっていることからもわかるように、日本語では動作を表わす動詞はおおざっぱである。その代わりに、擬音語や擬態語が豊富に使われる。たとえば、clap の代わりに「パチパチたたく」、slap の代わりに「ピシャリとたたく」、knock の代わりに「トントンたたく」、tap の代わりに「コツコツたたく」などと言う。

動作そのものを示すには日本語はあいまいだが、人の気持に響かせ共感を生むにはすばらしい表現力をもつようにみえる。それはたぶん動作の何を重視するかの観点が違うからであろう。日本語では動作の形態や特徴や手段を具体的に描写することにはあまり注意を払わない。そのかわり心理状態も含めて音にたくされて表現される。「よちよち歩く」と「よたよた歩く」、「よぼよぼ歩く」と「とぼとぼ歩く」などは、歩き方だけではなくその動作によって表象しようとする心理状態の違いを反映している。

もっとも英語でも後に述べるように、今でははっきりしないだけで、擬音・擬態起源の語も一般に言われているよりは多いかもしれない。

ゆうは「バァーン」ということばを次の観察例のように、物をたたいて壊したり、積んだ積み木を手で倒したり、自分がわざとよくないことや荒っぽいことをしたときにも使った。その点ではこれはある種の感情や気持を表象している「擬情語」でもある。後に述べるように、擬音・擬態・擬情語の区別が明確ではないこと、つまり何の擬《もど》きかがはっきりせず、それらが関係しあっているのが、擬音語類のひとつの特徴である。したがって「バァーン」は、「やっちゃったね」「こまっちゃったね」というような意味の「アァ〜アァ〜」にも機能的に関連する。だが「バァーン」は、次のように、特にゆう自身の動作や結果に伴って使われた狭い意味範囲のことばであり、現実の擬《もど》き、模写という性質を保持していた。それに対して「アァ〜アァ〜」は、動作よりも結果に対する詠嘆のほうにより多く関係しており、気持を直接表わす感動詞に近く、使われる範囲もはるかに広く、いろいろな場面で頻繁に使われた。

385 （1・5・18） 姉がままごとをしていると、ゆうも一緒になって遊ぶ。姉が土をカップに入れて型抜きしプリンをつくって並べていくと、ゆうが「バァーン」と言いながら片っぱしから手で壊していってしまう。そして笑いながら「アァ〜ア〜　アァ〜ア〜」と言う。

386 （1・6・04） ゆうはおもちゃを放り投げては「バァーン」と言う。そして床に落ちたおもちゃを指さしては、「アァ〜アァ〜」と言う。ゆうが母の頭を（ふざけて）たたきに来るときにも、「バァーン」ということばをつけ加える。またゆうは、自分が転んで柱などで打つと、母にその柱を「ン」「ン」と言いながら指さし、打った脚などを出して見せながら、「バァーン」と言う（あそこで「バァーン」したんだよ）。

擬音語・擬態語とは、音・声・動作・状態・心理作用などを、非意味的な音で描写するものだと言われる（浅野など）。しかしそれが本当に非意味的であるかどうかは再考が必要であろう。日本語の場合には、一見無意味にみえる、かけ声や調子づけのはやしことばでさえ、語感や語音表徴とも関係した重要な意味ネットワークを形成しているように考えられるからである（第1巻12章）。

また擬態語類は、音のない動作や状態や心理作用などを、音で描写するものである。ことばとは本来的に、音のない意味内容を、音の組み合わせへ「うつす（transfer）」ものではないだろうか。そうだとしたら擬態語類は、ことばの働きの周辺部どころか、中心部に位置することになる。

日本語は擬音語や擬態語がとりわけ豊富で大きな役割をもつ言語だが、学問対象として正面からとりあげられることが少なく、評価も低い傾向があった。確かに近代西欧の尺度を基準にしたときには、擬音語類は〔ここ〕世界とのむすびつきが深いゆえに、〔ここ〕と完全に切れてはおらず、未分化で未熟で原始的で非論理的で、子どもっぽいことばに見えるだろう。

しかしことばは、〔ここ〕と完全に切れた〔あそこ〕の論理を表現するだけではなく、〔ここ〕世界でうたう、響く、共鳴するものでもあるとみなせば、立場は逆転する。擬音語は、〔ここ〕と〔あそこ〕を完全に切り離さない。それゆえに〔ここ〕世界に共感の響きを生みだし、実際に人の気持を揺り動かす力は大きくなる。それは論理的な説得や説明で人を動かす効果の比ではないと考えられる。

■語感と意味

動物のなかには、臭いやしぐさがコミュニケーションに重要な役割を果たすものも多い。人間は、視覚的な動物だと言われるのに、視覚よりも音声で表現されることばがコミュニケーションにおいて高い比重を占めている。なぜ、ことばは音声で語られるのだろうか。ビジュアル・コミュニケーションと音声コミュニケーションの違いはいくつもあるだろうが、音声が効率的な伝達にすぐれているだけではなく、感情を反映しやすいことも一因かもしれない。

ところで人の気持に響くように「うたう」ためには、音楽をはじめとして音韻が多く使われるのはなぜだろうか。この問いには簡単に答えられない。だが音声表現は、本来的に擬態語表現のもとにある身体行動や心理状態と完全に切り離されたものではなく、密接に連関していると考えなければならない。そして知覚もまた、ウェルナーとカプランが、相貌的（physiognomic）という用語で指摘したように、共通知覚的なのである。

哲学者の廣松渉は、「不思議の国」でアリスが見た「チシャ猫の笑い」のごとき表情こそ、情動価と行動価の融合したもっとも原基的な体験世界だと位置づけ、それを間主観性・共同主観性の成立の基礎におく理論を構築した。彼は日本語の擬態語を駆使して次のように述べている。

> 温々・寒々・熱々・冷々は単なる温覚ではなく、ベトベト・ツルツル・ネバネバは単なる触覚ではなく、黒々・赤々・青々・白々は単なる色覚ではなく、フワフワ・ブワブワ・ゴワゴワ・ゴツゴツは単なる硬軟の感覚ではなく、ジメジメ・カラカラ・グジグジ・サラサラは単なる乾温の感覚ではなく、……いずれも表情性が原初的に〝籠って〟いる。（廣松渉「役割理論の再構築のために」）

このような意味での音声の表情性や共通知覚性は、〔ここ〕世界の共感的伝達に中心的役割を果たすものだと考えられる。しかも、記号としてのことばに情動的要素をつけ加えるというような補助的役割をするのではない。それらは、意味作用（signification）そのものに、本質的なかかわりをもつのだと考えられる。

従来は音声記号としてのことばと、その意味内容とは、恣意的にむすばれるものだと考えられてきた。それならば、ことばは本質的に意味と分離した空っぽの記号だということになる。

確かにことばを成立させる単位としての音には意味がないほうが、自由度は高い。音と意味とが一対一に対応すると、少数の音で多くの意味を表わすのが難しくなるし、新しいことばをつくる上でも制約がありすぎて不便になる。音そのものに意味がなければ、少数の音声の組み合わせで無限の意味を表示することができる。

日本語の場合には、たとえば「じ」はそれだけで「字」や「時」や「児」や「次」や「痔」や「自」や「寺」の意味をもつと同時に、他の音と組み合わされればそれとは無関係の意味「あじ（味、鯵）」「いじ（意地、維持）」「うじ（氏、宇治）」「かじ（火事、家事、舵、鍛冶）」「きじ（記事、生地）」をつくり出すことができる。それは音が、意味と一対一に対応せず道具的性質をもつゆえに可能なのである。

しかしもう一方で日本語には、昔から「ひとつこえに、ひとつのこころ」があると言われるように、ゆるやかではあっても音声と意味とが何らかの関係をもつのではないかと考えられる場合がある。

たとえば子音m音と母音a音で構成されるマ音は乳児にも発音しやすいし、もっとも初語になりやすい語であるが、それはやわらかい心地よい語感をもっている。その音の語感は、「マンマ mamma（食物）」「ママ mama（お母さん）」「アマ ama（天）」「アマ ama（甘）」「ウマ uma（旨）」「マル maru（丸）」などの意味とのあいだに、何らかの連関があるのではないかと考えられる。メルロ＝ポンティが言うような情動的意味、あるいは語感的意味というものが存在するのである。

語も母音も音韻もそれぞれ世界を唱うためのしかたであり、それらはもともと対象を表象するためのものである、ということであって、それも、素朴な擬音語理論がそう思い込んでいたように、それらのものと、それらのものによって表わされる対象とが客観的に類似しているという理由からではなくて、それらのものが対象の情動的本質を抽出し、語の本来の意味でこれを表現（表出）するからである。（メルロ＝ポンティ『知覚の現象学』）

音韻はそれだけで完全に独立するというよりも、心理的現実を「うつす」ものであり、語音表象としても機能する。このような語感や語音表象は、擬音語や擬態語と関係して大きな意味システムを形成しており、それが〔ここ〕世界の共感的伝達にかなりの役割を果たしているのではないかと考えられる（第1巻12章）。

たとえばかつて流行した大衆歌謡「スーダラ節」に使われた「スイスイ・スーダララッタ・スラスラスイスイ」のなかの一見無意味な調子づけのかけ声である「スイスイ」は、第一には、風や息の音に関する語群（「スースー」「スウ（吸う）」など）と、第二には、順調に滞りなく進む様子に関する語群（「スラスラ」「スクスク」「スルスル」「スナオ（素直）」「ススム（進む）」など）と、第三には、軽快でさわやかで調子のよい気分に関する語群（「スッキリ」「スヤスヤ」「スム（澄む）」「スズシイ（涼しい）」など）との広大な意味ネットワークを共有している。

第1群は擬音（声）語の類、第2群は擬態語の類、第3群は擬情語の類ということもできるが、それぞれは区別できないほど深く関連しており、しかも擬音語類ではない通常の語彙にもそれらの語感が共有されて意味が形成されている。

また「スイスイ」のような語音の重畳化は、たとえば「ウマウマ」「ナイナイ」など赤ちゃんことばによくみられる形式であるが、これは「サラサラ」など擬音語類にも、「オイオイ」「ハイハイ」「アイアイ」など呼びかけ・返事にも、かけ声にも多くみられる形式である。発音のしやすさとリズミカルな調子のよさは同調性と共感性を高め、人と人とを「うたわせる」ために都合のよい形式をつくるのかもしれない。

しかもこれらの音群は、体系的な変形が可能で、新語や流行語をつくるのが容易である。音の重畳化、音の引き伸し（スーイスイなど）、音の詰め（スッスイなど）、音の入れ換えなどを組み合わせると、さまざまなニュアンスの語をつくることができる。そして、たとえ新語であっても説明抜きで意味を伝えることができる。

たとえば「スイスイ」を濁音化すると「ズイズイずっころばし」の歌に使われる「ズイズイ」になるが、さわやかさ軽さが減少して、ズンズンすすむ活発さズウズウしい品格のなさなどが、意味に加わる。

金田一春彦が紹介している例では、反転を表わす「ころ」は、「ころっ（転がりかけ）」「ころん（弾んで転がる）」「ころり（転がって止まる）」「ころころ（連続して転がる）」「ころんころん（弾みをもって勢いよく転がる）」「ころりころり（転がっては止まり転がっては止まり）」「ころりんこ（一度転がったが最後には安定して止まる）」というように、音の組み合わせがシステマテックに意味と連関している。

これらの語は、組み合わせを変えて「ころころり」とか「ころっころころ」とか「ごろごろ」などさまざまなニュアンスへと変形できるだけではなく、新造語をつくることも容易でことばの自己生成機能が高い。そして個人が勝手に新造語をつくり出した場合にも、その意味を特に説明しなくても他の人に伝達可能な合理的な構造をもっている。

日本語には、このような〈ここ〉と完全には切れていない「共感のことば」が豊富だが、改めて注目すれば、詩に使われる韻をはじめとして、西欧の言語でも共通する部分があるかもしれない。たとえば、喃語の英語の babbling（ぺちゃくちゃ話すこと）は明らかに擬音（声）語起源であるが、これは、bubbling（ブクブク泡だつこと）、bobbling（ひょいひょい反復する動作）などへ体系的に変形できるし、意味的にも無関連ではないと思われる。

ただし擬音語類が共感的伝達にすぐれているのは、それを使う人が同じ〈ここ〉という世界に生きている場合に限られる。その世界に住んでいる人には説明も辞書も不要で伝達が容易だが、外国人にはわかりにくく同じニュアンスでは伝達しにくい。アフリカのエウェ語の「ゾ・バフォバフォ」「ゾ・プラプラ」「ゾ・ホロイホロイ」という歩き方の擬態語や、極北のチュクチ語の「シロック」という眼球がいったんはずれてまた眼の中に入る音の擬音語を聞いても、簡単には理解できない。また同じ日本語でも「グレガレッとしているいい男」という美男の形容を聞いても、その方言を使わない者には具体的にはわからない。東北のある地方では、胸部の虚脱感を「カヤカヤ」、頭を荒縄でしめつけられるような痛みを「ギリモリ」と言うそうである。

つまり擬態語類は、〔ここ〕では容易に説明抜きに共感的に伝達できるが、生きている世界が違う〔あそこ〕の人には説明しにくいし、伝わりにくいのである。

このしくみは赤ちゃんことばとよく似ている。ことばの意味はいちいち説明されることはない。使用しながら自然に共感的に理解されていく。そして生活を共にしその子のことをよく知っている人には（観察343で示したゆうの姉のように4歳の幼児でも）、たとえその子がふつうの使い方とずれた意味で使ったとしても新造語でもわかる。しかしその子どもと接触のない人には伝わりにくい。

子どものことばは〔ここ〕世界で共同体験している者のあいだで通用するものとして生まれる。意味の理解（comprehension）ができるのは、世界を「共同でとること（コム・プリヘンジョン）」からというよりも、共同世界で共感的に生きることからである。

このように考えると擬音語類が、人間の自然に根ざしているゆえに、一見もっとも普遍的なようにみえながら、実は通用範囲が限られるのはなぜかが理解できる。先にも述べたように、たとえ現実の擬《もど》きであっても、擬音語類はことばであるから、どのような音を抽出しそれにどのような意味を担わせるかは、人の主体的な作業だからである。

したがって、語の音韻パターンが共通知覚に基づき意味とむすびついているとしたら、その同じ結合がそのまま、あらゆる文化や言語に普遍的にみられるはずだと仮定して研究しても、十分な証拠が得られないのは当然なのである。1つの音が独立して1つの意味をもち、それらを要素的に集めると語になるわけではない。かつてゲシュタルト心理学者が証明したように、同じ音も、それがどのような網目の全体へ入れられるかによって、意味がまったく変わってしまうのである。同じ音韻でも、それぞれの母語の意味ネットワークのなかへ入れられてはじめて意味づけられるのだから、違った意味を表象することはいくらでもできる。音と意味との関係は、多義的で比喩的で類比的な「うつし」作業を伴う、表象的なつながりである。しかもそれは、文化の網目、暗黙の意味体系ともつながっている。

ことばだけではなく、音楽でさえ一般に信じられているほど普遍的ではない。違う文化に住む人びとは、それぞれ違う「うたい方」をしている。別世界の「うた」に感動し翻訳することも不可能ではないが、〈ここ〉でなじんだ自分の「うた」ほどに、身の奥に深くしみ入らせ、身を心地よく揺さぶるリズムとし、身のすみずみに共鳴の余韻をこだまのように響かせて「うたう」ことは難しい。

ことばは、もともと〈ここ〉世界で生まれるローカルなものである。そのように考えれば、ことばが翻訳の困難をかかえていることよりも逆に、それにもかかわらずある程度の共通性や普遍性をもち、〈ここ〉という時代や文化を越えたうつし（translation 翻訳）が可能なことのほうが、不思議である。それはたぶん、人間が住む心理的場所《トポス》にある程度の共通性があり、ことばが心理的現実の「うつし（表象）」だという側面をもつからであろう。

第2部

身のことば

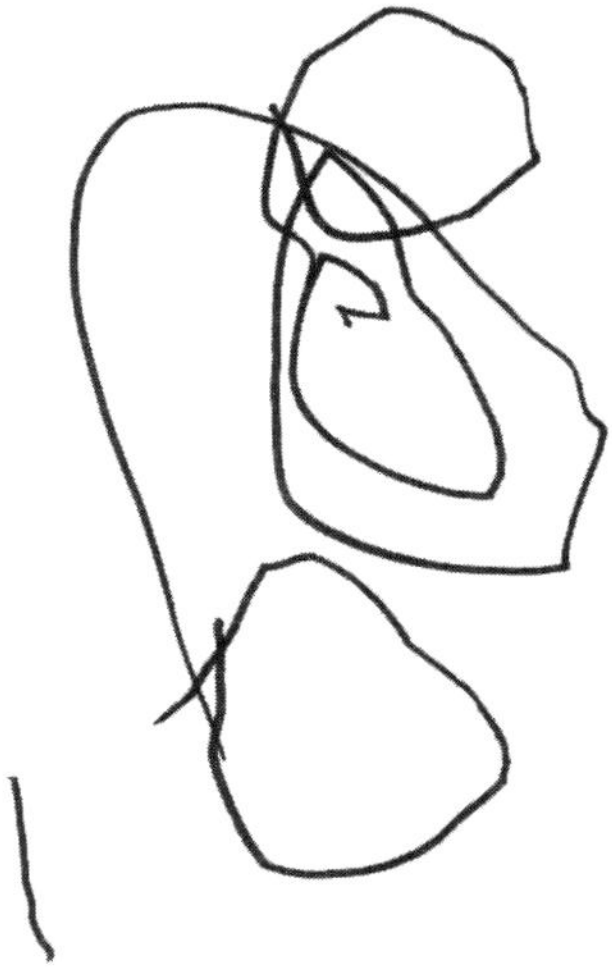

（かな　2歳）

にぎりしめ　にぎりしめし掌《て》に　何もなき

篠原鳳作　『篠原鳳作句文集』（形象社）

3章　指示――あそこを見て

1　叙述の指さし

■身のことば――身体による記号化

「子どもがことばを言うようになった」というできごとは、周囲の人びとにはちょっとしたニュースである。だから、ことばの発達が遅い子の親は、いたたまれないほどつらい。そこで、ことばがその子の問題をすべて解決するかのように、「ことばさえ出れば」と祈るような気持になる。

音声言語としてのことばは、人びとに注目される「図」になりやすい。だがそれは、その背後にあってめだたない「地」の網目に支えられているのである。音声記号によって表示されることばだけが、言語機能を担うわけではない。

特に世界が意味化されるとき、身のことば（body language）と言うべき、身体記号が大きな働きをする。それは音声ことばの基礎となり、裏方となるだけではなく、相補的に共存し、両行しながら言語機能を発達させると考えられる。

身体による記号化の代表的な行動は、身振り（gesture）である。身振りは、前言語的行動とか非言語的行動と言われることも多いが、マクニールが述べたように、非言語的（ノンバーバル）どころか、言語的行動そのものとして位置づける必要がある。

ここでは、身振りと深い関係をもつ身体活動や身体的表出そのものは扱わない。たとえば表情、身体鼓動（beat）、姿勢、運動、行為そのものなどである。ここで扱う身振りは、意味記号と意味内容が分かれた記号的行動のうち、意味記号として身体が使われるものを指す。

ヴントは、身振りを指示的、叙述的、象徴的の3区分に分けた。指示的身振りの代表的な行動は指さしである。叙述的身振りとは、「これは、あれね」と命名したり叙述したりするのに音声言語で行なう代わりに身体記号や動作で行なうものである。象徴的身振りは、身体記号と意味内容が恣意的に分かれている場合である。親指を立てて「グッド」、人指し指と中指を立てて「勝利」を表わすVサインなど文化的な約束事として使われることも多い。

ここでは、意味作用の発生と関連が深いと考えられる叙述的な機能をもつ身振りを中心にして、「叙述の指さし」「慣用操作と行動のルール化」「手振りを中心とした身振り」の3つをとりあげてみたい。

これらの身振りは、一語発話とほぼ同時期の1歳前半に発達したが、言語と同じように多種の機能をもっていた。これらが言語機能とどのようにつながり、言語発達にどのような役目を果たすのかは、一筋縄では説明できない。だがそれらが、音声言語と相補的であったり拮抗したり少しずつ違う役割を担いながら、両行して発達することは確かである。

■指さしの発達

ここではまず指示行動の代表とも言うべき「指さし」の発達をたどることによって、指示とことばとのあいだの中間過程に目を向けてみたい。

指さしには、ことばと共通する働きがある。指さしは、指そのものを人に見せるのではなく、指によって別の何かを人に指し示す行動である。だから指さしでは、さすもの（指）と、さされるもの（指さしの対象）とが分かれている。

ことばも同じである。たとえば「つくえ」と言うとき、ふつうはその発音自体を人に伝えたいのではない。「つくえ」という発音で、指し示す意味内容を伝えたいのである。発音そのものは指さしの指と同じように、何かを指し示すための道具にすぎない。だから完全に等価ではないにしても、多くの場合「つくえ」の代わりに「デスク」という別の発音に置き換えることもできるのである。

しかし指さしのような指示行動は、ことばの中心的な働きである表象（representation）を欠いている。指示は、表象へとつながる行動ではあるが、明確に区別されねばならない違いもある。

指さしの場合には、指が、さされるものを代表しているとは言いにくい。指は、机を指すことも、本を指すことも、犬や人や空や星を指すこともできる。指は、指し示す道具にすぎず、指そのものには特定の意味内容はない。

「つくえ」と言うときには、その発音で意味される「つくえなるもの」がある。もちろん、そのイメージは人によってかなりの違いがあるかもしれないが、それでも「つくえの上の本をとって」と言われれば、椅子や棚やテレビの上を探しに行こうとはしないのだから、実用にはさしつかえないだけの共通した「意味内容」がある。「つくえ」ということばは、その意味内容を表象している。

図3－1は、指さしの発達段階である。まったく独立して観察した2人の子ども（ゆうとA児）の日誌記録から機能的に共通する行動をまとめて作成した（山田・中西）。発達の段階は明確に区切られるものではないが、おおまかな発達の姿はつかめるだろう。

このうちすでに第1巻4章において、指さしのはじまりと初期の発達（図3－1の第1段階と第2段階）については述べた。この3章では、指さしのその後の発達（第3段階から第5段階）の一部をとりあげてみたい。

ゆうの指さしの開始は、感嘆・共有機能をもつ「驚き・定位・再認の指さし」からであった。これは、珍しいものに出会い驚きの体験をしたときに、それを「ねえ、見て、見て、あれを見て！」とでもいうように、他者にも伝える働きをもっている。自分の感動や興奮に相手をまきこみ、相手にも自分と同じものを眺めさせようとする働きだと言ってもよいであろう。のちに「共同注意（joint attention）」と呼ばれるようになった行動と同じである（ムーア・ダンハムなど）。この本では同じものを見る視線の共有だけではなく感動の共有も重視している。

この感嘆・共有機能の指さしは、第2段階で、なじみのもの、知っているものばかり指す交流の指さしが中心になり、ほとんどみられなかった一時期があったが、その後はまた次の例のように多くみられるようになった。

387（1：0：09）二階の寝室に初めてクーラーを取り付けるとき、工事をしているあいだ中、母のひざの上に座って、じっと興味深げに凝視している。他の部屋へ連れて行こうとしてもいやがる。眠いのも忘れたようにして、長いあいだ眺めつづけている（指さしはしない）。翌日（1：0：10）から、目がさめるとすぐに、窓の上のクーラーを見て指さして「アッ」「アッ」と言う。二階にくるたびに、クーラーを指さす。そして母や父の顔を見

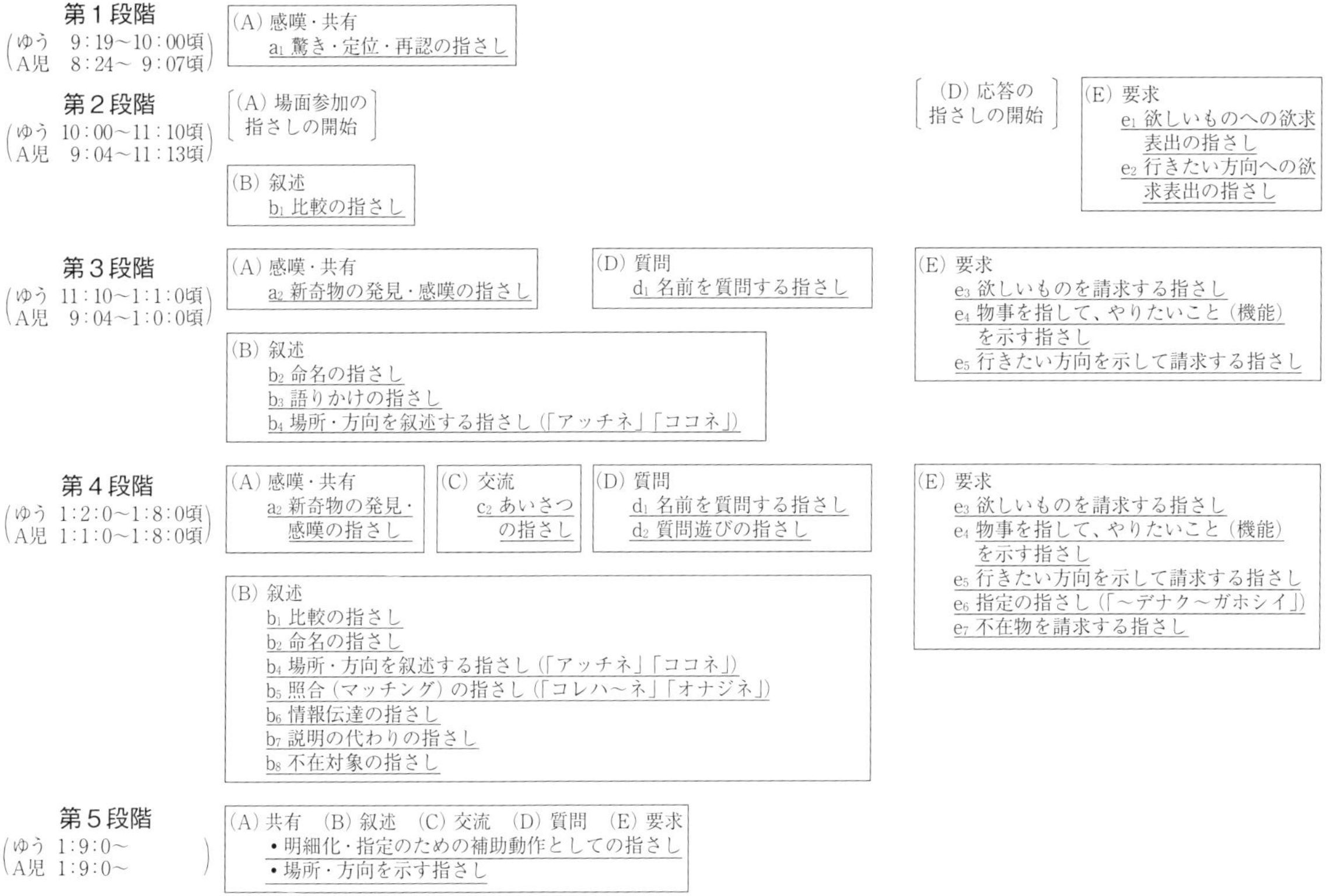

図3-1　自発的指さしの機能別の発達（山田・中西 1983）

て、「アッ」「アッ」と言う。「クーラーね」と答えてやると、もう一度クーラーを見る（このような行為を10日間ほどのあいだつづけたが、その後は、クーラーを入れたり切ったりするときなど特別何かをするとき以外には指さしをしなくなった）。

388（1：2：04）緑地公園の休憩室のベンチの下で、アリを見つけて指さしながら「ン」「ン」「ン」としきりに言う。何があるのかと思って母がのぞくと、ベンチのコンクリートから地面の巣へとたくさんのアリが連なって行くところであった。並んで動いているアリを興味深げにじっと眺めている。そして、アリそのものには触らないで、「ン」「ン」と言いながら何度も指さしし、長いあいだ凝視している。

389（1：2：05）夕方、今にも夕立がやってきそうで暗雲が出てきて、急に暗くなってきたとき、しきりに居間から外を指して、「アッ」「アッ」「アッ」と言う。居間の窓から外を指さし、次に座敷の縁側へ走って行って、そこからも外を見て指さす、落ち着いていられない様子で、何度も指さす。母は、「雨がふりそうね」とか「クラクラなってきたね」などと言ってやるのだが、何を言わせたいのか不明で興奮したまま納得せず、何度も何度も指さしをする。

390（1：2：20）祖母が夜遅くなった母を迎えに、バス停までゆうを抱いて来る。夜に庭以外の外へ出たことがあまりないため珍しいのか、母に抱かれると、バスやネオンや電気や星など光輝くものを次々に何度も指さして、「アー」「アー」と感嘆したような声をあげて眺めている。

以上のような指さしは、新奇なものに驚いた気持を相手にも伝えようとするもので感動詞に近い。この感嘆・共有機能の指さしはもっとも初期からみられるが、発達につれて減少するわけではない。発達レベルにかかわらず、指さしの本質的な働きのひとつである。大人でも、名づけられないようなもの、初めて見てびっくりしたようなときは、「スーパーマンだ」とか「UFOだ」とか言うよりも、まずそれを指して「あっ、あれ、あそこを見て!」と言うだろう。

感嘆・共有機能の指さしは、対人的なやりとりの手段として指さしを使う「交流機能」の指さしとともに、どちらかというと、人と「うたう」こと、情を通じあうことのほうに重点がある。

だが、それでも相手への働きかけは「あそこを見て」という外界志向性をもっている。それは、ほぼ同じ時期に出現する「提示(showing)」(子どもが物を人に手渡したり見せる行動)が、基本的に「これを見て」という〔ここ〕志向であるのと対照的である。提示は、おもに対人関係のなかで発展するが、自分の方に他者の関心をひきつける「私を見て」という行動へつながっていく。それに対して指さしは、人と情を通じあい「うたう」対人関係の手段に使われたとしても、関心は外界のほうにあり、本質的に〔あそこ〕志向であることが多い。

だから指さしは、自分や他者にまつわる情動から離れて、冷静に知的に外界の事象を眺めて「あそこには〜があります」「あれは〜です」と平叙文で述べていくような叙述機能を発展させやすい。この指さしを叙述の指さしと呼ぶ。これから後期の指さしのなかでも特に表象との関連が深い「叙述の指さし」について考えてみたい。

■比較の指さし

最初の叙述の指さしは、すでに第2段階(10か月ごろから)においてわずかだがみられた。それは次のように、交互に比較するかのように外界の複数のものを繰り返し指しながら見つめるという行動であった。それを「比較の指さし」と名づけた。

391（0：10：04）　母がゆうを抱いて庭にいるときに、ゆうが畑のネギの花を見つけて指さしし、身をのりだして「アァーアー」と発声したので、母がゆうの手がネギの花に触れることができるところまで近づいた。するとゆうは、右手でネギの花の上をこするようにさわりながら、左手で1メートルほど離れたところにある別の葉（菊、まだ花は咲いていない）を指さしする。ネギを指さしたときとは違って、菊の葉の方へ行きたいという様子はなく、身をのりだしたり、強い発声をすることもない。右手でネギの花の上部をいじりながら、左手で菊の葉を指さしてじっと見る。それを交互に繰り返すので、2つを比較しているようにみえる。

392（0：11：04）　母に抱かれて洗面所にいるとき、ゆうが左手で風呂を指すので、母が「ダンダ」と言ってやる。ゆうは風呂をじっと凝視している。次に右手で天井を指すので母が「てんじょう」と言う。それも、じっと見る。このように交互に指さしては、じっと眺める行動を数回繰り返す。同じものを2回つづけて指すこともある。注意深く母の言葉を聞いている様子がみられる。何でも見たものを次々に指していく行動のときには、このように動作がゆっくりしていないし、顔の表情の真剣さが違っている。

これらの観察例では、子どもがものとものを交互に指さしているので、それら相互の比較をしているようにみえる。だからといって、乳児が本当に比較をしているという保証はないが、少なくとも、ものを個々バラバラのものとはみないで、対にしたり関係づけようとしていることは確かである。

比較の指さしは、外界にある複数のものに同時に関心をもち、指さしによって、関連づける働きをしていると考えられる。考えてみれば、ものは個として1つだけでは認識しにくいのではないだろうか。他のものと比較をすることによってはじめて、それがどのような性質をもつのかがわかる。ものは他のものと関係づけられることによって、定義され特徴づけられていくのであろう。

また「さいた、さいた、チューリップがさいた、ならんだ、ならんだ、赤、白、黄色」という歌があるように、ものが並んでいると、1つだけあるのとは違って、秩序や規則ができる。同じものや類似したものが並んでいたり、繰り返しがある風景は子どもに強い印象をもたらすようである。

A児の場合には、電柱と電柱を交互に右手と左手で指さす（0：11：13）、病院の待合室で並んでいる公衆電話（赤色2台と黄色2台）を左から順番に指さして「アー」「アー」「アー」「アー」と言う（1：0：24）などの行動がみられた。

子どもは、ものとものとを比較するような行動をいろいろな場面で多く行なう。並ぶ位置にあるものの類似点や共通点を比較することと、相対立する位置にあるものの対立点や相違点を比較することは、共に関係認知の第一歩なのであろう。

比較の手段には、いつも指さしが用いられるとは限らず、ことばが出現してからは、ことばと併用されることも多かった。次の例のように、ゆうは繰り返し何度も何度も、ものとものとを比較しながら指さし、その名前を母に言わせるのが常であった。ものの名前は、このような相互比較の共同作業のなかで覚えられ、繰り返しによって確かになっていくのだろう。

393（1：1：25）このごろ、ゆうの絵本の見方や指さしのしかたが以前と違ってきた。ゆうは絵本を見ていて、並べて描いてあるものがあると、それらを比較するかのように交互に繰り返し指していき、そのつど母の顔を見て母に名前を言わせる。ミカンの絵とその上の帽子の絵とを交互に「ミカン」「ボウシ」「ミカン」「ボウシ」「ミカン」「ボウシ」と何度も指したのちに、下側についているほうきの絵と組み合わせて、「ホウキ」「ミカン」「ホウキ」「ミカン」と、これも何度も繰り返し、次にはミカンと右側の電話の絵を組み合わせるというように、ものとものとを対にして指していく。また絵本の、あるページに船の絵、次のページに電車の絵があるとき、船の絵を指すので、母が「おふね」と言うと、ゆうがすぐに次のページをめくって電車の絵を指す。母が「でんしゃ」と言うと、またすぐ前のページにもどり、船を指さす。このようにしてページをめくりながら「ふね」「でんしゃ」「ふね」「でんしゃ」「ふね」「でんしゃ」「ふね」「でんしゃ」を交互に何度も指さしする。

比較の指さしをしているときの子どもは、真剣な面持ちで凝視を伴っていることが多かった。指さしの対象について、新しい何かを見て感嘆するよりは、それが何かを知ろうとしているかのようである。

比較の指さしは、人と「うたう」よりは、「これは何?」と問いかけてそれを理解したり、「これは〜だね」と自分が理解したことを伝達し確認するなど、ものを認識しようとする知的活動のほうにより重点がおかれている。だから、第3段階からみられた「質問の指さし」とも機能的な共通点がある。

質問の指さしとは、次の観察例のように名前などを問いかける指さしである。「ン?」「ン?」という発声のしかたが独特で、「疑問符?」つきであるかのように尻上がりのイントネーションになること、相手のことばを確かめるように顔を見ながら何度も聞くこと、ことばを返さないと満足しないこと、注意深くことばを聞きわけようとしている様子で他の指さしと区別された。

質問の指さしは、感嘆と叙述との中間に位置すると考えられ、それらのどれとも共通部分をもつ。特に初期の段階では類似した行動として現われることも多かった。だが2歳すぎには「アレナニ?」「ママは?」「ダレ?」「ドコ?」「ドウチテ?」などはっきりとした質問文とともに指さしされるようになった。

394（1：1：11）玄関に姉のクツと姉の友達のクツが脱いであると、それを指して「ン?」「ン?」と名前を聞くように何度も母の顔を見る。母は「タータ（靴）ね、ぬいであるね、タータ、」「タータ、おねえちゃんのタータ、タータあるねえ」などと答えている。名前を聞くときの「ン?」「ン?」という発声は、感動したときの「アー」とか「アッ」というような発声とは明らかに違っている。

395（1：1：15）玄関へ行くたびに姉のクツを指して、「ン?」「ン?」と言いながら母の顔を見る。何度も何度も指さして、母に「タータ」と言わせる。

■照合の指さし —— これはあれだ

照合（matching）の指さしとは、「これはあれだ」「これはあれと同じだ」という働きをもった指さしのことである。

ことばを言うためには少なくとも、今目の前に見ているものと、ことばと、ことばによって示される意味内容とを照合する働きが必要である。

照合の働きがいつごろからはじまるかという質問には、簡単に答えられない。照合されるものの性質には、生理的なもの感覚的なものから概念的なものまで多くの種類があり、そのレベルもいろいろだから、具体的に検討しなければならないからである。

おおまかにいえば新生児に見えている世界は、やって来ては消え去るつかの間のものであり、それを定着させる記憶の枠組はあったとしても定かではないと考えられる。

ただし生後数週間以内に、乳児にある種の模様の図形を繰り返し見せると、なじみになるにつれてそれを見る時間が減少するが、新しい別の図柄の図形にとりかえると、再び注目する時間が長くなる。だから、記憶のスパンはたいへん短く限られたものであっても、見たことのあるものと、ないものとの区別は、相当早くからできる。

これはいわば、今目の前に見えている「これ」が、前に見た「あれ」とは違うという認知である。そして今までのものと違う新奇なものに対しては、それをよりよく知ろうとする定位反応がひきおこされる。これは、環境から常に新しい情報を収集し、それに合わせて行動を調整しなければ生きていけない動物としては、不可欠な行動であろう。

このような「あれ」と「これ」との違いに着目して弁別する働きと同じく重要で、たぶんそれよりは少し難しい認知が、「これはあれだ」と認めること、つまり目の前に見ているものを前にも見たものだと、積極的に再認（recognition）することである。

再認にもいろいろのレベルがある。たとえば、事件の犯人を目撃した人が、その犯人の名前はもちろん、姿形を具体的には何ひとつ表現できないし、写真で見ても皆目見当がつかないが、同じ人にもう一度会えば、「なんだか見たことがある」とぼんやり感じる場合がある。この場合は、再認はできるが、再生（reproduction）はできないといえる。

また、何も目の前にないときには犯人の像や特徴を再生したり再現することはできないけれど、いろいろの写真を見れば「あの目はこんな形の目だった」と記憶に残った像（あれ）を目の前の像（これ）と比較・照合して選び取ることはでき、その結果モンタージュ写真の合成にまでこぎつけることができる場合もある。

はっきりと同定（identification）できる場合もある。同定とは「これがこのものであって、他のものではない」と決定できることである。つまり犯人は確かにこの人物で他の人ではありえないとか、あのとき見たあの目はこの形で他の形ではないなどと概念化して論述したり、証拠を提示して証明できる場合である。

ここで述べる照合のレベルは、同定にはほど遠いが、それでも単なる再認よりは、はるかに再生に近く、完全な再生はできないにしても自発的に何らかの行動で「これはあれだね」とか「これとあれは同じだね」という意味内容を表現している場合である。

照合の手段としては、指さしだけではなく、ことばによるもの、絵と実物の提示による照合や身振りを用いた照合やそれらを種々併用した行動など、非常に広範囲にわたってみられた（第3巻4章参照）。

さて照合の指さしと、先に述べた比較の指さしは、共に叙述の指さしのなかでも重要だと考えられるが、両者はどのような関係にあるのだろうか。

もともと指さしの機能の分類は、ひとつの行動を明確にひとつの範疇のなかへと区分できるものではなく複合していることが多い。照合の指さしも、比較の指さしと区別がつかない場合も、どちらに考えてもよい場合も、共に表裏一体という場合もある。

だが基本的には、比較の指さしのほうは「違うこと」や「比べること」に、それに対して照合の指さしは「同じであること」や「合わせること」に強調点がある。照合は、同定ほど厳密な概念的な範疇や定義に基づくものではないが、同定と似た機能をもち、これとあれとが同じであることを確認する働きが中心であるところが違う。

また比較の指さしは、外界にある複数のものどうしの比較であることが多い。それに対して照合の指さしは、そのような場合だけではなく、外界にあるものと乳児の内なるイメージとの照合という場合をより多く含んでいる。

ゆうの場合には、照合の指さしはたいへん多く観察されたが、次のような行動例が最初であった。

396（0・10・16）病院の待合室で、ゆうは母に抱かれて座っていて、電気、男の老人、女の子、天井、椅子、ドアなどを指さす。見るものを何でも指さすのではなく、若い女の人や赤ん坊などは指ささない（家でもいつも指さししているような、なじみのものを指さすようにみえる）。

長椅子で向きあった位置に座っている老人を見て何度も指さしするので、母はそのつど「おじいちゃん」と応えていた。ゆうは、その老人を含めて次々といろいろなものを指さしていた。しばらくして、別の老人がやってきて、母とゆうの席の背中側の長椅子に座った。ゆうが、背もたれから後ろを振り返って見て、その老人が座るとすぐに「ン」「ン」と言いながら指さしをしたので、母は何げなく「おじいちゃん」と言った。するとゆうは後ろを向いていた身体を急いでくるりと一回転させて正面へと向き直り、向かい側にいる先ほどの老人を指さす。

以後は、いろいろのものを次々に指すことを止めてしまい、後ろの老人と、向かいの老人を交互に繰り返し真剣な顔で指さししては、母の顔を見て、母に「おじいちゃん」と言ってもらいたがる。また、その後には、老人と天井を交互に何度も指さしたりする。

この初歩的なレベルでの観察例では、老人どうしを比較したとも、同じものを照合したとも、どちらとも考えることができる。ゆうと対面した位置に以前からいた「あの老人」と、後ろ側へ新たにやって来た「この老人」を交互に比較しているとも考えられるし、「あの老人」と「この老人」が同じ「おじいちゃん」であることを照合しているとも考えられる。

ここでの問題は、比較の指さしなのか、照合の指さしなのか、どちらかに分類することではない。1つの行動には、多種の機能が含まれていて境界は定かでないのがふつうだから、本来分けられない境界を分けることに力をそそぐよりは、それぞれの機能の中核的な特徴は何かということに注目して、その理論的な意味を考えるほうが実り多いと考えるのが私の方法論である。

この観察例で興味深いことは、第一には、母の「おじいちゃん」ということばが、「この老人」と「あの老人」を「つなぐ」役割をしたらしいということである（「つなぐ指さし」も参照）。もし、母が同じ「おじいちゃん」ということばを発していなかったら（それは、今となっては実験してみたくても、確かめようがないことではあるが）、このように熱心に両者を交互に指さすような行動には発展しなかったのではないかと思われる。

この観察例を考える背景として、この時期のゆうの指さしは、その対象が第２段階はじめの「特定のなじみのものを指す時期」から、その次の「なじみのもののなかで指さしの対象が拡大し人への指さしも出現した時期」にあたることを考慮に入れねばならない。人への指さしは、物への指さしよりもずっと遅れて10か月11日からはじまったが、最初のうちは、姉、母、父、祖父、祖母など、なじみの人だけが対象で、見知らぬ人を指すことはなかった（第1巻、観察26参照）。この観察例においても若い女性や赤ん坊などは指ささず、姉と似た女の子や、祖父と似た老人だけを指さししている。

また、祖父は一緒に暮らしていてゆうの遊び相手となることも多く、ゆうは祖父にきわだって親近感をもっていた。

もちろん「おじいちゃん」ということばも、ゆうが初めて聞いたものではなく、生まれて以来ずっと、日に何度となく聞いてきた、十分になじんだことばである。ただ、今まではこのことばに、ゆうのほうから自発的に何か特定の対象や意味とむすびつけるような行動はみられなかった。

このときそれまでに見られない熱心さで、何度も老人を交互に指さしたところをみると、ゆうは初めて「この老人」も「あの老人」も同じ「おじいちゃん」という名前で呼ばれるものなのだという、輝くような発見をしたのかもしれない。

しかしまだこの観察例の段階では、ゆう自身が本当に同じだと照合したというよりは、同じ母のことばが

「つなぎ」の役をしただけにすぎないともいえる。「おじいちゃん」ということばにどれだけの意味を内包させていたかは定かではないし、「この老人」も「あの老人」も両方とも、ゆうの外界に現前するものどうしであり、内界でイメージした意味内容と照合されているとは限らないからである。

次のような観察例では、外界に現前するものとイメージとの照合が行なわれていることがかなり明確になっている。

397（1：0：17）母とゆうが絵本を見ているとき、家にあるのと同じような黄色のジョウロの絵があったので（ジョウロはふだんから、なじみのものである）、母が指さして「ジョウロよ」と言うと、ゆうは次から絵本のそのページをめくるたびに「アッ」「アッ」と指さす。

398（1：1：11）散歩から帰って自分の家の前までくると、必ずといっていいほど家を指さす。

2　表象には無理な指さし

■ここにないものの指さし——指さしの限界

指さしは、ことばと違って表象には無理なところがある。表象というからには、ここにないもの、現前しないものを表示できねばならないが、指さしは本質的に現前するものを指し示す行為だからである。

指さしだけでは、まったくここに存在しないもの、不在対象を指し示すことは難しい。ないものの方向を指すことはできるが、その場合にも指が示す方向をたどれば、ものが存在することがふつうで、ただ遠くにあって見えないほど離れているだけである。だから指自体が見えない何かをイメージ化するのではない。したがって指さしは、ここにないものを示すには適さないのだが、表象がめばえはじめる過渡期（ゆうの場合には、1歳2、3か月ごろ）には、次のように不在対象を表示する指さし、天井を両手の2本の指で同時に指す独特のしぐさがみられた。

399（1：3：00）母とゆうが姉の雑誌を見ているとき、ダイモスとダイモスの基地（共に子ども向き怪獣テレビ番組の模型玩具）の写真がついていたら、しきりにそれを指さして「ン」「ン」「ン」と言って母の顔を見、その後で「ンー」と言いながら、手を天井に向けて上げまっすぐに天井を指さす。このしぐさを熱心に何度も繰り返す。

ゆうは、この玩具を持っていなかったし、このテレビ番組を見ていなかったので、はじめ母は、なぜゆうが急にこのような変わったタイプの指さしを急に、しかも熱心にしだしたのかわからなかった。

やがて従兄弟のいたるくん（姉と同年1973年生まれ、4歳）がダイモスの模型玩具に熱中していて、夏休みに母の実家へ行ったときに（それは一番最近でも1か月9日前のことである）、ゆうも一緒になってそれで遊び、非常に喜んでいたことを思い出した。

それで母が「そうね、それダイモスね、岐阜のいたるくんもってたね、ダイモスで遊んだね」と言うと、さらに熱心に繰り返し繰り返し、写真を「ン」「ン」と言いながら指してから、つづけて「ンー」と言って天井を指さす。

その後もダイモスの写真を雑誌で見ては、同じような指さしを何回もするようになった。母が「それダイモスね」と言うだけではだめで、「いたるくんもってたね」「いたるくんと遊んだね」などと言わないとゆうが満足しない。だから、ここにいない従兄弟のことを天井への指さしで示しているのではないかと思われる。

400（1：3：00） 最近、ここにないものを示したいときには、天井に向かって指さすようになった。両手を同時に天井に向かって真上に上げ、二本の人指し指で同時に天井を指すこともある。

たとえば昼間など父が不在のときに、「おとうさんは?」と母がゆうに問いかけると、母の顔を見てから、「ン」と言いながら天井を指さす。ただし父が二階の居室には不在でも、すでに帰宅していて階下で音などが聞こえているときは、同じ問いかけをしても、ゆうは階段の方を指さす。

401（1：3：10） その場にないものを示すときは、イラストのように両手を指さしの形にして、天井を両手で指すしぐさをする。両手ではなく片手で指すこともある。

たとえば、本を見ていて積み木の絵がついていると、それを指して「ン」と言い、それから天井に向けた独特の指さしをして「ン」と言う。最初は母にも何のことかわからなかったが、何回も同じ行動をした後に、一階のおもちゃ箱にある自分のブロック積み木のことを指しているのではないかと思ったので、「ブロックね、ゆうくんももっているね、ブロック、下にあるね」と答えてやると、「ン」と言う。

同様に、目の前で見ているものと、今ここにない不在物とを照合するような指さしが多くみられる。たとえばいろいろな絵のついている木の積み木をひとつひとつ見ているときに、たまたまテレビの絵の積み木があり、それを見て母が「テレビ」と言うと、ゆうが「ン」と言って同様の指さしをする（テレビは一階にある）。絵本で、スコップやジョウロの絵を見ても、このしぐさをする（それらは外にある）。

また二階に母といるとき、いつも一階にいる祖母のことを「おばあちゃんは？」と聞くと、このような両手で天井に向けた指さしをする。

このような不在対象を示す独特の指さしは、周りの人間がこのような動作をして見せたことはなく、ゆうが自発的に生みだしたものである。周りの人には最初なんだかわからなかった。指さしの手の形を使っているが、指さしというよりは身振りに近いしぐさかもしれない。同じころには、5章で述べるように他の身振りも種々豊富に現われた。

不在の指さしの寿命は短く、1歳3か月ころに突然現われて頻繁にみられたが、数十日後には消失してしまった。それはたぶん、指さしでは不在物を表示することは難しく、相手にも伝わりにくいからであろう。やがてバイバイの手振りなどの身振り（観察498など）が使われるようになった。そして「ニャイニャイ（ない）」という不在を示すことばをはじめとして、その後言えるようになった適切なことばに置き換えられた。ゆうに比べると、明瞭なことばが早くから多く出ていた姉の場合には、指さしによる独特の身振りがみられることはなかった。不在の指さしは、次のAくんの場合のようにことばと併用されることも多かった。

402 Aくん（1：1：08）夜中に水分を欲しがり目を覚ますので麦茶入りの哺乳びんをベビーダンスの上に置いておく。昼間、哺乳びんのないときにベビーダンスの上を指さし「ブア」と言う。（1：5：04）皿に、トマト、キュウリ、レタス、キウイを取ってやると、キウイだけを食べ、キウイがなくなってあいた部分を指さし、「ン」「ン」と要求する。無視していると、トマトなどを全部他へ移し、キウイのあった部分を指さし「ン」「ン」と要求する。

不在の指さしは、その指さしの意味を了解できる養育者がいてはじめて意味内容がわかちあえる。指さしはことばと併用されることも多く、表象的な使い方の指さしは、指さしの機能を全体的にみれば中心的なものではなく、ことばなど他の媒体へと発達する過渡期のものかもしれない。

なおゆうの場合、独特の天井を指す不在対象の指さしがみられる前にも、不在を示す指さしがなかったわけではなく、次のように方向を指す指さしで代用されていた。

403（1：2：01）夕方、姉が祖父母の部屋で眠ってしまった。ゆうは姉のいる部屋へ行きたくてたまらず、母がゆうを居間へ何度ひきもどしても姉が眠っているところへ行こうとする。その1時間ほど後、ゆうが居間で祖父、祖母、母と遊んでいるときに、母が何げなく「おねえちゃんは？」と聞くと、居間のドアの方を指さす（ここにはいない、あるいは、あちらにいる）。そして急に思い出したように、姉のいる部屋へ行く。

404（1：2：03）夜、庭へ出たとき、三日月が出ていたら、しきりに月を指して「ン」「ン」と言う。母が「お月さん、お月さんよ」と言うと、何度でも月を指して、母の顔を見て「ン」「ン」と言い、母に名前を言わせる。近くの街灯も見えるのだが、それにはほとんど関心が向かわず、月ばかりを熱心に凝視しながら指さしする。母が、「ゆうくん、でんきは？」と聞けば街灯を指すので、月と電気の違いはわかっている。関心は月のほうにあって、すぐに西の空に向き直ってじっと眺め、何度も指さす。

その後、居間へ入ってから、かなりの時間を経た後、母が「ゆうくん、お月さんは？」と聞くと、窓から外の方向を指さす（部屋の中からは月は見えない）。二階の寝室で寝る前にも、「ゆうくん、お月さんは？」と聞くと、窓の方向を指さす（カーテンがひいてあって空も月も見えないが、あちらにあることを示す）。

このような方向を指し示す指さしは、不在物を示すといっても、表象というよりは、たまたま示す対象が見えないほど遠くにあると考えたほうがよいだろう。それには、たとえば「いたるくん」というような意味をもつ指さしとは違って、特定の意味内容が伴っていないからである。

後にも述べるように、方向の指定は指さしの本質的な働きのひとつで、この機能は、子どもが成長してもことばに取って代わられるということはなかった。

■つなぐ指さし――二語発語の先どり

指さしは、ここにないものを示すには限界がある。それは「つくえ」と言っただけで、机がここになくても不在物を表象し、机のイメージをここへ呼びこむことができる、ことばとは大きな違いである。指さしと同じように身体が手段に使われていても、身振りの場合には、小指を1本たてれば「彼女のこと」というように、指し示す固有の意味内容がある。それに対して指さしの指は、意味内容をもたず、指し示すための純然たる道具にすぎない。だから指さしだけでは、明細化した十分なコミュニケーションができず、ことばを補う補助動作の位置にとどまらざるをえないという限界をもつ。

しかし、このような指さしの限界は、長所にもなる。簡単で道具として使いやすい。意味によって音声形式が変わることばとは違って、何をさすにも同じ道具（指の形）を使えばよいのだから、「アホのひとつ覚え」が成り立つ。だからことばが通じない外国でも通用するといったぐあいに、誰にでもわかりやすく共用範囲が広い。

さらに乳児にとっては手の動きの調節はかなり巧みにできるし、意味によって別の発音形式が必要なことばと違い、指さしはそれ1つだけでよいのだから、コミュニケーションの手段として容易であり、前言語的行動として特別の位置をしめる。

その他にも指さしは、独特の機能や役割をもつように思われる。そのひとつは「つなぎ」として接続詞や助詞と同じような働きをすることである。

先にみた「比較の指さし」「照合の指さし」「不在の指さし」のいずれでも指さしに、現前する「これ」と離れた位置にある「あれ」という2つのものをむすびつける「つなぐ指さし」の機能をもっていた。

子どもがことばで2つの意味内容をつないで、二語発話として表現できるのは、ふつう1歳代後半以降であり、かなり後になる。しかし、これらの「つなぐ指さし」では、行動レベルで二語発話と同じような働きが先どりされているといえよう。

指さしは、単独で用いられるよりも、言葉や身振りなど多くの他の媒体と併用されることも多かった。指さしなしでことばを話すことはあっても、無言で指さしだけをすることは、ほとんどなく例外的である。指さしは、他の媒体の「つなぎ」となり多くの媒体を複合化する機能をもつ。指さしはその点でも、ことばの「つなぎ」の道具として用いられる日本語のテニヲハなどの助詞や接続詞の役割に似ているのである。

■場所言語としての指さし――指定と方向指示

もうひとつの指さしの独特の機能は、ことばの補助動作としての「指定の指さし」である。たとえば次のような行動の場合、もしことばだけで言わなくてはならないとしたら、かなり複雑な文を話さねばならず、指さしで実物を示したほうが簡単である。これは大人の会話の場合でも同じであろう。

405 (1:6:08) ゆうが母の口を指でさわるように指さし、「ン?」「ン?」と言う。母が「おかあさんのお口」

と言う。次に鼻を指し、「ン?」「ン?」と言う。「おかあさんのお鼻」と答える。母が「ゆうくんのお鼻は?」と聞くと、ゆうは自分の鼻をさわる。「ゆうくんのお口は?」と聞くと、自分の口をさわる。

以前からこのような遊びをよくしていたが、最近は微妙なところを繰り返し指して、「ン?」「ン?」と聞くようになった。まゆげを指して「まゆげ」という返事を得た後、まゆげの上部や脇などを指す。母は「ひたい」と答えるが、ひたいのなかでも、少しずつ違う部分をいくつか指して名前を言わせようとする。鼻と口のあいだや、母の口をむりやり開けさせて口の中に指を入れて歯にさわり、それも、「ン?」「ン?」と聞く。

406（1：6：12）ゆうが母の手を取りにきて、手をひっぱり、「マンマ」と言いながら台所へ連れて行く。そして棚の上を指さす。母が棚の上にあるヒヤシンスの水栽培のはちを降ろして見せると、水の部分を指して「ブンブ　ブンブ」と言う。そして芽の部分を指して、「ン?」「ン?」と聞く。母は「お花」と答えてやる。ゆうは2、3回水と芽を交互に指して同じことを繰り返し、次に棚の上を指して、「ニャイ　ニャイ」と言う（あそこへもどせという意味）。そしてまた棚を指して、「マンマ　マンマ」と言う。棚の上には菓子の缶もあったのだが、とってやらないでいると、そばにあった丸椅子をたたきながら、母の顔を見て「ン」「ン」「ン」と言う（椅子の上にのせてくれという要求で、椅子の上にのって菓子の缶が見たい）。

407（1：7：07）外へ行くときには、玄関で「タータ　タータ」と言いながら、自分がはきたいクツ（運動グツや長グツ）を指さして指定し、それをはきたがり、他のものにすると怒る。

指定とは、いくつかのものがあるときに「これ」か「あれ」かを明確にしたり、選択する働きである。指定のなかでも特に「ここ」「あそこ」「こちら」「あちら」など方向を指し示すことは、指さしのもっとも得意な働きのようである。方向を示す指さしは、質問や要求（命令）のときはもちろん、「これは～ね」と叙述するだけの場合にも、次の例のようにかなり早くから頻繁にみられたし、大きくなっても相変わらずよく使われる指さしの用法であった。

408（1：1：04）洗面所の廊下で脱水し終わった洗濯物がおけに入れてあるのを見ると、そばにいた父を見上げて、階段の方を「ン」「ン」と言いながら指さす（これ、あっちに干しにいくのね、というような意味）。

409（1：1：16）母が学校から帰ると、すぐ玄関へ出てくるので、母が抱き上げると、階段の方を指さして、自分の服をひっぱる（これから、あっちへ行って、服をかえるのね、というような意味）。

410（1：5：10）母が帰宅すると、ニコニコしながら玄関へ出てきて、母が靴を脱ぐ前に「アッアッ」と言って階段の方を指さす。ゆうを抱いて二階へつれていくと、すぐに洋服タンスを指さす（母はいつも着替えをするために洋服タンスを開けるので）。床へ降ろすとすぐに温風ヒーターを指し、自分でプラグをつかんでコンセントに差し込もうとする（最近寒くなったのでヒーターをつけはじめたが、いずれも母の行動を先どりして示している）。

指さしは、場所言語であるとも考えられる。「こちら」や「あちら」などの方向づけだけでは、何が言いたいのかはわからない。しかし、どんな状況においてもすばやく相手に伝達でき、単純な1つの行動形式だけできわめて広範に使うことができ、しかも他の用語や行動とさまざまに組み合わせがきき、文脈に応じて相対的な使用が可能であるなど、ことばにはないすぐれた特徴をもっている。

4章　行動のかた（方・型）——これはああするもの

1　物を用途にあわせて使う——慣用操作

■物をそれらしく使う遊び——探索から慣用操作へ

物を用途にあわせて使うこと、あるいは物にふさわしい使い方をすること、それを慣用操作あるいは固有操作（appropriate manipulation）と呼ぶ（マッコール）。それは事物を、その物が社会的に使われているようなやり方、あるいはその物に適合したやり方で使うことである。

たとえば、スプーンは、手でもって机にバンバンとたたきつけるものではなく、食事のときに把手や柄の部分を手で持ち、食べ物をすくって口へ持って行く道具であるし、本は、放ったり破るものではなく、手でページをめくって中身を見たり読んだりするものである。

私たちの周りにある物は、たいてい社会的に慣用化された「役割」や「意味」をもっている。たとえ幾通りもの使い方がある場合でも、まったく無意味でどんな使い方をしてもよいという物は非常に少ない。すると多くの事物は、「スプーン」とか「本」と名づけられる前に、使い方、操作のしかたによって、「これはあするもの」というように行動的に定義され意味づけられているのだと考えられる。

第1巻で考察した探索行動は、子どもが好奇心いっぱいに「これは何だろう」「これで何ができるだろう」と問いかけるかのように、自分の手持ちの行動形式を使えるだけ使って、物をさまざまに試す行動であった。だからそれは本質的な意味で、自分の既知の領域〔ここ〕から未知の領域〔あそこ〕へと、探検に出かけて行く行動である。

そのような物の探索は、1歳代になっても消失するわけではない。ピアジェが記述したように、まるで科学者になったかのような組織的な方法を駆使した高度な探索は、この時期に発展する。

しかしもう一方では、個人差はあるが子どもの遊びの主流が、好奇心に満ちた探索からそれとは逆方向のものへと転換する、あるいはそれらが両行するようになる、という発達的変化がある。それは、物を同じカテゴリーに入れて一定のやり方（方、型、形式）で扱う行動、慣用操作を好む方向への発達である。

たとえば、ゆうは以前はティッシュペーパーなどの紙類をつかむと、それを口に入れて感触を試したり、手でもんでくしゃくしゃにしたり、破ったり、細かくちぎってヒラヒラとまき散らすなど、それをさまざまなやり方で試すような遊びをよくしていた（第1巻、観察267など参照）。

それが次のように、紙類は布類（ぞうきん、ふきん、タオル、ハンカチなど）と共に「こするもの」「ふくもの」として、一定のやり方で扱われることが多くなった。

411（0：10：24）最近、ゆうはティッシュペーパーを破いても、口へ入れることが少なくなった。また以前は台所の机の上で、新聞の広告の紙破りをしたり、紙をくしゃくしゃにする遊びをよくしていたが、このごろはあまりしなくなった。

412（0：11：22）ゆうは紙を手にもつと、以前はもっぱら破いてそれをまわりに散らして遊んでいたのに、紙でステレオの上をこするようになった（母の掃除のまねらしい）。

413（1：0：10）ゆうがスイカを食べた後に、母がタオルでゆうの手を拭いた。その後でタオルがゆうのそばに置いたままにしてあったら、ゆうがそのタオルをつかんで、自分の首の下あたりや、頭をしきりにこすりはじめる。

414（1：0：11）ゆうがヨーグルトを飲んでいるときに床へこぼれたので、母がぞうきんを持ってきて床をふくと、ゆうもすぐにそのぞうきんをつかみにきて、母と同じようにぞうきんで床をこする。

415（1：1：09）ゆうはティッシュペーパーをつかむと、それで畳の上をこすりはじめる。以前のように破くことはしないで、紙をつかむとすぐに畳をこする。

（このときは前記の観察例とは違い、何かがこぼれたり汚れたという状況ではなかった。直前にあるいは目の前で母がその行動をしたわけではないから、その場に直接的な見本はなかった。したがって以前に母がやったことを再現した延滞模倣だと考えられる）。

416（1：1：14）ゆうは居間の机の上にあったハンカチを手に持つと、急にしゃがんでじゅうたんの上をこすりはじめる。

（これも先の例と同様に、目の前にある〔これ〕（ハンカチ）によって、過去に見たことがある行動の再現が誘発された延滞模倣である)。

417 (1:2:01) ゆうは紙をつかむと、必ずといっていいほど、それで畳やじゅうたんや床や家具の上をこすりはじめる。

紙類や布類は、「こするもの」「ふくもの」としてだけ使われるものではないが、口に入れてなめたり破って散らすよりは、はるかに本来の用途に合った使われ方である。

このような慣用操作は、親が意図的に「これはこうするものですよ」と教えたり、「こうしなさい」と命令してさせるものではなく、子どものほうが自発的に親のやることを我が身に「うつし」てはじめるものである。紙で床拭きをする楽しさは、紙破りや紙飛ばしの楽しさとは少し質が違うが、子どもの側では、「お手伝い」や「仕事」をしようという気持はまったくなく、楽しい遊びの一種である。

親の側でも、まだ1歳児に手伝いをさせようとは思わない。やってもらっても、ありがた迷惑というものである。箱からティッシュペーパーを次々に取り出して床を拭く行動も、破ったり飛ばしたりするのと同じくらい迷惑な「反社会的」な行動にすぎず、見つけしだい箱をとりあげなければ、あっというまに一箱が空になり床にゴミの山ができてしまう。しかし結果としてはそうでも、それは明らかに社会的な意味をもつ行動である。

探索的な紙の使い方、紙破りや紙飛ばしの楽しさは、紙と指の力との相互関係や放る力と紙の重さと空気の流れや抵抗との相互関係によって生みだされる多様な変化にある。それは自分の意図どおりに物が動くかどうかという物との闘いでもあり、変わった珍しい効果や多様な変化が生まれるほどおもしろい。

それに対して、紙で床拭きをする楽しさは、自分も大人と同じことができ、相手と同じ人間になる喜びである。それはやがて、自分も同じ社会の一員であること、自分が社会で有用な存在であることを確認し、それによって気持を通じあわせられる喜びにつながる。

したがって慣用操作の働きは、探索行動とは方向が逆で、好奇心のままに多様性や違いや変化を追求するのではなく、「これはあれだ」「これはあれと同じだ」というように共通のもの、同じものをまとめていく方向である。しかも、そのまとめ方は、社会的に決められた一定の型に合わせるというやり方である。この点で慣用操作は、ことばと機能的な共通点をもつ。

ゆうの場合には1歳前後から、非常に多くの慣用操作がみられるようになった。

たとえば、第1巻で述べた行動の逆転（リバーサル）におもな関心がある「物の出し入れ」の行動は、社会的に認められた慣用操作としての「ふたの開け閉め」「ドアの開閉」「引き戸や窓やふすまの開閉」「本のページめくり」「はめこみブロックのとりはずし」「ままごと容器への砂や水の出し入れ」「出したもののかたづけ」などへ発展した。

また、ゆうが延滞模倣によってやるようになったと思われる慣用操作としては、「電話の玩具のボタンを押してベルをならす」「電話の玩具の受話器を耳にあてる」「玩具のネックレスを首にかけたりとったりする」「自動車の玩具の輪を下にして床や机の上で動かす」「積み木を積む」「ねじで動く玩具のねじを巻こうとする（うまく巻くことはできない）」「人形やぬいぐるみを抱く」「うちわでパタパタあおぐ（以前はうちわをイナイナイバァーの用具に使っていた）」「ラッパを口にあてて吹こうとする」「電気のスイッチを押そうとする」「扇風機の羽根を回そうとする」などの行動がみられた。

慣用操作をはじめるころから、子どもにとって物は、どんなふうにでも好き勝手にいじることができる事物から、社会的な意味をもつ物へと変化するのかもしれない。これ以後、子どもの身近にある物は、単なる物理的な物ではなくなり、人間的な意味を帯びた物となり、意味世界の構成物となるのであろう。

■ほうきとちりとり

慣用操作は、身近な生活のなかでの物とのかかわりの体験から生まれる。ゆうの場合の興味深い例は、ほうきとちりとりの使用に関する行動であった。これは、ある時期のゆうの遊びの中心的な位置を占めた。

母は掃除のとき、ほうきとちりとりだけではなく掃除機も用いていたのだが、ゆうはその模倣はほとんどしなかった。それには、ゆうがその大きい音が嫌いだったことや、使う状況や頻度が違った（ほうきとちりとりは、ゆうがゴミを散らしたときなどに頻繁に使った）ことや、掃除機は大きくて重くゆうの力では持ち運びができなかったことなど多くの理由が考えられる。掃除機では、スイッチを押すと動くとか掃除のときに使うことはわかっても、ゴミがどうなるのか目に見えないし、手の動きや動作もそれほど特徴的ではなく、身近な作業とは感じにくいことも一因であろう。

子どものために作られた玩具は別として、何のためにどうするのか、幼児でも原理が簡単に理解でき、自分の手で動かしたり操作できる日常生活道具は、現代では少なくなった。家庭生活のなかで子どもが興味をもつような、そして幼児でもそれなりに参加したり手伝ったりできる「手仕事」が減ってきたのは、子どものためには問題かもしれない。

ほうきとちりとりは、先に例にあげた紙や布類とは違って、掃除のために特殊化した形で作られており、使い方も限定されている。そのためか、ゆうは両者をセットにし関連づけて使い、しかもゴミをちりとりに入れるという、もう少しで「ごっこ遊び」になるような相当高度な使い方を早くからした。

しかも、ほうきとちりとりを両手にもっているときのゆうは、イラストのように実に得意そうでうれしそうな顔をしており、その姿をわざわざ祖父母などに見せに行くことが多かった。それは明らかに社会的に動機づけられた、社会的な意味をもつ行動である。

418（0：11：26）母がほうきで掃いていると、ゆうがすぐにやってきて、ほうきをいじる。

419（1：0：03）このごろのゆうはイラストのように、ほうきを片手に持ち、もう一方の手でちりとりを持って、満面微笑といった表情で廊下を歩いている。ほうきは柄の部分を手で持つ。そして床をはくようにこすりつける（うまく掃くことはできない）。ちりとりは、最初に柄でない部分をつかんでも、わざわざ柄のところに持ちかえる。

420（1：0：06）ほうきとちりとりを両手でつかんで掃除のまねをすることが、ここ数日のゆうのもっとも熱中している遊びである。一階では、ゆうの手の届くところには置いてないが、二階では廊下の端に置いてあるので、二階へ行くと、すぐにほうきとちりとりを持ち出してくる。必ず、ほうきとちりとりをセットにして使う。ほうきでは、床をこすっては母の顔を見てうれしそうに微笑する。ちりとりの中へほうきでゴミを入れることはできないが、紙などを手で拾って、ちりとりの中へ入れることもある。

421（1：0：19）ゆうが一番熱中する遊びは、数日から数週間で変化する。このごろの中心的な遊びはほぼ次のように変化してきた。

「箱のふたの開け閉め」。→「窓や戸の開閉」（一時は、一階へ行くとすぐに、ゆうでも手が届きカギがかかっていない南側の窓の開け閉めをしはじめ、一日に何十回と開閉を繰り返していた。二回ほど芝生へころげ落ちたこともある。現在ではほとんどやらない)。↓「ステレオいじり」(第1巻観察286参照)と「階段の登り降り」。↓「ほうきとちりとりによる掃除のまね」。

422 (1:0:20) ゆうは二階へ行くと、すぐにほうきとちりとりのある場所へ走っていき、ほうきとちりとりを持ち出し、両手に持ってニコニコしながら母の方へもどってくる。ほうきをせっせと床にこすりつける。

423 (1:1:11) ゆうは母が台所で料理をしている側で、青じその葉をいじっていて、さんざん床にまき散らして遊んでいた。しかし、その後で、勝手口の土間に置いてあったほうきとちりとりを、精いっぱい手を伸ばして苦労して自分で取り出し、散らした葉をほうきで掃こうとする(うまく掃くことはできない)。

424 (1:1:14) 「ゆうくん、ほうきは?」「お掃除しようか?」など母がことばで言っても、ゆうは理解できない。しかし二階へ行けば、すぐにほうきとちりとりを持ち出してきて掃除のまねをする。そしてちりとりの中に、自分のブロックなどを入れて母のところへ持ってくる。姉がふざけて「ちがうよ、ゆうくん、ほうきはこうするものでしょ」と言って、ほうきでゆうの頭をなでると、ゆうがすぐに模倣して、そのほうきを取って自分の頭をこする。

425 (1:1:14) 朝、母が二階のベランダをほうきで掃除するところを熱心に見ていた。昼過ぎ、二階へ行くと、廊下のほうきとちりとりを持ち出し、いつものように床をこするのではなく、窓を開けてベランダへ出て、ベランダをこすりはじめる。

426（1：1：15）台所で青じその葉をちぎっては床にばらまき、すぐ自分でほうきとちりとりを持ち出して、掃除しようとする。ゆうは、台所でほうきとちりとりを持つと、必ずのように居間にいる祖父母のところへ見せに行く（「ゆうくん、おりこうね。掃除しているの」などと言ってもらう）。最近は、台所に父母といても、ときどき、祖父母のところへ何かを持って見せに行き、何か言ってもらうと、またすぐに父母のところへ帰って来るというような行動がたいへん多い。喜ばれたりほめられたりすると、得意そうに微笑みながら帰ってきて、何度も繰り返し見せに行くことも多い（観察377も参照）。

427（1：3：03）ゆうは以前のように二階へ行くとすぐ、ほうきとちりとりを持ち出すことはなくなった。最近では、しばらく遊んでゴミが散らかった後になると、必ずといってよいほど、ほうきとちりとりを持ち出してきて掃除をはじめるようになった。自分ではうまく掃くことができず、ちりとりの中へゴミを入れることもできないので、母にほうきをさし出して、「アッ」「アッ」と言う（母にやれという）。母がほうきで掃きはじめると、すぐにほうきを取り返しにきて、ゆうが自分でやろうとする。

428（1：3：15）母が二階の居間で遊んだ後、「ゆうくん、キレイキレイするから、ほうきとちりとり持って来てちょうだい」とことばのみで二回ほど言うと、すぐに廊下へ出て行き、ほうきとちりとりを持って来て、微笑しながら両方を母にさし出す。最近、内容によってはこのような簡単なお手伝いができるようになった。他には、家族の誰かのところへ物を持って行くように頼んで物を手渡すと、遠くにいる人の場合でもその人を捜してそれをさし出しに行くことなどができる。

429（1：3：23）母が二階の居間で遊びの後などではなく、掃除とは何の関係もない状況のときに、「ゆうくん、ほうきとちりとり、持って来て」とことばだけで言うと、いったん廊下へ行きかけて、もう一度少しもどって母の方を振り返って母の顔をじっと見る。母が「ほうきとちりとりを持って来て」と繰り返して言うと、取りに行き、両方を持って母のところへ来る。

以上の観察例からみると、ゆうの場合のほうきとちりとりの使用の発達は、大きく3つに分かれるようである。

1歳0か月半ばでは、ほうきとちりとりをセットにして持ち出し床をこするなど、親の動作の一部を模倣した慣用操作ができるようになった。このときすでに、ほうきとちりとりについての「これはああするもの」という理解がはじまっているが、まだ「これはああするものね」と母に示すことが楽しいという照合表示の遊びのレベルで、玩具に近く、「掃除をする」「キレイにする」という文脈とは無関係である。

1歳1か月半ばでは、ほうきとちりとりを使うときの状況の必然性や手順の理解や、それをするとほめられる良いことであるという理解がかなりできるようになった。ほうきやちりとりは、単なる楽しい照合遊びの玩具というよりは、仕事の道具になったようである。そして必然性がないときには、自分でゴミをつくってその状況をつくり出す「ごっこ」に近い行動が出現している。

そして1歳3か月すぎには、必要なときに道具として使える反面、必然性がなくてもことばでそれを表象して取りに行くことができるようになった。

■スプーンとカップ —— 慣用操作のはじまり

一般的に物はいつごろからどのような経過で、単なる物理的な物ではなくなり、意味ある物になるのだろうか。

私はそれを、慣用的な意味のある物と無意味な物とでは、乳児の扱い方がどのように違うかをみることによって実験的に調べた。それは、いろいろな性質をもつ8種類の物（図4－1）に対しての乳児の手操作のしかたをＶＴＲ分析した資料の一部である。

意味のある物としては、スプーンとカップに似た物を使った。どの子どもにも必然性があり、目的も原理も操作も明確で、しかも「手仕事」を必要とする行動は食事であり、そのために使うスプーンやカップは、乳児にとってもっとも身近な生活道具だからである。

図４－１　単純な物と複雑な物（山田 1979）

その結果、7、9、12か月児66人の横断的研究（1979）でも、4人の子どもの5～18か月の縦断的研究（1981）でも、「柄や把手の部分を手にもって丸い部分を口にあてる」と定義された慣用操作は、生後12か月前後からみられた。慣用操作はほぼことばと同時期に出現する行動だといえる。

それは、食事のときに使用するスプーンやカップの場合だけではなく、用途も操作も違うブラシを補足的に提示して、柄や把手を手にもち頭にあてる行動をするかど

表４－１　慣用操作（山田 1979）

物理的形状が似ている物に対する７か月、9か月、12か月児の操作の比較。丸い部分を口に入れるという慣用操作がある物（意味ある物　スプーン、カップ）とそうでない物（棒、絵箱）の口に入れられた部位の割合。

物	部位	年齢		
		７か月	9か月	12か月
棒	先端	**43.9**	**33.3**	**51.1**
	中央	11.2	31.3	6.7
	下部	**44.9**	**35.4**	**42.2**
スプーン	先端	**49.1**	**65.5**	**84.4**
	中央	8.2	3.1	8.9
	下部	**42.6**	**31.4**	**6.7**
カップ	先端	**35.3**	**50.4**	**86.2**
	持ち手	34.2	16.1	7.5
	中央	10.9	0	0
	下部	19.6	23.5	6.3
絵箱	先端	**48.6**	**38.4**	**26.0**
	持ち手	27.8	13.6	46.8
	中央	12	3.2	3.9
	下部	11.6	44.8	23.4

うかをみても同様であった。

９か月ころの乳児は、物を手でつかむと、振ったり、机にバンバン打ちつけたり、こすりつけたり、転がしたり、放ったり、ひっくり返したり、口に入れたり、さまざまな多様な手操作をした。

それが生後12か月ごろからスプーンやカップのような社会的に意味のある物に対しては、決まった一定のやり方で操作するようになった。12か月児は、スプーンやコップの、ある特定の部位（柄や把手など、そこを持つべきとされているところ）だけを手で持ち、他の部分を持つことはほとんどなくなった。そしてどこの部分でも口に入れるのではなく、特定の部位（口に持って行くべきとされている丸いところ）だけを口に入れた。

しかしそれは、スプーンやカップがもともと手に持ちやすかったり、口に入れやすいような物理的・形態的特性をもつからではないかという疑問がおきるかもしれない。それで表４－１のように、物のどの部分がよく口に入れられたかを、形態のよく似た「棒」と「スプーン」、「カップ」と「絵箱」、それぞれで比べてみた。

すると、慣用的使用法をもたない棒や絵箱では、7か月児でも9か月児でも12か月児でもほとんど同じであった。つまりふつう口に入りやすい部位は、中央部よりも端や柄のところだが、棒や絵箱では、どの月齢でもそこを口へ入れる比率が高かった。

それに対して、スプーンやカップでは、すでに9か月ごろから、先端（丸い部分）への集中がはじまっており、物理的な形状としては口に入りやすいスプーンの把手や、カップの柄も、口に入れられにくくなった。そして12か月児では、棒や絵箱に対しては、いろいろな部分を口に入れるのに、スプーンやカップに対しては、ほとんど先端の丸い部分しか口に入れなかった。

また「口に入れるもの」というプリミティヴな意味づけは、慣用操作のような明確な行動の型がみられない段階、すでに9か月ごろからはじまっていた。

図4－1を見るとわかるように、口に入りやすさは、物のもつ物理的な性質によって違う。つまり手に持ちやすく操作しやすい単純な物のほうが、複雑な物よりも口に入りやすい。そして5～7か月ころには、その単純な物のなかでは、慣用的使用法をもたない〔リング、棒〕と、慣用的使用法のある〔スプーン、カップ〕の2つのグループとのあいだで、口に入れる回数に違いがみられなかった。

それに対して9～12か月ごろになると、単純な物のなかでも、明らかにスプーンやカップのほうがリングや棒よりも、よく口に入れられるようになった。

以上のようなスプーンやカップに対しての手操作の違いは、事物の物理的性質だけからは説明することができない。スプーンやカップは「口に入れるもの」だという認知、さらにはそのなかでも丸い部分を口に持って行くのだというような認知、つまり、それらの事物のもつ「意味」によって、行動のしかたが変わってきたのだといえる。

ゆうの場合には、実験場面（実験は1か月に1回、食事とは関係のない場面で1つずつ事物が提示される）では、12か月のときに初めてカップに対しての慣用手操作が観察された。日常生活では、次の例のように、食事のときにスプーンやカップを自分で使った経験があまりない11か月のはじめから、それらしく使う様子がみられた。しかも食事以外のときでも、スプーンと空のカップをセットにして扱うこともみられた。

430（0：11：05）母がプラスチックの茶碗にややつぶした御飯を入れ、スプーンをそえて、ゆうの前へ出すと、ゆうはスプーンを左手で持ち御飯の上に軽くつけてから口へ運ぶ（ゆうは左利きである）。今までゆう自身にスプーンを持たせていなかったが、スプーンのないときは手でつかんで食べていた。スプーンでは、実際にはほとんどすくえず食べられない。それでもゆうは、スプーンを御飯の上にトントンとつけてから口へ運ぶ。自分ですくって口へ入れられなくても、「スプーンはこうするもの」ということはわかっているようである。（祖母はまだゆうにスプーンをもたせていないので、スプーンの使い方は、自分がふだんやってもらっているやり方か、他者がやっているやり方を見て知ったのかもしれない。ゆうはまだ実際には自分でスプーンで食べたことはない。また少し嫌いなものでは、スプーンで人に食べさせてもらうのでは食べず、自分で手でつかむときはよく食べるので、食べ方としては手づかみのほうが好きである。このようにゆうはスプーンの実際の使用ができないにもかかわらず、スプーンの慣用操作を示す。）

431（0：11：18）ゆうに空のカップを1つもたせると、把手をつかんで丸い部分を口につける。しかし、カップとスプーンを一緒にして出すと、カップを直接口につけるのではなく、スプーンを左手で握り、それでカップの底をトントンと軽くたたいてからスプーンの丸い部分を口へ持って行く。

慣用操作には、自分が実際に使うという実践的な使用の体験だけではなく、「これはああするものなのだ」という認知がかなり重要な役割を果たしているのであろう。

先の実験に使ったスプーンとカップに似た物も、もともとは小型の玉じゃくしと計量カップであった。それらは、スプーンやカップとは本来の用途は違っており、形態が似ていただけである。だから、それらの物の使い方を実物で覚えた子どもは一人もいなかったはずである。

「意味」とは、実際の物に付帯した具体的経験そのものではなく、あくまで子どもが主体的にまとめる認知の「かた」であり、行動の「かた」なのである。

2 こうしてああするの —— 手順の表示

■これをあそこへポイッする

慣用操作は、物をそれらしく適切に扱えることであったが、それが本当に役立つためには、タイミングよく必要なときにできるかどうか、生活の文脈のなかの適切な位置にその行動を埋め込むことができるかどうかが問われる。

また今までの例にもあったように、物は1つだけで使われるのではなく、多くの他の物とセットにされたり関係づけられ、さらにそれらが一定の手順に従って使われるのがふつうである。そのような順序性や手順を理解して操作できるかどうかが問われる。

「これはああいうものね」という認知は、「これ（目の前にある事物）」を「あれ（事物の操作のしかた）」と照合するだけでよかったが、手順まで含むと、さらにそれらをシーケンスとして順序づけて、「これがこうしてああなるのね」とか「これはああして、それからああすると、ああなるのね」という長い文を綴るような行動になる。

先の「ほうきとちりとり」の例では、ゴミが出たときにほうきを持ってきて掃き、そのゴミをちりとりに入れるという行動（観察427など）がみられたときには、すでに手順の理解が含まれていた。

ゆうの他の例では、汚れ物やゴミを容器に入れたり捨てる（ポイッする）行動があげられる。この場合には、ただ何でも箱や容器に入れればよいのではなく、少なくとも入れる物の特性と、入れ場所と、操作とが適切に理解され、かつ行動できねばならない。しかもそれらは次のように、一対一対応で覚えられたものというよりは、臨機応変で、かなり応用がきく行動であった。

432（0：11：18）姉が保育園から帰宅したときに、居間でカバンから汚れたハンカチを取り出すと、ゆうはそれをつかんで、廊下をハイハイして行き、洗面所まで行って自分のおしめ入れ（汚れた布製のおしめを洗濯するまで入れておく容器）のふたを開けて、姉のハンカチを中へ入れる（ハンカチをおしめ入れに入れるのは適切な行動とはいえないが、汚れた布を入れるところだということは理解しており、行動の手順も確かである）。

433（1：0：17）父が二階の寝室で下着を脱ぐと、ゆうがすぐにそれを取りに行きそれを持って廊下へ行って、トイレの側に置いてある自分のおしめ入れのふたを開けて、それを入れる（洗濯した後のきれいな下着などは入れようとしないので、汚れ物、あるいは脱いだ物を入れるのだということがわかっている。母はゆう自身に自分の汚れたおしめを持たせたり、おしめ入れに入れさせたことは一度もないので、母が日頃やっていることの延滞模倣であろう)。

434 (1:0:25) 母の実家の風呂場の脱衣所で、ゆうは最初自分の家でやっているように、母が脱がせた自分の服を取ってカゴの中へ放る。その後ですぐにまたその服をカゴから取り出す。そして上のカゴをはずし、その下のおけに脱いだ服を入れ直し、その上に再びカゴをのせる(ゆうの家では洗濯用のカゴに汚れ物を入れているが、母の実家ではカゴは純粋に脱衣籠で、汚れ物はカゴの下のおけに入れている。ゆうは自分で実家のやり方、カゴとおけの2つの容器の役割の違いに気づいたのだろう)。

435 (1:1:24) 姉が風呂へ入ったのを、ゆうが見に行き、姉が脱いだ下着をつかんだので、母が「ここへポイしなさい」と言って洗濯機横のカゴを指さす。母の指さしは、指のみで腕の方向と矛盾するような形の指さしであったが、それでもゆうは理解する。ただしカゴには姉の下着を入れるのではなくて、ゆうが自分のもう一方の手に持っていた夕顔の花を入れる。

436 (1:4:08) 母が居間でゆうにミカンの皮をさし出して、「ゆうくん、これ、ゴミ箱にポイして」と言うと、それを戸棚の下に置いてあったゴミ箱をひっぱり出して入れる。入れるときにミカンの皮の一部を周囲に落としたが、それも自分で拾って入れる。さらにゴミ箱を、もと通り、戸棚の下へ押し込む。そして母の顔を見て得意そうな表情でうれしそうに笑う(よいことをしたのだということがわかる)。

以上のように、汚れ物やゴミを何かの中へ入れる、あるいは捨てるという行動のために、母は「ポイッする」ということばを頻繁に使った。しかし同じことばを「おしまい」「もうやめ」という意味でも使っていたようである。1つのことばが文脈によって少し違う意味になることはふつうのことだが、通常、そのことばの使い手はそのことをほとんど意識していない。「ポイッする」の用法も、その当時は何とも思わずに使っていて、この本を書くために日記を読み直して初めて気づいたものである。

「おしまい」「もうやめ」の意味の「ポイッする」は、たとえば次のように、風呂の中で玩具で遊んでいたゆうに「玩具遊びをもうやめなさい」「玩具を手から離しなさい」と言うべき状況で使われた。

437（1：3：09）母とゆうが風呂へ入っているときに、母が「おもちゃ、ポイッしなさい」と言うと、ゆうは持っていた水あそび用のおもちゃを置いて、自分から風呂の出入り用のガラス戸をひっぱろうとする（「ポイッする」ということばが「もうおしまい、風呂を出るよ」というような意味で機能している）。

438（1：3：15）おふろに入っていて、母が「ゆうくん、もうおもちゃポイッしてね」と言うと、持っていたおもちゃを湯ぶねの中に放り、風呂のガラス戸に手をかけて「アッ」「アッ」と言い、自分で出て行こうとする。

このときにも、ゴミ箱へゴミを捨てるときと同じく、持っていた物を手から放ったり手離す行動様式が使われた点では共通している。しかし同じ「ポイッする」が、居間でゴミ捨てを頼まれたときには、汚れ物やいらない物を無くする行為を意味するのに対し、風呂場で言われたときは遊びをやめて風呂を出る合図になる、というように文脈によって強調点が違うために、違う意味を担い、その次に違う行為を誘発することになる。

このように「ポイッする」ということばひとつでも、それが埋め込まれた行動の文脈によって違う機能をもつ。それは語用論（オースティン）や認知心理学の研究でクローズアップされてきた事実である。

たとえば具体的な物を指す簡単な単語でさえ、喫茶店に入って椅子に座り「コーヒー」と言うのと、コーヒー豆を売る店へ行って「コーヒー」と言うのと、イチゴとコーヒーの二種のアイスクリームがあるときに「コーヒー」と言うのとでは、自分の目の前に違った物が出される。そのとき私たちは、「コーヒー」ということばが相手に通じたから物が出されたと信じているのだが、本当はそのことばが話される行動的文脈が理解されているからこそ、ことばが通じたのにすぎない。もしロボットに代わりをさせようとしたら、「コーヒー」の辞書的意味だけを教えるのではなく、この場合のこの条件で話されるときには……というような複雑な文脈情報を付加しなければならないだろう。

したがって子どものことば理解が「未分化」だから、やむをえず行動的文脈に依存しているというわけではない。ことばは本来的に、行動の文脈から完全に切り離され独立したものではないのである。

幼児でさえ、ことばを理解するとき、それだけを単語的に認識するのではなく、行動の文脈のなかで関連づけられ意味づけられたことばを認識する。そのように考えると、行動をひとつづきの文脈としてとらえ、そのシーケンスや手順を理解したり非言語的に表示できることは、個々のことばを理解したり言えることに劣らず、重要だといえよう。

■この次にはあれ —— 衣服の着脱

子ども自身に直接関係していて、食事の次に身近なできごとは、衣服などの着脱である。それは排泄ごとのおむつの取り替え、朝晩の着替え、風呂に入るときの着脱、外出時の玄関でのクツの着脱など、1日に何回も行なわれる。しかもその家によって意識的ではないにしろ、生活のしかたの慣習的なルールや手順がほぼ一定していることが多い。

したがって衣服などの着脱は、技術的には幼児には難しく一人ではできなくても、「この次にはあれ」というように先の予測がつけやすい行動である。

しかもそのルールや手順は、言語化されるよりも行動で直接示されることが多く、行動から行動へ、操作を通じて操作へというかたちで学ばれていくことが多い。だから、「この次にはあれをする」「こうするとああなって、それからああする」などというように、大人がやっていること、自分にしてもらっていることなどを見ることによって、ルールは乳児自身が発見していくのである。

大人がおしめ替えをはじめると、乳児のほうも自分でおしりや足を少し持ち上げる。そのような動作はかなり早くからみられる。それは世話をする人間にとって、抱き上げたときに相手のほうから身を添わせてくれる行動と同じように、うれしいことである。木の幹におしめをあてているのとは、本質的に違う手ごたえを感じられるからである。

それは、たとえ表現媒体や技能が未熟で対等ではない相手でも、人が物とは違って、こちらから相手に向かって「行く」だけではなく、相手のほうからも「やって来る」存在であり、人と人とは互いを合わせる相互的な存在であることを、実感できる喜びである。

しかし衣服の着脱のときに世話する人に触れられた身体の部分を順番に動かすことができることと、子どもが自分で先の予測をしてそれを何らかの行動で表示できることとのあいだにはかなりの隔たりがある。ゆうの場合に、服の着脱の手順を先どりして、自分から身体の一部や行動で明確にそれを表示するようになったのは、次のようにやはり1歳前後であった。

439 （1：0：07） 母とゆうが風呂に入ろうとして一緒に脱衣所に行くと、母がゆうの服を脱がせようとして服に手をかける前に、ゆうが自分で両手を上に上げる。

440（1：0：19）母が「おふろよ」とか「ダンダ入るよ」と言うと、ゆうは脱衣所へ行き自分から両手を上げて服を脱がせてもらおうとする。

441（1：1：24）ゆうの着替えのとき、母が服を脱がせようとすると、母の手が触れる前にゆうが順番に片手を上に上げていく。玄関で床に座らせてクツをはかせようとするときも、足を一本ずつ順番にさし出す。

以上のような観察例では、手順が理解でき、それを何らかの行動で表わしてはいるが、まだ完全には、ここにないこと、未来のことを予測し表象しているとはいえない中間段階である。次の例のようになると、次にやることを身振りで示したり、次に着る服を順番に手渡したりすれば、ここにないことを行動で表示していることが明確になる。

442（1：3：15）母が居間で「ゆうくん、ダンダ入るよ」と一言いうと、ゆうはすぐに脱衣所へ走って行き、自分の服を手でつまんでひっぱって「アッ」「アッ」と言い、早く脱がせろというようなしぐさをする。母が「ダンダ入ろうか」などと言っておいて、ゆうだけが脱衣所へ直行しているのに、母が着替えの準備などをしていてなかなか脱衣所へ行かないとたいへんで、ゆうは自分の服を手でひっぱりながら、「アッ」「アッ」とうるさく言い、母を捜して家中を走り回る。母が服を脱がせる前に次々に手を上げていき、自分でも脱ごうとする。

443（1：6：04）脱衣所で、ゆうが風呂の中で遊ぶための水あそび用の玩具を手に持っているときに、母が服を脱がせていっても、そでなどが玩具につかえて脱ぎにくくなることはない。母が何も言わなくても、服を脱ぐ手順に合わせて玩具を片方の手からもう片方へと持ちかえるので、スムーズに脱がせることができる。両手に玩具を持っているときは、自分から玩具を下へ置く。

服を脱がせるときは、上着のときは順番に手を上げ、ズボンは自分で下げようとする。服を着せるときも、ゆうが手を順番に上げて、母にそでを通してもらう。ゆうが次に着る服を取って、下着の後で上着、そしてズボンというように、順番に母にさし出す。

■なぐりがきの共同生成

もうひとつの例として、鉛筆やクレヨンの慣用操作（なぐりがき、手に取って紙の上でこするように動かすと結果的に鉛筆やクレヨンで描かれた跡ができること）が、どのような経過で発達したかをたどることによって、1つの行動が、いかに複雑な文脈や手順のなかへ組み込まれていくのか、あるいはそれがいかに複雑な文脈的背景によって支えられているのかをみてみたい。

ゆうの場合のなぐりがきの発達は、次のように、11か月ごろの鉛筆に関心を示し取りにきて手に持ちたがり模倣をはじめた段階から、1歳1か月後半からの自分で紙になぐりがきをはじめる段階へと進んだ。

444（0：10：25） 母が鉛筆を取り出してメモ用紙に字を書きはじめると、ゆうはどんなおもしろそうな玩具に熱中しているときでも、母のところへすぐにやってきて、手を伸ばして鉛筆を取ろうとする。ゆうは母が手離すまで鉛筆をつかんで離さず、手に入れなければ気に入らない。しかしまだ書くまねはしない。鉛筆を手に持つと、口に入れて咬んだりする。

445（0：11：01）母が鉛筆を持って紙にメモを書いていると、持っていた玩具を放って、すぐにハイハイして母のところへやってきて、鉛筆を取ろうとする（それでこれ以後、ゆうのいるところでは日誌用のメモを書くことができなくなってしまった）。ゆうは鉛筆を手に入れると、母の持っているメモ用の紙にそれをこすりつける。しかし持ち方が反対で、しんの部分を上にしているので何も書くことはできない。

446（1：1：24）ゆうは鉛筆やクレヨンを手に持つと、すぐに力まかせに横なぐりに紙にこすりつける。

447（1：2：13）このごろのゆうは、左手に鉛筆をもって、紙になぐりがきをすることを好んでやる（ゆうは左利きである）。

以上のような鉛筆の使用は、「これはああするもの」という理解が実際行動で示されているから、慣用操作の例と考えられる。

やがてなぐりがきは、単なる物の慣用操作のレベルを超えて、書く場所や書く内容の指定、書く道具がないときの要求、書く道具の整備（鉛筆を削るなど）など、書くことにまつわる他の多くの行動を誘発したり関係づけたりする行動系列のなかへ埋め込まれていった。

図４－２　なぐりがき

448（1：3：12）ゆうは、今までのように白い紙になぐりがきをするのでは満足せず、すでに絵などが描かれているところへ自分も描きたがる。ページをめくっていきながら、絵本の絵の上へ次々に描いていったり、姉が人間などの絵を描くと、あいている空白部分ではなく、その絵の上になぐりがきをする。

449（1：3：25）　母が二階の寝室で洗濯物をかたづけていると、ゆうが二階の居間から「アッ」「アッ」と言いながらやってきて、母の手を取って、母を居間の机まで連れて行く。そして机を指して「アッ」「アッ」と言う。それから机の上にのせてあった紙のなかから、以前母が描いた自動車の絵をとってその絵を指さし、「ブー」「ブー」と言い、そばにあった鉛筆を取って母にさし出す（母はここまできて、ゆうの一連の行動系列が、母に「自動車をかいて」と要求しているのだということがわかった）。

450（1：3：25）　ゆうは、自分では届かない二階居間の棚の中に、鉛筆削りがあるのを見つけると、それを指して、母に向かって「アー」「アー」と言い、取って欲しいというしぐさをする。母がそれを取ってやると、次に離れたところにある別の棚のところへ行き、自分で筆入れを取って、ふたを開け、中の鉛筆を持ってもどってくる。そして先に母に取らせた鉛筆削りの穴の部分に、自分で持ってきた鉛筆を差し込もうとする。しかし、なかなか入れることはできない。ゆうが母の手を取りにきて、「ン」「ン」と言うので、母が鉛筆削りの穴の部分にその鉛筆を差し込んでやると、自分で把手を持ってぐるぐる回す（この鉛筆削りは手動式である）。ゆうは把手を２回ほど回すと、すぐに鉛筆を穴から引き出そうとして、むりやりひっぱり出す（まだ鉛筆は削れていない。しかし鉛筆削りの用具を取ってから、わざわざそこになかった鉛筆を持ってきて、鉛筆を削る手順をすべてひととおりやったのには驚いた）。

451（1：4：02）ゆうは、白色の色鉛筆を取って、それで紙に描こうとするが、描くことができなかった。すると母に、その白色鉛筆をさし出して、紙の上をたたき、描いてくれというしぐさをする。母が「ゆうくん、この鉛筆、白色だから描けないよ」と言うと、ゆうは「ナイナイ（描けない）」と言って、「アーン」と言いながら、棚の上の鉛筆削りを指す。

事例451では、まず自分で色鉛筆を取って紙に描こうしたが、描けなかったので、母に描かせようとした。しかし、母が「描けない」と言ったので、鉛筆削りで削ればよいという意味のことを伝えたかったらしい。このように、ゆうは1歳3か月ころからは、現前しないことがらを母に伝えたり、要求するのに、「こうして、こうして、ああするの」とでも言うべき、複雑な手順を使うようになった。

■こうして、こうして、ああするの —— 行為の組織化

母が姉とジグソーパズルで遊んでいると、ゆうがやってきて、遊びをじゃまするることが常であった。ゆうは、母や姉と一緒に遊びたいのだが、ゆうから見ると「パズル」は、箱から出して放り投げたり、ぐちゃぐちゃに散らすとおもしろい「紙片」でしかなかった。しかし、1歳3か月ころから、自分ではパズルは難しくてできないが、母にやらせようとするようになった。パズルの紙片は「はめるもの」として、「ここに、こうするもの」として慣用的に意味づけられるようになったのである。

452（1：2：22）ゆうは、こどもジグソーパズルの箱を開き、紙片を手でかきまわしていた。そばにポリエチレンの袋があるのを見つけると、その袋の中に紙片を1つずつ取って入れはじめた。やがて1つずつ入れるのを

やめて、袋の口を両手で開いて、その中へ箱からザアーと多くの紙片を入れようとする。うまく袋に入らないでじゅうたんにこぼれた紙片は手で払って、遠くに散らばらせる。

453（1：2：23）　こどもジグソーパズルの箱を開くと、ふたに紙片を1つずつ入れていく遊びをする。途中から箱ごと傾けて、紙片をふたに移す。パズルの紙片を両手につかんでいるので、母が「ちょうだい」と言って手を出すと、さし出さないで母の手を払って、その紙片をわざと遠くのほうに放る。

454（1：3：29）　母の机の上にパズルがのっているのを見上げて、指さしながら「アッ アッ」と言う。母が応じないと母の体をひっぱって「アッ　アッ」と言う。ジグソーパズルの箱を1つ取ってやるが、また机の上を指さして「アッ　アッ」と言う。2つ取ってやると、箱を2つ抱えて微笑して、部屋に入り、そのうち1つのパズル（姉がいつもやっているディズニーの箱）を姉に手渡しに行く。

自分はゾウのパズルを並べようとする（ジグソーパズルは難しすぎて、自分ではできない）。ゆうはパズルの2つの片を手に持って、はめるしぐさをしながら、母のところへ来て「アッ　アッ」と言う（はめて欲しい）。母がいくつかの片を並べてやる。数回同じようなことを繰り返す。

ゆうは、すぐにパズル並べにあきて、空箱に「ナイナイ」と言いながら、パズル片を入れる。パズル片を箱に入れると、また箱から全部空けてしまう。母が「あ～あ～ゆうくんやっちゃったね、今度はおかたづけしよう、ナイナイしよう」と言って、空箱へパズルを入れはじめると、母が入れたパズル片をすぐに箱から空けてしまう。母が「ナイナイしてよ、ゆうくん」と言いながら、空箱へパズル片を入れはじめると、その箱をまた空ける。そして「ナイナイ」と言いながら手で払い、近くにあったものを遠くへ放って散らかす。母が拾おうとすると、ゆうは「ナイナイ」と言いながら、さらに遠くに放る。

事例454の後半のように、箱のパズル片を放り投げて母を困らせるのが、以前からのあそび方であった。しかし、前半のように母にパズルを「はめて」と要求するようになったのは、この日現われた新しい行為である。しかも、ゆうはパズルの箱を2つ取ってもらい、その1つをあらかじめ姉に渡すという高等戦術をとった。母と姉が一緒にパズルをして遊びが盛り上がっても、ゆうは自分がその遊びに入れないことをよく知っているのだろう。姉のお気に入りの箱を渡して一人でパズルをするようにしむけ、自分は別のパズルで母を独占して一緒に遊ぼうとしたのである。このように、「もの」の扱い方は、身近な他者との関係性のなかで他者の援助を得ながら変化していくと考えられる。「もの」はどのように扱ってもよい単なる事物（モノ）ではなく、社会的な約束事のある「意味あるもの」として扱われるようになり、さらに「こうして、こうして、ああするの」というように、手順を含めて行為を組織化して使いこなすように発達していくと考えられる。

同じころに、次の例のようにゲームのルールがわかりはじめ、かなり複雑な手順をふんで玩具が扱えるようになった。

455（1：4：25） 母がゆうに玩具の玉入れゲームを見せてやる。小さな玉を穴の中へ入れてから、手ではじいて、玉を飛ばせてかごの中へ入れるゲームである。ゆうは自分ではできないので、ほとんど全部母にやらせる。しかし、ゆうが思ったとおりに母がやらないと怒ったり、やり直しをさせる。

ゆうはまず自分で穴の部分に玉を入れ、「ン」「ン」と言って、母の手を取って玉のところへ持って行き、やれというしぐさをする。母が玉をはじかないでいると、「ニャイ　ニャイ」と言って怒る。母が玉をはじく手順を省き、手で直接穴の中の玉を取ってカゴへ入れると、ゆうは、すぐにその玉をカゴから取り出して、もう一度穴の中へ入れ、同じしぐさをして母にやり直しをさせる。

母が玉をうまくはじいて飛ばせ、カゴに入れると、ゆうは微笑して玉はカゴに入れたままにしておく。そして次に別の玉を取って母にさし出す。母が手でカゴに直接入れた玉は、取り出してやり直しをさせるのに、母が飛ばしてかごに入れた玉はそのままにして、次に別の玉をはじかなければならないようで、母がカゴから取り出すと怒る。

（ゆうは自分では実行できず、ことばで言うこともできないが、「こうして、こうして、ああするの」という、ゲームのルールと手順はかなりよく理解している）。

このように片言の一語発話しか話せない段階でもすでに、子どもが自分なりに、かなり明細化された目的（あれをしたい）と、それをするためにはこうすればよいという手順について、かなり明確で具体的なイメージをもっていることがわかる。それは明らかに子ども自身が直接体験して覚えたものだけではない。自分が実行できないことや体験できないことも含めて、詳しい目的や手順がイメージ化されているからである。

しかも子どもは、目的を達成するために何と何を組み合わせてどうすればよいか手順を認識しているだけではなく、それを実現するための実際的行為のストラテジーももっている。自分のやりたいことを実現するために、自分でできないことは他者の手を借りる手続きも含めて、行動を順序だて構造化して実行していることがわかる。このような「こうして、こうして、ああするの」という行為の組織化は、行為による「ものがたり」つくりへとむすびついていくと考えられる（第3巻）。「ものがたり（ナラティヴ）」は、「経験の組織化」と定義される。手順としての行為の組織化は、「ものがたり」の発生の前段階に位置づけられるのである。

3 「行動のかた」とことば

■慣用操作と命名

慣用操作は、ことばで名づける命名行為によく似ている（山田 1980）。名づけるためには、対象を目で見ただけで自己の内の認識の分類枠である意味内容によって分類できなければならない。慣用操作でも、基本的には行動の「かた」によって分類がなされている。

たとえば子どもが電気のスイッチを見たとたんに、まったく初めてのものでも人指し指で押そうとする。それは子どもが「スイッチなるもの」を何らかのかたちで行動的に定義しているからである。それは、個々のスイッチが色や形や大きさなどの多様なデザインの違いを超え「押すもの」としてまとめられて認知されているからこそ可能なのである。

慣用操作は、色や形や大きさなど、具体的な個々の違いを越えた共通の「意味」で対象をまとめる働きを含んでいる。そしてそのまとめられたものを一定した慣用的な「かた」（やり方、形式）で示すのである。そこには命名と同じように、「共通項をまとめあげ何かで代表させる働き」つまり代表作用あるいは意味作用が含まれている。

たとえば、スプーンといえども大きさもさまざまであり、ひとつひとつ形も材質も色も違っている。しかし、慣用操作においては、それらの個々の違いのなかからその共通の特徴（意味内容、たとえば口に入れるもの）を抽出し、何かの行為（意味記号、たとえば口につける）で表現する。ネコを見て「ニャー」と命名するときも、個々のネコの相違を超える共通特徴（意味内容、たとえばニャーとなくもの）を抽出し、それを何かの発音（意味記号、たとえば「ニャー」）で表現するのである。

また、その共通項を抽出するときの方法は、子どもなりの能動的な構成作用に基づくのだが、まったく個人的規則によるのではなく「社会的ルール」に基づいていることも同じである。

物理的に類似したものでも、スプーンとするか玉じゃくしとするかは、子どもの住んでいる社会の慣習によって違うだろう。ネコが「ニャー」となくか「ミュー」となくかもそうである。また子どもの住んでいる社会全般には通用しなくても、体験を共有している身近な人には十分了解可能なことが多い。

一語発話や慣用操作の分類枠は、相互の関係が明確な言語構造の概念的カテゴリーに比べれば、非常にプリミティヴなものにすぎないが、前カテゴリーとでもいうべきものによって、個々のものが分類されていることは確かである。

■やることと示すこと ── 実践と表示

慣用操作は、物を目的的に実際に操作できること、つまり実践的行為と深い関係がある。スポーツや車の運転などを例にとればわかるように、行動レベルでものごとを知るということは、身をもってやれることである。

ピアジェは実践的認識こそ真の認識であると考えた。物を知るということは、実際にそれとどのようにかかわるかということに等しい。だから乳児が物を認識するとは、単にそれを眺めることではなく、それをひっくり返したり、たたいたり、こすったり、転がしたりして種々に試す感覚運動的行為そのものである。事物を実際に操作し変形しながら子どもは実践的に「これは何か」ということを知るのである。

認識に対するこのようなピアジェの考え方は一面では正しい。しかし第1巻で述べたように、実践的認識とは違った種類の認識のしかたをも重視しなければならない。慣用操作や手順の理解は、実践的認識に深くかかわりながらも、それだけでは発達しない。それとは矛盾する静観的認識とのかかわりも考慮しなければならない。静観的認識とは、物と実際にはかかわらず物から離れて距離をおいたままで眺めて表示するような認識のしかたである。このような認識と関係するからこそ、慣用操作はことばの発達と境界領域をもち、両行して発達するのだと考えられる。

慣用操作のあるものは、実際に行為するという文脈をはるかに離れて、行為の「かた」で意味内容を「定義する」「表示する」「表象する」というレベルに至るものがある。これらは、実践行為というよりは、「これは○○ね」と音声言語で示す代わりに、同様の内容を手操作で示すような表示行為である。

VTRでみると、乳児が慣用手操作をするときのやり方は、スプーンやコップは口に、ブラシの場合は頭に、ほんの少し申し訳程度に付けるだけであることが多かった。つまり実際の食事動作や髪をとく動作をそのまま再現するのではなく、省略化されたり、儀式化されている様子がみられた。だから、それらの多くは実用的な行為の形態をとりながら、実用とは離れた「表示行為」なのだと位置づけられる。

ゆうの場合には、生後5か月から12か月までは毎月1回、その後は18か月時に1回、実験場面で空の哺乳びんを提示したときのVTR記録を分析した結果、哺乳びんに対する「表示」は次のような経過で現われた（山田 1980）。

生後5、6か月のときには、哺乳びんが提示されると、それを他の事物のときと同じように手操作した。つまり、両手でたたいたり、手に取ってこすったり、机にバンバンとたたきつけたりして、事物に変形を加えながら実践的に手操作し、それら一連の動作をした後で、口に入れて吸った。ゆうの場合に日常場面では、空腹時に哺乳びんを見ると、泣き止み口を開閉する行動が早くから観察されていた（2か月25日から、確実な反応としては4か月18日から）のだが、この時期には、まだ欲求とむすびついた食事の場面以外の、本来の文脈から離れた場面では、哺乳びんを何らかのかたちで表示するような行動はまったく見られなかった。

生後7、8、9か月では、他の事物のときには、前記したような種々の手操作をしたのに対し、哺乳びんの場合だけは、びんを見るとすぐに両手で持ち即座に口に入れた。明らかに他の事物とは異なる行動で、「哺乳びん」を分類する行動が観察されたわけである。しかし行為そのものは、実際の食事動作の一部にすぎないから、表示行為として独立してはおらず、その点ではまだ不明確である。

生後10、11か月では、哺乳びんを見ると注視して、「マンマンマン」と言い、背後にいる母を振り返って見て微笑し、物を指し示すときの発声と同じ「ン」「ン」と言う発声をして、少し口につけて見せた（唇につけただけで吸うことはない）。この場合には、行為は明らかに表示のためのものになり、実際の食事行動の一部ではなく、省略化され、儀式化されていることがわかる。このレベルの行動が、慣用手操作と呼ばれるものである。

生後18か月では、哺乳びんを見ても、一度も口につけず、注視し、微笑し、背後にいる母の方を振り向いて「ジャージャ（牛乳）」と言いながら母に提示した。この段階になると、食事の動作とは、まったく無関係な行為（「ジャージャ」という発話）によって、哺乳びんの意味が表示されている。

このように最終的には、慣用操作の表示はある程度、ことばによる表示へと置き換えられていくと考えられる。しかし初期の段階では、ことばが慣用操作よりも高いレベルにあるとは必ずしもいえないようである。一語発話期では、音声言語がいつも慣用操作より後に発達するというわけではなく、ある程度、両者は併行的に両行して発達するように思われる。

いずれにしても慣用操作の発達は、一面では物を実際に操作する実践的行為と関係しながら、もう一面ではそれから離れてその形式だけを借り、物から離れて距離をおいたままで表示する認識のしかたである静観的認識や、命名を中心とした有意味語の発達と深くかかわっていると考えられる。

■慣用操作から見立て・ごっこへ

慣用操作のある側面は、見立てやごっこなどの、より高度な表象活動へと発展する。見立てとは、本来はそうでない物を何か別のものとみなす行動である。たとえば積み木を自動車のように見て、「ブーブー」と言いながら自動車の動きのように前後に動かす行動などをいう。ごっこは、見立てを組み合わせてシーケンスやストーリーをつくって組織化した遊びのことである。

慣用操作は、物を本来の使用法に合うやり方で使うことであるのに対し、見立ては、物を本来の使用法とは違う使い方をすることである。だから正反対のようにみえるが、そうではなく、両者は深い関連をもつ。

慣用操作によって物は行動的に意味づけられる。子どもが物を社会的に認められているような慣用のやり方で取り扱えることは、物が単なる物理的な物ではなく、意味を帯びた物になったことを示している。見立てでは、意味づけと物との関係が慣用操作からさらに逆転する。そして意味のほうが、現実の物の特性よりも重視され、イメージによって物が眺められるようになる。

たとえば、コップとスプーンの慣用操作をするようになった子どもは、実際の食事の文脈から離れてコップとスプーンを食事動作のやり方で使って表示するようになる。さらに食事とはまったくかけ離れた文脈で、食事をするつもりになって、ままごとの道具をコップとスプーンのように見立てて使う行動へと進む。

ままごと道具は、実際の食事には決して使うことができないし、子どももそれが本物ではなく、その代わりであることをよく知っている。しかしイメージの働きによって、本来の物の代わりのもの、仮のものが、現実の物と同じ程度あるいはそれ以上に力をもつようになるのである。

子どもが見立てやごっこをするようになると、意味の世界のほうが、現実の世界よりも価値をもつようになる。そしてやがては意味の世界が現実を超え、現実を変える力を発揮することになる。慣用操作は、現実の問題解決や実践的行動と深いつながりをもちながら、もう一方では、このように見立てやごっこにもつながっているのである。

ゆうの次のような行動は、折り紙の本来の（母と同じような）用途に合った扱い方ができる慣用操作と、折り紙を「鳥（ツル）」と見立てることとの中間段階だといえよう。折り紙のツルは、もともとは単なる「紙切れ」である。子どもにとって、ツルの折り紙もはじめのうちは、紙切れでしかない。くしゃくしゃに丸めたり、ひらひらしたり、破って捨てたりするものにすぎない。折り紙にまったくなじみがない人びとにとっては、ツルには見えないかもしれない。しかし、私たちは、折り紙を「ツル（鳥、飛ぶもの）」と見立てて、「文化的意味」を与えている。下記の事例は、ゆうが、折り紙のツルを「飛ぶもの」として扱い、「飛ばせっこ」遊びの文脈に入れた最初の記録である。

456（1：4：02）　母が折り紙でツルを折っていると、ゆうが手を出して「アッ」「アッ」と言って欲しがるので、「ゆうくんのはどうしたの？」と聞くと（母は自分の折り紙を折りはじめる前に、ゆうにも1枚渡しておいた）、ゆうはおもちゃのバケツのところへ捜しに行き、しわくちゃになった紙を持ってきて「ン」「ン」と言いながら、それを母にさし出す（ゆうは母から折り紙をもらってすぐ、手でくちゃくちゃにしてバケツの中へ放ったらしい）。

母が折ったツルを「はい、どうぞ、ツルさん」と言ってゆうに渡すと、ゆうはツルの背中を手でつまんで「ブンブンブン」と声を出しながら、ツルを空中にかかげて飛ばせるようなしぐさをして、次に「バァーン」と言いながら、ツルを落とす。そして微笑する。このように飛ばしては、「バァーン」と落とす動作を何度も繰り返す。そのたびに微笑する（以前は母が折り紙でツルを折ってゆうに渡しても、すぐにくしゃくしゃにしてしまい、それに特別の関心をもったことはなかった。それまでのゆうにとっては、折り紙も他の紙類と同じで特に意味あるものではなかったからであろう。今日は違っていた。ツルをこのように扱ったのは初めてである。しかもこのときに母はゆうにツルを渡しただけで、飛ばすしぐさは見せていない。以前に母がやったことを覚えていて、それを再現している延滞模倣の例である)。

折り紙は、もともとは紙にすぎないけれど、単なる紙ではなく、意味あるものと見立てられなければならない。この行動例では、ゆう自身が自発的に折り紙を鳥と見立てているとはまだいえず、慣用操作の域を出ないが、かつて母がやったことを延滞模倣しながら「これはこのように扱うものらしい」ということが、行動レベルでわかりはじめている。

そしてゆうが、以前に母がやって見せたことのある折り紙の鳥のしぐさ（ツルの背中をもって「ブーン」と言いながら空中を飛び回らす）を再現しているだけではなく、飛ばしては「バーン」と落として喜ぶという、母が以前にやらなかった行動を追加していることも興味深い。ゆうが折り紙を鳥に見立てる行動へと一歩踏み出しただけでなく、見立てたものを順序性や物語性のある連結のなかへ入れて遊ぶ、ごっこにも近づいているからである。

紙などの物を落として喜ぶ遊びは、ピアジェの観察と同じように、ゆうの場合にも早くからさまざまなバリエーションで展開された得意の遊びであった（第1巻、観察266、267、268など）。またこのころからゆうは、物を落としたり放るときに「バァーン」ということばを言うようになった。

ここでは、落とす遊びが折り紙を飛ばすしぐさと連結されている。だがまだ、ゆう自身がそれに「鳥が飛んで落ちた」という意味を与えている証拠はないから、行動形式だけみればごっこに近くても、ごっことはいえない。しかしもう少しで、ごっこ遊びへと発展していく可能性をもっている。

子どもは、物に意味を与えるだけではなく、意味の世界から物を眺めるようになる。そしてやがて子どもは、現実の世界を超えるイメージの世界、フィクションの世界に生きはじめる。慣用操作から見立て・ごっこへの発達は、その第一歩として位置づけられるだろう。

5章　身振り――手振りを中心に

1　バイバイの手振り

■バイバイを準備する行動――「手振りの可動化」

1歳児の身振りでもっともポピュラーなのは、バイバイの手振りと、イヤの首の横振りであろう。バイバイの手振りは、して見せると人に喜ばれ、世間にも通用する乳児にとって初めての「芸」となることが多い。周りの大人がせっせと教えることもある。それに比べると拒否の首振りは、あまり歓迎されない。しかし教えられなくても乳児が自らはじめる。そしてイヤなことを拒否する自己主張のための、しかも他者にも通用する初めての「武器」となる。この2つの代表的な身振りのうち、イヤの首振りは第3巻で詳しく扱うので、ここでは特にバイバイの手振りを中心に、身振りによる意味化の問題を考えてみたい。

まず身振りを準備するものとして、ゆうの場合には、バイバイの手振りの開始前に次のような4つの行動変化が認められた。

第一には、周りの人の「バイバイ」のことばや手振りに対して、時おり部分的な模倣がみられるようになった。

457（0：8：12）朝、母がゆうを抱いて、姉の保育園の集合場所へ連れて行ったとき、保育園児が並んで行くのに対して、母や他の園児の母が「バイバイ」と言って見送ると、ゆうも「バ　バ　バ」と言う（最近バ類の発声が増え、この発声自体は以前でも出していたが、このようにタイミングよく模倣するように発声したのは初めてである）。ゆうは母に抱かれて、よそのおばさんにあやされると、ニコニコ笑う。

458（0：9：06）身振りとしてのバイバイの行動はまだないが、大人が「バイバイ」と言って手を振ると、ゆうも同じように片手を上げて手を振ることがたまにある。しかし確実ではない。

第二には、「バイバイ」に限らず日頃よく使っていることばに対して言語理解がよくなり、ことばを聞くと何らかの反応を示すことが多くなった。

459（0：8：20）母が「バイバイ」と言うと、ゆうがじっと母を見てそのことばを聞いている様子がみられるようになった。たまに手を振ることもある。

その他にも、母が「カチカチ」と言うと、ゆうが物を両手に持って打ち合わせる、ひざの上に立たせて母が「トントコトントコ」と言うと、ゆうが足を伸ばしたり曲げたりしはじめる、母が「ゆうくん」と名前を呼ぶとゆうが微笑する、ゆうが物を口に入れたときなど母が「ダメダメ」と言うと、ゆうは笑ったりよけいにやるなど、特定のことばに対する言語理解がよくなり、それをゆうが自発的に何らかの行動で表出することが増えた。

第三には、人が「去る」ということに対して関心をもちはじめた。

バイバイの手振りは、ふつう「さようなら」という意味で使われる。それを理解して適切にやるためには、「あったものがなくなる」「ここにいた人がいなくなる」という「不在の認識」や、「ものや人が目の前からなくなっても存在しつづける」という「ものの永続性の認識」(第6章)が必要である。さらに不在をひきおこす「状況の変化」やそれに対してあいさつを交わす「慣習」を知るなど、多くの認知面での発達が関連している。

460

(0:9:17) 祖父、父、母などが玄関から出て行くときには、ゆうがじっと見ている。「人が去る」ということに対して、何らかの関心がある。

第四には、「手を振る」という行動形式そのものが発達的に変化した。

「手を振る」ことは非常に早くから出現するなじみの行動形式である。しかし「手を振る」技能があることと、それを何かの意味を担う意味表現の媒体(意味の乗り物)として表象的に使えることとのあいだには大きな隔たりがある。

ゆうの「手を振る」行動の発達では、「3か月ごろの何のためにも使われない非対象的な手振り」から「4か月後半からはじまる物をつかんで操作する対象的な手振り」を経て、バイバイの手振りが出現する前に、「8か月後半ごろから再び非対象的な、何のためにも使われない自由な手振り」が現われた。

461（0：9：07）ゆうが台所の高椅子に座っているとき、今までは何か直接手で操作する物がテーブルの上にないと、すぐに退屈し怒りだしていた。しかし最近は何も持っていなくても、指をくわえて周りを眺めていたり、母に「アー」と言って話すように呼びかけたり、自分の身体を前後に揺すったり、両手でテーブルをバンバンたたいたり、片手や両手を上下に振ったり、両手を握ったり開いたりして遊ぶようになった。

462（0：9：27）大きいパンダのぬいぐるみを見ると、それを直接操作するのではなく、両手を上下に振る。

463（0：11：19）みやげにもらったジャンボブロックを見ると、ゆうは興奮した「フッ」「フッ」というような荒い息をしながら、両腕を同時に上に上げ、両手を指さしのように人指し指をつきだした指の形をして、あわ踊りのように上方で両手をしきりに上下に振って喜ぶ。

このような直接的な手操作ではない行動の出現は、ピアジェの用語を使って「手を振る」行動の可動化（mobilité）と呼ぶことができる。

手の運動は、0歳初期には非対象的であるが、5か月ごろからは特定の目標のために洗練されてさまざまな手操作の行動形式がつくられる。その後も目的的な手操作はさらに発達するのだが、それと両行するかたちで、非対象的で特定の目標や文脈にしばられない、可動化した行動が現われることは興味深い。

行動形式は、目標や文脈から「はなれて」可動化することによって、表象化あるいは記号化のための媒体として、道具的に使われやすくなると考えられる。第1巻でも述べたように、手の動作の可動化は、実践的な手操作とは違った、対象と距離をおく静観的な手の使い方とも密接に関係する。この時期には、一時期ほとんど見られなかった手の動作の模倣が再び活発化し、操作にかかわらない手を使った動作（指さしなど）

が出現するが、それらは同じ文脈のなかへ位置づけられる一連の変化であろう。

そしてこのような手の行動様式の可動化は、手をバイバイ以外にも意味を乗せる媒体として多様に使う道をひらくと考えられる。手は、対象を持ったり操作したり、物と直接かかわって実用的な目的や文脈において使われる実践的な道具である。その手が、物や実用的な文脈から離れて自由になること、そこから身振り（拍手や手振りの表象的使用など）などが発展していくのではないだろうか。

■バイバイのはじまり

ゆうの場合にバイバイの手振りは、先に記した単発的な部分模倣がみられた後、次のような状況ではじまった。はじめは、意味のある身振りというよりは、「バイバイ」ということばに対する機械的反応のように思われた。

【「バイバイ」のことばに対する反応としての手振り】

464（0：10：13）母が朝玄関から学校へ出かけるとき、「バイバイ」と言うと、ゆうが自発的に手を振る（初めてである。その場では特に教えなかったし、母も口で言っただけで手を振らなかった）。以後ゆうは「バイバイ」のことばに対して確実に手を振るようになった（一度生起するとすぐに頻繁にやるようになる）。手の振り方は、片腕を上にあげ、開いた手の平を左右に振るやり方である。

465（0：10：14）母と姉とゆうと近くの公園へ散歩に行き、姉の友達と別れる

とき、母がその子に「バイバイ」と言うと、ゆうも手を振る。しかし「バイバイ」のことばだけに反応しているようで、その子には背を向けたままである。

466（0：10：15）どんな場面でも、母や祖父が「バイバイ」と言うと、ゆうが手を振る。100パーセントというわけではないが、他のことに気をとられたりしていないときは、必ずといってよいほどやる。別れとか、人が去るなどの状況にはまったく無関係にことばを言いさえすれば手振りをはじめる。

以上のような手振りは非常に頻繁で「バイバイ」と言われるたびにやっていたが、10日ほどで消失し、10か月25日にはほとんどみられなくなった。

そして次のように再び手振りが現われたときには、第一に「バイバイ」と言われなくても自発的にやる、第二に場所移動（特に自分自身の移動）のときにするなど「意味」がある、第三に手の振り方が縦振り横振りなどさまざまになったなどの点で、大きく変化した。

【意味のあるバイバイのはじまり】

467（0：10：28）ゆうは再びバイバイの手振りをよくするようになった。「バイバイ」と言うと、手を縦や横に頻繁に大きく振って、相手の顔を見て笑う。

468（0：10：29）「バイバイ」と言われなくても、ゆうのほうから自発的に手を振る行動がみられるようになった。片手を振るときも、両手を振るときも、横振りも縦振りもあって形式は一定しない。

手振りをするのは「洗面所で姉が歯を磨くところを見た後、母に抱かれてそこを立ち去るとき」「一階の居間から二階へ行くとき階段を登る前に」「玄関から外へ出て行くときに玄関ドアの付近で」などのときで、それなりの状況的意味がある。また人を見送るときより、自分自身がある場面から別の場面へと移行するときに多くみられた。

移行の手振りは玄関のドアを出たときなど、ゆうが自発的にはじめたので、必ずしも以前に「バイバイは？」など大人にことばで促されて手振りを経験した場所とは限らなかった。だから条件反応的な動作ではなく、ゆう自身が状況を理解しているのだと考えられる。

なおこのころに、バイバイの手振りの他にも、手を振ることそのものを可動化した遊びとしてよくやるようになった。両手をブラブラと強くあるいは弱くとしきりにいろいろに振っては、一人でニコニコしていたこともあった。また物を持ってそれで他の物をたたきに行く行動が増え、そのときにまるで実験をしているかのように、たたき方をいろいろに変えるなど、手操作そのものも意図的に変化させ多様化した（第1巻、観祭291、292参照）。

469（0：11：02）朝、姉が保育園に登園するのを見送るために、母がゆうを抱いて外へ行ったのだが、玄関へ出たときと、玄関ドアを開けて外へ出たときの2回、ゆうが自分から片手を横に振る。それから保育園児の集合場所へ行って子どもたちを見ると、自発的に片手を横に振る。その翌日（0：11：03）も、さらに翌日（0：11：04）もまったく同じ状況で同じ場所で、ゆうの自発的なバイバイの手振りがみられた。

470（0：11：05）母がゆうの身体を立てて抱くと（この姿勢のときは移動することが多いからか）、手を振りはじめることがある。

ゆうは自分が場所を移動したり、場面に変化があるたびにそのつど頻繁にバイバイの手振りをする。たとえば、母がゆうを抱いて洗面所から台所へ行くという短いあいだだけでも、洗面所から廊下へ出るときに手を振り、台所のドアのところで手を振り、台所へ入ったときにも手を振る。一階の居間から二階へ行くときには、必ずといってよいほど手を振る（しかし特に誰かに向かって手を振るというわけではない）。

471（0：11：06）朝、姉が保育園の制服を着ているのを見ると、ゆうが母のひざの上で手を振る。母がゆうを抱いて立ち上がりかけると手を振る。

以上のような場所移動に関連した手振りの他にも、「バイバイ」のことばに反応した手振りも再びみられるようになった（以前ほど頻繁ではない）。また母と三項関係をつくる相互交渉の手段として、バイバイの手振りを使う行動もみられるようになった。

472（0：11：04）公園で、ゆうと関係のない知らない女の子が別の子に「バイバイ」と言うと、ゆうも手を振りはじめる。（0：11：05）ゆうを大学祭に連れて行ったとき、知らない学生が「バイバイ」と言うと、ゆうが手を振る。このように、いつ誰がどこで言っても、特に状況的な意味や、それに対する感情移入のないところでも、条件反応的に動作をはじめることがある。

473（0：11：04）バイバイの手振りが、場面の移動というような状況ではないときにも、明確なものではないが対人交渉の手段として、「子ども－媒介－人」の三項関係のなかで使われる様子がみられるようになった。ハイハイをして逃げて行き、少し離れたところで止まって、座ってくるりと後ろの母のほうを向き直り、（バイバイの意味かどうかはわからないが）手を振る。学校から帰宅した母を玄関で出迎えて微笑し、両手を振る（拍手しては、母の顔をのぞきこむように見る行動と類似しており、人に向けられた「何か」の表現である。あるいは母に何か言ってもらいたい、話しかけの手振りのようにも思える)。

しかしその後10日もたつと、再び、場面を移動するごとに手を振るというような頻繁な手振りは極端に少なくなった。

474（0：11：13） 最近、「バイバイ」と言ってもあまりしなくなった。また以前のように、外へ出るときや部屋を出るときに毎回のようにしていた手振りは、急速に減少してほとんどしなくなった。

475（0：11：16） 朝、母や父、姉が玄関から出かけるときに、じっと凝視していて泣きだす。「バイバイ」と言っても手を振らない。

子どもに限らず、また特定の行動に限らず、やりはじめや覚えはじめのときは熱心に頻繁に繰り返しても、ある程度の技能に到達したり、ある程度の時間がたつと、急速に熱がさめてその行動をしなくなることは多い。以上のようにゆうの場合にも初期にそのような増減の顕著な変化が2回にわたってみられた。なお指さしの場合ほど頻繁ではなかったが、ときどき手振りの行動形式を少しずつ変え、自分でも意識的にコントロールする様子がみられた。しかし手振りの形式そのものは、指さしほど明確に1つの決まった型には収束しなかった。

476（0：11：28） 散歩へ行くときや、一階から二階へ行くときなど手を振る。そのときに、横向きに手を振っていて途中で止め次に縦に振るなど、手振りが変化する様子がみられる（自分でも意識して手の振り方を変えているのだろう)。

その後の1歳前後から、豊富な意味を担う身振りのひとつとしての、バイバイの手振りが明確になり、およそ1歳から1歳4か月のあいだがもっとも活発であった。この時期には、バイバイのしぐさには、ゆう自身が認める「意味」が伴っていた。

477 (1:0:26) ゆう自身が、「帰りたい」「行きたい」などの気持がないときは、母が「ゆうくん、バイバイは? やってごらん、どうやるの?」などと言っても、以前のようにバイバイの手振りをすることはほとんどないが、自分でその気があるときは熱心にバイバイする。

478 (1:2:13) 以前のように「バイバイ」と言うと手を振ることは、ほとんどなくなった。母と保育園に行く子を見送って、他の子に「バイバイ」と言っても、ゆうはやらない。しかし、ゆう自身が母に連れられて玄関を出るという状況のときは、何も言われなくても自発的にバイバイする。

■あいさつのバイバイ

以上のような経過で、バイバイの手振りは「さようなら」の意味の身振りになった。

「さようなら」は、「お元気で」「それでは、また」などと同じく、今まで共に同じ〔ここ〕にいた人間がそこから離れて行くときの、あいさつである。

それは出会いのあいさつ、「こんにちは」「おはよう」「よろしく」「ようこそ」などと共に、人と人との気持の交流に欠かせないものである。その意味のことばをもたない文化はほとんどないし、多くの文化では、そのために特殊化した固有の身振りやしぐさをもち、ことばと併用される。

日本では、アメリカ人のように、握手したり抱き合ったりキスしたりなどの直接的な身体接触を伴う身振りを使うことはほとんどなく、出会いの場合にも、別れの場合にも、おじぎをすることが多い。

別れの手振りは、公式に儀式化されたしぐさではないが、かなりの文化圏で使われる国際的身振りのようでもある。そして慣用化した動作以外にも、ハンカチを振る、手を振る、テープを振るなどの行動は、現前しているが遠くにいる相手に自分の存在や気持を伝えるための対面的コミュニケーションの手段として自然に幅広く行なわれている。

バイバイの身振りが、ほとんど共通語のようにしてどの子にも教えられ、客が来たときなど機会あるごとに「芸」として披露されるのは、ことばの代替品というよりは、社会的ルールを無意識のうちに慣習化して教えるという積極的な意味があるのかもしれない。それはその文化で生きていくために重要な、人と人との交流の接点をつくったり、はずしたりする基本的なやり方や、けじめのつけ方にかかわっているからである。だからバイバイの手振りは、子どもの認識活動を反映し独自の意味基準をもつ場合があるとしても、社会的なコミュニケーションの文脈で、人に向かって何かを話しかけるように使うのが本来的な第一の機能である。

バイバイの手振りは、人と人とのあいだの「むすび」として機能する。つまり人とコミュニケーションするための媒介項になって「子ども－もの（媒介項）－人」という三項関係をつくり出す。

ただし媒介項は、もはや具体的な事物そのものではない。手の振り（意味するもの）とそれによって表示されるもの（意味されるもの）という2つに分化した「もの」が介在する、表象を含んだ三項関係へと変化している。

このようにバイバイの身振りは、三項関係を基盤にして意味生成される本質的に社会的行動だと考えられる。その特徴は、これから述べる、人に向けられた「あいさつ」「話しかけ」「返事」としての機能をもつバイバイによく現われている。

【あいさつのバイバイ】

479 （1：0：00） 姉の保育園へ七夕祭を見に行くために、母がゆうを乳母車に乗せようとして、ゆうの身体に手をかけようとすると、ゆうは手に持っていた哺乳びんをサッと自分で下へ放り、そばにいた祖母に向かって手を振りはじめる（最近、このように誰かに向かって「さようなら」と言うように手を振る行動がみられるようになった）。

480 （1：1：03） 母が「ゆうくん、ダンダ入りましょう」と言うと、そばにいた父に向かって、バイバイをする。

481 （1：1：03） 一階の居間で母が「ゆうくん、お二階へ行きましょう」と言ってゆうを抱くと、祖父母に向かってバイバイをする。

このようなバイバイをするとき、ゆう自身に「あいさつ」という意識があるわけではないかもしれない。しかし、あいさつに似た役目をしていることは確かである。

それは、第一に人への働きかけを目的にしている、第二に働きかけの手段となる行動形式がその社会に流通している慣用化されたものか、少なくとも相手には了解できるものである、第三に「あいさつ」が入るべき適切な位置（行為や場面や人との交渉の、始まりや終わり）にタイミングよく行動されるなどの点から、そう考えられる。

「あいさつ」としての機能がよりはっきりするのは、次のように別々に教えた「おじぎ」の身振りと自発的に併用されたときである。

482（1：0：19）昨日から二階の寝室へ行く前に、一階の居間にいる祖父母に、母が「おやすみなさい」と言いながら、ゆうの頭を母の手で下げさせるようにした。祖父母も同じように頭を下げながら「おやすみなさい」と言うと、ゆうはニコニコして満足そうに笑う。

483（1：1：14）「おやすみなさい」の場面に関係のないときでも、二階の居間や一階の居間に入るためにドアの入口に立つと、ゆうは自分からおじぎ（頭だけを下げるのではなく、半分しゃがんだような腰からかがめるやり方）をはじめる。特に人に対してではなく、人とは反対向きでもやる。

484（1：2：01）眠る前に母がゆうに「おやすみなさい」と口で言うだけで、ゆうは自分で体をかがめておじぎするようになった。

485（1：2：14）眠る前に一階で母がゆうに「お二階へ行こうね」とか「おやすみなさい」と言うと、ゆうは自分で居間へ行き、祖父母に向かってしゃがんで腰を折るようなおじぎをして、自発的にバイバイの手振りをはじめるようになった（バイバイの手振りは「おやすみなさい」のときには、特に教えなかったが、ゆう自身で自発的におじぎの動作と連結したようである）。

486（1：2：17）眠る前だけではなく、たとえば洗濯を干しに二階へ行くとき、母が「ゆうくん、干し干しするよ、お二階行くよ」と言うと、ゆうは母と一緒に洗面所にいたのに、わざわざ自分で居間の祖父母のところへ行って、おじぎをしてバイバイをしてからまた母のところへもどって来る、というように移動するたびに過剰なほど頻繁にあいさつの動作をするようになった。

このころのゆうは、他者の反応や雰囲気に敏感で、ほめられたり喜ばれたりすると得意になって自分の「芸」を観客（祖父母がその役割をすることが多かった）に向かって見せに行く傾向があったが、「あいさつ」もそのような「芸」のひとつであっただろう。

また「おじぎ」は「おやすみ」のときのあいさつ、のつもりで教えたのは大人の考え方で、「おじぎ」と「バイバイの手振り」には、もともと共通の要素が含まれているのだから、ゆうが自発的に両者をむすびつけたのは、正解であった。

その後には、ゆうは「おじぎ」と「バイバイの手振り」とをまた自分で切り離して、「おやすみなさい」のときには、手振りをしないで、おじぎと「アン！」という大きく威勢のよいあいさつの発声をするようになった。

487（1：6：03）祖母が、「おやすみなさい」のおじぎのときに、「アン」と言うと、ゆうもすぐに、おじぎをするたびに、大きくはっきりした発音で「アン！」と言うようになった。今夜姉は、ゆうが祖父母にあいさつしている声を聞いて、二階へ行く途中の階段の下から二段目のところにいたのだが、そこから祖父母に大声で「おやすみなさい」と言った。すると、ゆうも、すぐに階段の二段目まで登って、祖父母のほうへ向かって（そこからは祖父母は見えないのだが)、大声で「アン!」と言う。

488(1:6:17) ゆうは寝る前に洗面所で歯磨をすますと、廊下を走って居間の祖父母のところへ行き、「アン!!」と精いっぱいの大声で言い、おじぎをしてから、うれしそうな顔でもどってくる。

「バイバイの手振り」のほうは、おじぎと併用された他にも多様な使われ方がみられた。そのうち、あいさつに近いものとしては次のように、特定の人や場所に対する「さようなら」の意味がうすれて、目の前にいる人に対して、誘いを受けて「ええ、行こう、行こう」と同意を表わす返事の意味になったり、さらには「そうね」「いいよ」「わかったよ」と了解や肯定のあいづちを打つ返事の機能をもつようになった。

【同意のバイバイ】

489(1:1:03) 母が「ゆうくん、お外、行きましょう」と言うと、手に持っていたおもちゃを下に放り、母のほうへ歩いてきて母の顔を見てバイバイをする(このバイバイは母に対する「さようなら」ではなくて、「ええ、行こう」という同意か「バイバイして行くのね」と確認するような意味だと考えられる)。

490(1:1:05) 母がゆうを抱いて、「ゆうくん、ダンダ(お風呂)よ」と言うと、母の顔を見て手を振る。

491(1:3:26) 朝寝室で、ゆうが父と布団のそばに居るとき、母が入口で「ゆうくん、おいで、行きましょう」と言うと、ゆうは座ったまま母の顔を見てバイバイをする。はじめ母は、ゆうが母に向かってバイバイをしたので、「さようなら」の意と誤解して立ち去ろうとしたら、ゆうは両手を上げて抱かれるしぐさをしながら、大声で母を呼ぶ（ゆうは母と一緒に連れて行ってもらうつもりであったらしく、手振りは「ええ、行こう」「いいよ、行こう」という同意の返事であったらしい）。

バイバイの手振りは、実際的なコミュニケーションの文脈のなかでは、あいさつの会話と同じような機能を果たす。たとえ相手が乳児でも、自分にあいさつしてくれるかどうかで人の感じ方はずいぶん違う。あいさつは、人の気持をなごませる「うた」である。ただその「うた」は0歳初期からみられ情動に基盤をおく、微笑のような表情による「うた」とは少し違う。あいさつは特定の社会だけに通用する「うた」である。だから所属する社会が違えば、「うたいかた」も違う。目と目を見合わせなければ無視されたと不快に感じる文化もあれば、逆にはっきり相手の目を見つめたら失礼な文化もある。ヤクザの社会とカタギの社会、会社と家庭、目上の人と仲間うちでは、あいさつのし方はめまぐるしく変わり、まったく異なるルールが適用される。

しかしそれだけに、あいさつのしかたは、その社会に仲間入りしている記号（しるし）になる。特に内部成員の凝集性を高めなければならない社会、たとえば軍隊や、アウトローの非行少年やヤクザの世界で、あいさつのしかたがとりわけ重視され、特殊に発達するのは、互いに仲間だということを常に確認する必要性が大きいからだろう。

また「最近の若者はあいさつのしかたも知らない」というのは、いつの世も繰り返される老人の批判だが、それは表面的なマナーの問題のようでありながら、実は自分たちの社会へ仲間入りして来ないで異質の価値基準の社会に住もうとする若者への、いらだちや不安の表明かもしれない。

あいさつは、儀式と同じように独創的であってはならない。「さようなら（然様なら、左様なら）どうだっていうの？　さようならだけでは意味がわからない」などと理づめで問い返してはならない。「お元気？」なんて心にもないこと言わないでよ」とか「どちらへお出かけ?なんてよけいなお世話よ」などと本気になって意味を考えてはならない。

「どちらへ?」「ちょっと、そこまで」、「このあいだはどうも」「こちらこそどうも」というような意味不明のあいさつは、互いに同じ世界に住んでいることを確認する「うた」なのだから、相手と同じ鳴き声でタイミングよく唱和することが、まず大切なのである。

人と人とは、同じ心理的場所に生きていることを同じ「うた」をうたいながらいつも確認したがっているようである。

乳児が大人社会に流通しているしぐさで「うた」えば、文句なくかわいい。それは、乳児が自分たちの社会の仲間入りを表明しているようなものだからである。それで周りの人も思わず目を細めて同じような「うた」を返し、「おお、かわいい子ね」「まあ、おりこうね」と子どもをほめる。そのことば自体は乳児に理解できなくても、自分がいいことをしたのだと喜ばれている雰囲気は伝わるから、それが社会的強化となって、乳児の「うた」はさらに強められるだろう。

■さようならの意味

先にも述べたようにバイバイの手振りは、最初は模倣や条件反応的な行動からはじまったとしても、それが何かの意味で使われるためには、ことばと同じように、当人の能動的な意味づけが不可欠であった。ゆうの場合にも手振りは、慣用的な用法と同じく、おもに「さようなら」の意で用いられたが、どのような状況で使われたかを詳しく調べると、他者がここから去るときよりも、自分自身がここから去るときが多かった。

次のようにバイバイの手振りは、他者が去るのを見送るときよりも、自分自身の身体や場所の移動にかかわるときに、圧倒的に多く使われた。他者が去ることと自分が去ることとは、子どもにとっては意味が違うと考えられる。

492（1：0：01）最近は姉を車で保育園へ送って行くことが多かったが、今日は久しぶりに保育園児の集合場所へゆうを連れて行った。他の子を見送るときには、母や他の人びとが「バイバイ」と言って手を振っていても、ゆうはやらない。しかしそこから自宅へ帰るために、ゆうを抱いていた母がうしろ向きに方向を変えると、ゆうがバイバイをはじめる。

493（1：2：14）バイバイの動作は、人が去るときよりも、自分が去るときに特にやる。自分が外へ行く、一階から二階へ行く、寝室へ行くときなど、ゆう自身が移動するときには、自発的に祖父母や父に向かってバイバイする。

しかし、姉が保育園へ行くのを見送るときなど、母が「バイバイ」と言っても、他の子がするのを見ていても、ゆうはやらないことが多い。公園で一緒に遊んだ友達が家の前で別れていくとき、見送って母が「バイバイ」と手を振るときも、やろうとしない。また、朝、父母が玄関から出かけて行くときは、バイバイどころではなく、泣く。

494（1：2：28）姉が保育園に行くのを見送るときと、眠る前に祖父母におじぎをして手を振り「おやすみ」のあいさつをするときなどに自発的に手振りをする以外は、母が「ゆうくん、バイバイは？」と促してもやらないことが多い。しかし、道で近所の人と出会ってその人と別れるとき「バイバイ」と言ってもやろうとしないが、止まっていた乳母車が実際に動きはじめると、後ろの母の顔を振り返って見て、バイバイをはじめるなど、自分なりに意味があるときにはする。

495（1：5：19）朝起きたときから、「ブー」「ブー」と言っては、両手をあげて母に抱かれたがり、母にまとわりつく（自動車に乗って連れて行ってもらいたい）。車に乗せると、外のガラス窓の向こうでゆうに向かって手を振っている祖父を見つけ、母の顔を何度も見ながら「アッ」「アッ」とうるさく言って、祖父を指さす。車内で待っているあいだ、かなりの時間があったのだが、ゆうはバイバイの手振りをしないで、「アッ」「アッ」と言いながら祖父を指さしつづけている。

そして実際に車が動きだすと、ゆうが祖父に向かって手を振りはじめる。祖父は、ずっと手を振っていたのに、本当に移動がはじまるまで、ゆうは手を振らなかったわけである。そして、祖父の姿が見えなくなると、すぐに手振りを止める。

以上のような「さようなら」の手振りは、さらに「さようならしたね」という過去のできごとを表示したり、それが転じて「ここにはいないね」という不在の表示の意味でも用いられることがあった。

その場合には、外やドアの方向を指す指さしと併用された。そして、不在物を示すための、天井を両手で同時に指す独特の指さし（観察400、401）が消失した後は、バイバイの身振りで、不在対象を示す行動が多くみられた。

496（1：3：18）姉を保育園に送るとき、集合場所で自分からバイバイをする。そして自宅へもどって玄関まで来たときに、くるりと後ろを振り返って、来た道の方を指さし、「ン」「ン」と言いながら、母に向かってバイバイの手振りをする（母に「さようなら」と言っているわけではなく、「あっちでバイバイしてきたね」というような意味だと考えられる）。

497（1：4：12）祖父が仕事に行っていないとき、一階で母がゆうに「おじいちゃんは？」と聞くと、玄関の方を指してバイバイの手振りをする。二階に母とゆうがいるとき、不在の父を「おとうさんは？」と聞くと、階段の方を指してバイバイをする。いずれも、時間や場所をいろいろに変えてやってみても、同じ行動をする（これらは「バイバイしたよ」あるいは「ここにいないよ」の意味だと考えられる）。

498（1：4：14）母とゆうが玩具の自動車などで遊んでいるとき、母が「これ、いたるくんにもらったね」など、前に母の実家で一緒に遊んだ従兄弟のいたるくんのことを話しはじめると、「ン」と言ってドアの方を指して、バイバイをはじめる（実際に、そちらの方向で別れた体験があるわけではない。やはり「バイバイしたよ」あるいは「ここにはいないよ」という意味を表示しているのだと思われる）。

■「ここを去りたい」のバイバイ

自分自身が去るという意味での「さようなら」のバイバイは、容易に「私はここから去りたい」という欲求の表現のバイバイへと転じる。

ゆうの場合に「ここを去りたい」「よそへ行きたい」「外へ行きたい」「あっちへ行きたい」という意味で使われるバイバイの身振りには、次のような例がみられた。

499（1：0：26）家の中で遊んでいて退屈になると、母のところへ抱かれに来て、玄関の方を指さして、バイバイをはじめる（外へ行きたい）。

500（1：0：26）公園でブランコやスベリ台などで遊んだ後、そこにいるのがいやになったときに、自分の乳母車を指さして、「ンー」「ンー」と言い、母の顔を見ながら、バイバイをはじめる。

501（1：0：28）最近、眠いときは「ネンネ」「ネンネ」と言うようになった。母に抱かれにきて、哺乳びんを手に持っても、すぐに飲もうとしないで持ったままで、「ネンネ」「ネンネ」と言って階段（二階の寝室）の方を指さして、二階へ行きたいということを示すしぐさをする。そして大きくバイバイの手振りをする。

502（1：1：07）最近、靴をはいて外を歩き回ることがたいへん好きになり、機会あるごとに外へ行きたがる。家の中にいると「アー」「アー」と言っては玄関を指さしては、バイバイの手振りをする。外へ出ると母に手を引かれることは好まず、一人で好きな方向へ歩いていっては、石を拾って投げたり、砂を手で集めたり払ったりして遊ぶ。かなり遊んでから家の中へ連れてきても、またすぐ玄関を指さして「アー」「アー」と言いだし、母の顔を見てはせっせとバイバイの身振りをして、外へ出て行きたがる。

以上の行動例をみるとわかるように、「ここを去りたい」の意味で使われるときには、バイバイの手振りだけではなく、方向を指し示す指さしが併用されることがほとんどであった。ことばで表現するならば、「あっちへ行きたいよ、ここからはバイバイしてね」というような2つの意味が含まれた、2つの文に匹敵するような内容を、少なくとも2種類の行動形式（さらに、欲求の発声やことばも併用されていることが多い）の連結で示している、かなり高度な表現であることがわかる。

また「ここを去りたい」という欲求を示すバイバイの身振りが、さらに転じて、「ここはいや」「あなたはきらい」という拒否や否定の意味で使われることもあった。この場合には、次の例のように「あっちへ行きたい」という行きたい方向について具体的な目標や指示の表現よりも、今自分の居る場がいや、あるいは目の前にいる人がいや、という拒否の意味あいのほうが強いところが違っている。

503（1：0：11）公園で大好きなクローバーの草の上で、母と花をちぎってまき散らしたり、花の上を歩き回ったりしてゆうのお気に入りの遊びをしているとき、遠くのベンチに犬を連れて座っていた50歳くらいの見知らぬ男の人が母に話しかけた。すると急にゆうは緊張した面持ちになって、遊びを止め、少し泣き顔になって、母のひざにまとわりつく。男の人が通りすがりの人であれば、このような人見知りの反応は起こらないが、3メートル以上離れたところにいる人でも、たとえことばをかけられただけでも、自分に対して何らかの働きかけをし、かかわりをもとうとしたので、警戒したのだろうと思われる。しかし実際には、その人はゆうに対してではなく母に対してわずかな話しかけをしただけで、その後はまた黙ってそのベンチに座っていただけである。

やがて、ゆうは、しきりにバイバイの手振りをはじめた。はじめ母は、近くにいた男の子たちが公園から出て行くのを見て、その子たちに向かって手を振っているのかと思ったが、そうではなかった。ゆうはもうそのクローバーの上では遊ぼうとは全然しないで、（「もう、ここはいや」と言っているかのように）、しきりに手を振りつづける。

504（1：0：12）公園でゆうを乳母車にのせて歩いているとき、近所の人に会って母が立ち止まり、その人と母が話をはじめると、（人見知りをして）泣きだす。そして、その人に向かってしきりにバイバイの手振りをする。

505（1：1：03）ゆうを乳母車に乗せて公園から帰る途中で、見知らぬよその男の人が母に話しかけると、その人に向かってバイバイをはじめる。

以上の例と、先に「同意のバイバイ」で述べた例とを合わせて考えると、バイバイの身振りは、ほぼ同時期に、ある場合には「ええ、いいよ」という肯定を表わし、ある場合には「いやよ」という拒否や否定を表わすような使われ方をしたことになる。

矛盾しているようではあるが、いずれも「行く」という場所移動を表示していることにはかわりない。同じ「行くこと」が行動的文脈によって肯定になったり否定になったり、違った意味になるだけであるから、実際にはそれほど意味をとりちがえたり混乱するわけではないが、母でも間違えることもあり、まぎらわしいことは確かである。

そのためか、これらの例のように、ゆうがバイバイを肯定や拒否の意味で使ったのは、ほんのわずかのあいだであった。それらは後にはほとんどすべて、文脈に依存しないで理解できる肯定や否定に固有の表現形へと置き換えられていった。肯定の返事は、うなずき（首の縦振り）や、「ウン」のことば、否定は、「首の横振り」や「ニャイニャイ（ない、いやの意味）」のことばへと変化した。

2 「こと」を表現する身振り

■拍手 ―― ことの終わりへの共感

身振りには手を使ったものが多い。拍手もそのひとつである。両手をたたきあわせる動作は、手振りと同じように手の運動形として自然で乳児にも無理なくできる。しかも流通範囲は相当広く、国際的にも通用する。

拍手には、もともと「うたう」機能が強い。拍手は、人と人とが集団で行動するとき、息を合わせ、気を合わせ、調子を整え、一体化した雰囲気を盛り上げるときのリズムをつくる行動である。

拍手は、歌や動作の拍子をとるときに使われる。皆で一斉に歌を歌いだすとき、指揮者がいなければ、1、2、3と拍手で拍子をとるのが一番てっとり早い。盆踊りでは、踊りの振りのなかに拍手が巧みに挿入されていて人びとの動きの輪を整える。祭りのときには、タイコのリズムに合わせて見物人も拍手をはじめ、応援のときには、三三七拍子の拍手を繰り返すだけで多くの人びとの気持が同時に躍動しはじめる。会合では、万歳三唱とともに手締めの拍手が繰り返し使われる。

手をたたくという単純な動作が、間のとり方いかんで、さまざまなリズムを生みだし、多種の音を出し、いろいろな場面で効果をもつ。手は、人間がもっとも古くからなじんだ素朴な楽器のひとつであろう。

ここでは、慣用化された特殊な拍手のひとつ、何かおもしろいできごとが終わったとき、その感動を連続した拍手で表わす身振りをとりあげてみたい。

ふつう演劇や演奏のときには、始めと終わりに観客が拍手をする。これは、出会いと別れの場面で人と人とが交わす、あいさつに似ている。そして、たぶん先に記した拍手のもつ「うたう」機能の強さのために、あいさつよりも、もっと情動の揺れと直接的にかかわっていて、感動や共感を表現する。

ゆうの場合に、両手をたたきあわせるという行動様式が、人とのコミュニケーションの手段として、三項関係のなかで使われるようになったのは、次のようにほぼ10か月ころからであった。しかし、この段階では、人の関心をひく手段にはなっていても、拍手の動作が何かを表現しているとはいえないから、まだ身振りとはいえない。

506（0：8：20）2週間ほど前から、母や祖母が「げんこつ山のたぬきさん」を歌って歌いながら身振りすると、そのたびにゆうが微笑する。祖母によると、歌をうたっているときに手をたたくこともあるという。

507（0：10：23）朝起きたとき、ゆうは両手を合わせてパチパチとたたいて、母の顔を見る。拍手をするたびに、微笑しながら（ほら、じょうずでしょ、見て、見てというように）母の顔を見る。ガラガラなどを振るたびに母の顔を見るなど、自分の行為を母に注目してもらいたい、自分が興味あることを母にも見せたい、という三項関係をつくる行為はこのごろ多くみられるようになったが、その手段として拍手をするようになったのは、初めてである（この後、拍手をしては母を見て笑う同様の行動が頻繁にみられるようになった）。

508（0：10：28）母が食事をさせようとすると、ゆうが母の顔を見て両手をパチパチたたく。次に母がスプーンでゆうの口に運ぼうとすると、また両手でたたく（うれしいからか、はやく欲しいという合図なのか不明であるが、このような拍手の使い方は今までにみられなかった）。

509（0：11：01）　このごろ歌をうたった後など母が両手で拍手すると、その母の手をゆうが両手でもって、（もっとしてというように）拍手をつづけさせようとすることが多かったが、今日は、母が拍手などをしないときでも、ゆうが母の手を取りにきて（手をたたけというように）母の両手を動かす。

510（0：11：23）　ゆうは最近、一人で立ち上がって2、3歩歩くと、自分で拍手をして笑う（ゆうにとっては「ヤッタ」という気持だろうか。ゆうが歩けると大人はほめていたが、いつも拍手をしていたわけではない）。

以上のように10、11か月ごろには、拍手は、成功の合図のようにみえるときも例外的にあったが、おもに人との交渉の媒介項として使われた。その後1歳2か月ごろの、何かの行為をした後他者が拍手したときにそれを模倣するという中間段階をへて、1歳3か月ころからは、子どもなりの意味で、しかもそれが慣用的用法に近くて周りの人にも了解できるような、自発的な拍手が出現した。

511（1：2：01）　姉が立って本読みをするのを、母とゆうとで聞いていた。本読みが終わったので、母が「じょうず、じょうず」と言って、姉に向かって拍手すると、ゆうはそれをじっと見ている。それで母が「パチパチね」と言いながら、ゆうの顔を見て拍手を2、3回繰り返してやって見せた。ゆうは、はじめは母がやるのを見ていただけだが、母が拍手をさらに繰り返すと、母の顔を見ながら、1回だけ自分でも両手をたたく。母が「そうね、それパチパチね」と言うと、さらに3回ほど拍手して、（うれしそうに）微笑しながら母の顔を見る。

翌日（1：2：02）、「ウサギのダンス」を踊って見せた姉に向かって母が拍手すると、母の後ろにいたゆうが、促しをしなくても、自分から拍手をして微笑する。

512（1：3：29）姉が歌を歌い終わったとき、母が歌を歌い終わったとき、自分でブロックがうまくはめられたとき、積み木を積むのに成功したときなど、周りの人が何もしなくても、ゆうが自発的に微笑しながら拍手するようになった（何かのできごとの完了を示す、あるいは成功を意味する拍手だと思われる）。

513（1：4：16）母が歌を歌ったり、体操をしたりした後は、ゆうが必ずのように、母の顔を見ながら拍手をする。

514（1：4：17）母が積み木を順番に並べて、それに手を触れて積み木をバタバタと倒して見せると、それを見て、ゆうは「アー！」と歓声をあげながら拍手をする。

1歳3か月ころからの完了や成功場面での拍手は、慣用的な使い方とほとんど一致する。このように適切な場面で使えるには、ある「こと」の連続したシーケンスの区切りの部分を認知できることと、その「こと」への感情移入や共感（「イイヨ！」「ヤッター！」など）ができ、それを拍手という慣用的な行動様式で表現できることが必要である。

人間の生活や行動は連続していて、始めも終わりも切れ目もないとみることもできる。しかし、そこに目的性や意味を認めると、ある「こと」は一連のシーケンスとして、始めと終わりのあるまとまりのあるできごととしてみえてくる。

たとえば人類の生を創世紀に始まり終末に終わるとみなすのは、ある種のナラティヴ（ものがたり）かもしれないが、そのような観点から眺めると、ひとつひとつのことがらは個々バラバラのものではなく、一連の意味あるできごとの一部になるのは確かである。

成功場面で拍手するという行動をするためには、ごくささやかだとしても乳児がものがたりをもちはじめたことを示している。「この次にはああなる」「こうしたい」という一連のできごとへの期待や仮説ができるからこそ、そのとおりになったときには「ヤッター！」という感情が起こるのである。

なお「さようなら」の手振りの場合にもそうであったが、場面やことがらの終わりの区切りは見えやすいが、始めの区切りは認知しにくいようであった。「これからあれがはじまるよ」と予期して拍手するには、終了時に拍手するよりも、さらに想像力がいるのだろう。しかし一般的にも、たとえば「この恋は終わった」というのははっきりわかるのに、恋の始まりの時点で「今からはじまる」と定かにわかることは珍しいのだから、何ごとにつけ、始めよりも終わりのほうが明確に認知できるのかもしれない。

あるいは、一人の人の人生を振り返るときがそうであるように、完了してはじめてバラバラに見えていたことがらが一連のまとまりをもった意味あるものとして見えてくるのだろうか。終わり方によって、全体の意味がまったく変わってしまうことさえもある。日常生活でけじめの重要性が説かれ、死に方の良し悪しがとりわけ問題にされ、「ことの終わり」に関する儀式やいましめが多く発達しているのも、そのせいかもしれない。

「ことの終わり」には共感の拍手が欲しい。また自分も惜しみない拍手をして相手と同じ感動のなかに一緒に溶け込みたい。それは子どもだけの願いではないだろう。

■動きの表象

指さしは、物や人を指し示すのに使われるが、身振りは事物や人そのものを直接示すよりは、それらの動きや働き（運動や作用）あるいはそれによってつくり出されるできごとやことがら（こと）を表わすのに適しているようである。

ゆうの場合には、1歳2か月ごろから手を振ったり体を揺すったりすることで、「動き」や「動いていること」を表象する身振りが多くみられるようになった。

515（1：2：11）ゆうは絵本で電車の絵を見ると、そのたびに「ゴォーゴォー（電車）」と言いながら、母の顔を見て、両手を肩の上まで上げてから肘のあたりまで何度も繰り返したてに振る。片手を振るときもある。母が「そう、ゴォーゴォーね、走っていくね」というようなことを言うと満足する。母が何も言わないと、（催促するように）母の顔を見ては手を振る。

この手振りは、電車に関する何かを表現するものである。しかも慣用化された表現形式をもつバイバイなどとは違い、ゆうが自発的にはじめた個人的身振りである。

この身振りの起源としては、ゆうが好きな電車の絵を見るたびにうれしくて興奮し、そのときの身を揺する動作の一部が手振りになった、あるいは母が玩具の電車を手で横へ走らすときの動作（手の動きの方向は違うが）の延滞模倣とも考えられる。いずれにしても、電車を見て「ゴォーゴォー」と名前を言うだけでは足りない何か（たとえば電車が動くものだということ）を手振りで表現しているのであろう。

そして後には、バイバイとは明らかに違うより特殊な記号化した手振りのしかた、つまり横に小刻みに何回も繰り返し振り動かすやり方になった。そして飛行機の絵の場合にも同様の身振りをしだしたので、電車に限らず何かの動きの表現であることがより明確になった。

516（1：2：14）絵本で電車の絵を見ると、指さして「ン？」「ン？」と言って、母に名前を言わせる。あるいは、自分で指さして「ゴォーゴ、ゴォーゴ」と言って、絵本の上にのせた片手を小さく小刻みに何回も振る。

517（1：3：10）電車の絵を見ると、必ずのように「ゴォーゴォー」と言いながら、手を横に小さく振り動かす。飛行機の絵を見たときも、同じように手を動かす。

またこのころのゆうは、電車や飛行機に限らず、「動くこと」を手振りで表現することが他にも多くみられた。

518（1：2：11）ゆうは水槽を泳いでいる金魚を見ると、母の顔を見て両手を振る。

519（1：2：14）魚の写真を見ているとき、母が「トト、トト（魚）」と言ってやると、ゆうが手を振る。また、テープレコーダの動くところを見ると、手を振る。

520（1：3：10）絵本でヘビの絵を見ると、手を横に動かして振る。母が「ヘビさんニョロニョロほらほらニョロニョロ」とリズムをつけて言いながら、母の手をヘビのように動かしてやると、ゆうは何度でも手を振っては微笑する。

以後、ヘビの絵を見ると、手を振って母に同様の動作をさせ「ニョロニョロ」を何度も言わせる。母が言わないと、ゆうは自分の手を横に振って、母の顔を見、「ン」「ン」と要求する。

以上のように「動くこと」を表わすには、手振りが使われることが多かった。だが身体全体が使われることもあり、身体の前後揺すりで「ブランコ」を表わしたり、上下揺すりで「おうまさん、パカパカ」を表わすなどの身振りもみられた。

521（0：9：14）公園でゆうが好きなブランコを見ると、微笑し体を揺り動かす（ブランコの視覚像と体の動きがむすびついているが、まだ自分の体の動きで〔ここ〕にないブランコの動きを表象することはない）。

522（1：2：14）母が二階の寝室で「ブウラン　ブウラン（ブランコ）」と言うと、ゆうは自分の体を前後に揺すりながら母の顔を見る。最近、何かを表象するしぐさが明確になってきた。体を前後に揺する身振りは、ブランコのことを話題にしたときに限られる（「わかったよ、これのことでしょ」と言っているかのようである）。体を揺する動作を長々とつづけることはなく、2、3回前後に揺らして母に見せ、母が「そうね」など言えばそれでよいので、記号的な動作だということがわかる。

523（1：3：10）絵本でブランコの絵を見たときや、母が「ブランブラン」などと言うと、体を前後に振り動かす。馬の絵を見たときや、母が「おうまさん」とか「パカパカ」と言うと、体を上下に揺する。

身振りは身体表現であるから、「揺りかご」や「抱っこ」や「おんぶ」にはじまり、「高い、高い」「ブランコ」「おうまさん」など、どの子も好む身体全体を揺らす運動や遊びが基礎の一部を形づくるであろうことは確かである。

しかし体全体の揺さぶりは、爆発的な情動の解放を生みやすいゆえに、かえって記号化されにくいかもしれない。手は豊かな身振り表現の手段となった。対照的に、体全体を使った身振りは少なかったが、それは情動と直接にむすびつきすぎていて、何かを表現する身振りとしては独立しにくいからだろう。

たとえば「ネンネ（ねる）」ということを表わすのに、慣用的身振りでは、両手を合わせて首の横にあて、首を少し横に傾ける。同じことを表すのに身体全体で横になってしまうと、情動のほうも姿勢につれて動き、すぐにも本当に眠くなってしまいそうになる。

全身を使った身振りよりも、手や首など体の一部を使った身振りのほうが乳児にとって容易なのは、表象の本来的働きである縮約化にそっているという理由の他に、そのほうが情動から分離しやすく記号化しやすいからかもしれない。眠くないのに「眠ること」を叙述するには、できるだけ本物に近づいた迫真の演技をする必要はなく、「眠る振り」の意味が相手に通じれば、それでよいからである。

3　我が身と身振り

■あてぶり――照合の身振り

多田道太郎によると日本の舞踊には、「あてぶり」という下品なしぐさがあり、それは富士というときに両手で山をつくって見せたり、鳥を示すのに両腕をバタバタさせるような身振りのことである。意味とは無関係のあてぶりもあり、名曲「関の扉」の「生野暮薄鈍情なし苦なし」では、「き」は立木の形、「や」は矢で弓をひく形、「ぼ」は棒の形、「うす」は茶うすの形、「どん」は戸をドンとたたく形、「じょう」は錠前を開ける形で表わすのだそうである。

よく似た身振りが乳児にもみられる。しかしそれは下品どころか、ことばと同じような機能を果たす、豊かな身体表現の一種としてとらえられる。

「これはあれだ」「これとあれは同じね」という照合の働きについては、3章で指さしを例に述べたが、この働きは、表象がはじまる時期の子どもには、中心的な関心事のようである（8章参照）。照合は、子どもから大人への話しかけの重要な話題になり、何度も確認されるメイン・テーマになる。この時期には、物も、他の物と照合され関係づけられて「形を合わせてはめこむ」マッチング遊びの対象になる。ふたをはめたりとったり、積み木を型に入れたり出したり、ブロックを差し込んだりはずしたりが、あきずに繰り返される。そして本来単独の容器にさえ、それらしき形の物が捜されて無理に組み合わせられる。照合には、指さしの他にも、子どもが自分で使えるあらゆる行動形式が動員され併用される。目の前に実物を持ってきて提示して示すこともある。命名は、ことばのはめこみ遊びだと言ってもよい。そして次の例のように身振りも、照合のために中心的な活躍をする行動媒体である。それは素朴なかたちの一種のあてぶりである。

524（1：3：29）一階の仏壇の扉が開いていたら、ゆうは仏壇を指して「ン」「ン」と言いながら、母の顔を見て、両手をこすりあわせる。

525（1：5：00）姉の誕生日にろうそくを吹いたのが、ゆうにはたいへん印象的であったらしく、ろうそくの絵がついている木の積み木を捜し出して、「アッ」「アッ」と言って母にさし出して見せ、口をつぼめて「フー」と吹くしぐさをする。テレビにろうそくが映ったら、それも「アッ」「アッ」と指さして同じ身振りをする。

以上の例では、「これはああするものね」とでもいうように、ものの使い方や性質が身振りで示されている。これは、慣用操作と同様に、身振りによる対象の定義や表示だと考えられる。

それに対して次のような身振りは、動作そのものの意味というよりは、語呂合わせ的機能が強い「あてぶり」である。

526（1：3：04）ゆうは雑誌の裏表紙についているカメラの写真を見て、しきりに指さして「ン」「ン」と言う（カメラには以前からたいへん興味をもっている）。母が「これ、カメラね、パチンするね」と言うと、ゆうは自分の頭を両手で同時にたたく（この「たたく」動作は、母の「パチン」ということばに対応しているらしい）。ゆうが何度も指さして「ン」「ン」と言うので、母が「カメラね、カメラ、おとうさん、カメラ、パチンするね」と言うと、ニコニコしながら、手で写真のカメラのシャッター押しの部分を指で押すように触る。

その後数日のあいだ毎日、ゆうはその雑誌を持っては母のところへ見せに来て、「ン」「ン」と言いながら、カメラの写真を指さして、両手で自分の頭を同時にたたく。

（ゆうはカメラの使い方はよく知っているので、カメラが頭をたたくものだと言いたいのではない。「たたく」動作をすることによって「これは、パチンだよね」というようなことを伝えたいのである。パチンということばの代わりに、ゆうの手持ちの行動形式のなかで、それに合う動作で表現したのである）。

なお、ゆうは、このカメラの写真はたいへん気に入っていたが、母の「パチン」ということばに対して、いつも頭をたたく動作で応えたというわけではないから、一対一対応的な動作ではなく、かなり高度な表象的な身振りだと思われる。

後には、「これはあそこにあるよ」とでもいうように、いつもカメラがしまってある父の洋服タンスを指さすことが多くなった。たとえば、ゆうが本の裏表紙についているカメラの写真を見て、指さし、「ン」「ン」と言うので、

「カメラね、おとうさん、パチンするね」と母が言うと、父の洋服タンスを指さして、「ン」「ン」と言う（1：3：28）など。

527（1：8：27）母と菓子のついている本の絵を見ていて、ゆうがゼリーの上の生クリームを指して「ン？」「ン？」と言うので、母が「クリーム」と言うと、ゆうは自分の頬を両手でこすりながら母の顔を見て「ン」「ン」と言う。

（「クリームって、これのことでしょ」とでもいう意味の、化粧品を顔につける身振りである。菓子の生クリームとはクリーム違いであるが）。

■身と身の照合

あてぶりは、いわば慣用操作を身振り化したしぐさである。しかし慣用操作は、おもに実用的なやり方によって、物を定義する行動であった。

それに対して身振りでは、身と身との照合というべき「あてぶり」が特に多かった。我が身と他者の身体の照合、人や動物の動作の照合などである。そこには人の身体や動作への共感的関心がみられる。人形、子どもの絵や写真、動物など、自分に似たものへの関心はたいへん高く、それらのしぐさは次のように「この子はこうやってるね」「これはこんなふうにやるんだね」とでもいうように、改めて自分の身振りで再現された。

528（1：3：10）ゆうは絵本で、裸の子どもの絵や、キューピー人形の絵を見ると、急いで自分の服をめくって、母に見せようとする（「この子、裸だね」というような意味のことを自分の身体を使って表現する）。

529

（1：3：10）　絵本で、ハイハイ型をした日本人形の絵を見ると、ゆうはそれを指さして「ン」「ン」と言いながら、自分の両手を床につけて母に見せる。母が「そうね、ハイハイしてるね」と言ってやる。ゆうが「ン」と言いながら、数回同じ動作を繰り返すので、母も同じことを繰り返して言ってやると、微笑する。

翌日（1：3：11）、姉の絵本に運動会の場面があり、トンネルくぐりの絵がついていた。足の部分は切れているが、両手をついたはらばいの姿勢になっている。ゆうは、それを見てしきりに、指さして「ン」「ン」と言いながら、両手を床に少しつけるようなしぐさをする。完全にハイハイの姿勢になるのではなく、両手を軽く降ろし床にちょっとつけては、母の顔を見て「ン」「ン」と言う。

はじめ母は、何のことかわからず返事しなかった。しかしゆうは何度も繰り返し同じことをやっては、「ン」「ン」と言って母にしきりに言う。ゆうが何度もやってみせるのを見て、母は昨日のハイハイ人形のことを思い出した。そして、ゆうがハイハイのしぐさで「この子、こんなかっこうしてるね」というような身振りをしているのだとわかり、「そうね、ハイハイしてるね」と言うと、ゆうはやっと動作をやめて満足する。

このときの動作は、本当に自分がハイハイする動作とは違い、ごく簡単な簡略化されたもので、表示のための記号だということが明確な身振りである。

このような照合の身振りには、人や人形（人の形をしたもの）への特別の関心がベースにあると考えられる。

第1巻で述べたように、人はもともと人に関心をもちやすいしくみをもって生まれてくる。人と似た形のもの、たとえば人形は、物理的に見れば物にすぎなくても、乳児の関心をひきやすい。0歳初期の子どもは、人形の顔を見ると、ガラガラなどの物とは違って、人と同じように微笑する。

しかしこのようなレベルの人形への関心が、そのまま1歳代へ引き継がれるのではない。0歳半ばでは、人形は、生きた人間とは明確に区別されて微笑されなくなる。人形は物と同じように手で持って机にバンバン打ちつけられたりする。

1歳近くなると、人形や動物のぬいぐるみなどの扱い方が再び変化する。子どもは、それらの顔をのぞきこんで笑いかけたり、頭や顔をやさしくたたいたり、自分の顔をすりよせたりする。子どもは人形が本物ではないことを十分知っており、もはや混同してはいない。それでいてそれらに、単なる物体とは違う意味を付与する。だからこそ人形は改めて親しみと関心を示される対象になる。

この時期には、再び人形への関心がよみがえる。それは、身と身の照合の身振りの開始と、深いところで関連している。

そして身と身の照合にはもちろん、次のような自分や他者の身体や動作への興味、他者と自分の身体の同じ部分の発見など、ボディ・イメージの形成が大きく関係している。

530（1：1：17）ゆうはこのごろ、人形を机の上に置き、自分の首を横にして人形の顔をのぞきこんでうれしそうに微笑していることが多い。

531（1：1：18）母が「べべ（服）は？」と聞くと、ゆうは自分の服を胸元へひっぱる。それから、母の服や人形の服もひっぱる。

532（1：3：10）ゆうは、ダルマやミルク飲み人形の目をさわり、次に自分の目をさわる。人形のヘソをさわり、自分のヘソも見ようとして、服をまくろうとする。

このごろでは、「ゆうくんのお鼻は？」と聞くと、自分の鼻をさわる。「お母さんのおめめは？」と聞くと母の目をさわる。このような聞き方で聞くと、自分のも母のも、目、鼻、口、耳、手、足すべてわかっている。


533（1：3：11）ゆうが母の髪の毛をひっぱりにくるので、母が「かみの毛、ひっぱったら痛い、痛い、ダメ」と言うと、ゆうは自分の髪をひっぱって「ン」と言う。


なお、照合や表象的身振りの形成には、次の例に見られるように、他者の身振りの自分の身体での模倣、特にその延滞模倣が、特別大きな役割を果たしているようであった。

また、ことばと関連づけて自分の身で模倣的に再現したことは、単にことばを聞いただけのときとは違って、相当長く記憶が保たれるようであった。それは聞き捨てにしなかったから、つまりそれだけ能動的に興味をもたれたからである。さらに身をもって覚えたことだから、より確実な知識になったり、キーワード化されやすかったのかもしれない。


534（1：1：18）母が絵本の人形の頭をなでて、「いい子」「いい子」と言うと、ゆうも自分の頭をなでる。

その後（1：2：05）に、ゆうは初めて見る絵本のピンクの人形を指さすので、母が「お人形さん、いい子、いい子ね」とことばだけで言うと、ゆうはそれをじっと見ている。ゆうが人形の絵を指さして「ン」「ン」と言うので、母が「お人形さんね、いい子、いい子するのね」と言うと、ゆうは、しばらくのあいだその絵をじっと見ていて、それから自分の頭をこすりはじめる。

（このとき、母は（1：1：18）の自分の行動を忘れてしまっていた。それで、なぜゆうが自分の頭をこすったのか、よく理解できなかった。しかし後で日記をみて、このときのゆうの行動が、以前に母が人形に対してやった動作を自己の身体で模倣した動作を、もう一度再現しているのだということがわかった。ただし、以前の人形と後の人形とは何の共通点もないので、相当時間をおいて同じ身振りでむすびつけたのは、母が偶然同じことを言ったことに加えて、ゆう自身のかなり能動的な再生化による）。

535（1：3：09）ゆうが母に絵本のライオンの絵を見せて、しきりに「ン」「ン」と言うので、母が「ライオンさんね」と言う。その後でゆうが、口を大きく開いたオスライオンを何度も指すので、母も同じように自分の口を開けて「ガァー」と言ってやった。ゆうは、それを見て微笑する。

次にゆうが、子どもをなめているメスライオンの絵を指すので、母が自分の舌をペロペロと出し入れしながら「ペロペロしてるね」と言ってやる。

ゆうは、繰り返し、オスライオンとメスライオンを交互に指して、母に何度も同じしぐさをさせる。メスのときだけは、声は出さないが、ゆうも舌を出し入れして母の動作の模倣をする。

翌日（1：3：10）の夜、ゆうが昨日の絵本を持って母に見せにきて、ライオンの絵を指さして、母が昨日のようなしぐさをするまで、「アッ」「アッ」「アッ」と言って、しつこく要求する。母が同じようにやって見せると笑い、すぐに今度はゆう自身がオスライオンの模倣をして自分の口を大きく開く。

以上のようなことがあった20日後（1：4：00）に、母とゆうで絵本を見ているとき、偶然ライオンの絵が出てきた。ゆうがそれを指さして、「ン?」「ン?」と言うので、母が「ライオンよ」と言うと、ゆうは「アー」と言って口を大きく開ける。

（このときの絵は、以前に見た具象的なライオンの絵とはまったく違って、図式的なマンガ風の絵であり、ライオンも1匹しかいない。しかもライオンは何の動作もしていない。絵はまるで違うが、「ライオン」ということばで、以前の身振りが呼び起こされ、ゆう自身の身体で再現されたのであろう）。

身振りは、他者の身体と自分の身体を照合させて、他者の動きを我が身によって再現する働きをする。このような表象的身振りは、他者の身体への関心、そして我が身（自分自身）への関心を呼び起こすと考えられる。

■身構え・身振り・我が身

身振りは、指さしと同じように身体を道具として使う。しかし指さしの関心がただ外界へ向かうだけなのに対し、身振りは自己覚知へとUターンする。自分に似た他者への関心は、我が身による他者の身振りの再現をひきおこし、それは必然的に、我が身（〈私〉、自分、自己）そのものへの関心を呼び起こすだろう。

ピアジェは、感覚運動的活動にもっぱら注目した。それは、本質的に自己の居場所〔ここ〕を出て外界へ向かって「いく」行動だと考えられる。それに対してワロンは、姿勢機能を重視した。それは、本質的に自己の居場所〔ここ〕にとどまる行動だと考えられる。

姿勢機能とは、文字どおり身体の姿勢をかたちづくるものであるとともに、心構えや態度をつくるものでもある。ワロンはそれを、外部を形づくる（extérofective）働きに対して、自分を形づくる（propriofective）働きであると位置づけた。

たとえば、猫が鳥を見て飛びかかろうとしてじっと動かないで凝視しながら構えていたり、犬に出会って逃げる前に体をふくらませてじっと構えているときのような、「身構え」行動の場合を考えてみよう。この場合には姿勢機能は、次に行なわれる飛びかかる動作や逃げる動作の前におかれた準備段階にすぎない。しかしそれでも「身構え」は感覚運動的動作とは分離した行動になっている。

その「身構え」だけが独立したらどうなるだろう。その場合には、それらの動作は姿勢機能だけで別の動物を威嚇する身振りとして機能する。性的行動も、多くの動物では実用的な動作から一部が分離されて、異性を引き寄せる性的身振りや、社会的ステータスを誇示する社会的身振りとして使われている。

このように身振りは、外界志向的な「とりに行く」活動ではなく、〔ここ〕にとどまって自分を形づくる機能をもつという意味で、本質的に「我が身」の形成にかかわる。

そして身振りは、自分の身体を表現の媒体にするという意味でも「我が身」と関係する。身をもって表現するには、ことばで表現するよりも、積極的で切実な自己関与を要する。また「我が身」を適切に使うためには的確な身体像が必要だから、身振りはボディイメージの形成にもかかわる。

しかし身振りは、「我が身」と深くかかわりすぎているだけに、「生身」から「はなれる」ことができないという限界をもつ。

身振りは、指さしとは違って現前しない意味内容をも表示することができる。だが表示の媒体としては、〔ここ〕に現前する現実の身体を使わねばならない。現実から「はなれる」ことのできることば（ことの葉）の軽さに比べれば、身振りは重い生身をひきずっている。ことばは、それを発した人が亡くなり〔ここ〕にいなくなった後で、ことばだけでも生きつづけることができる。しかしどんな名優のものでも、映像などで残さない限り、身振りはその人とともに消える。

4　共に揺れることと身振り

■うたの身振り

歌をうたうことと身振りとは、本来的に深いつながりがある。歌をうたえば自然に身体が揺れ動く。そして歌い手の揺れにつれて聞き手の身も共に揺れる。歌は、緊張した直立不動の姿勢でうたわれ、対面した観客席で静粛に聞かれるものではない。

踊りや舞いは、身体を使った「うた」そのものでもある。神楽も能も歌舞伎も盆踊りも「うた（歌、謡）」と「身の振り」のどちらが欠けても成り立たない。

幼児の好きな身振り歌やお遊戯は、特殊なうたではなく、うたの本来的な姿を示している。身振り歌は、特定の決まった「振り」がつけられていて、型が簡単ではっきりしているだけに、親しみやすく覚えやすい。ゆうの場合には、身振り歌に対する行動として大きく分けると次の4つの段階がみられた。

第一には、特定の歌やその部分がわかり、それに対する明らかな情動的反応を示すが、特定の動作などでそれを示す行動はまだみられない段階である（9か月ころ）。

536（0：9：06）　2週間以上前から、祖父母や母がゆうを横抱きにして大きく身体全体を揺すり、「この子はいらん子　西の山へ　ピィー（姉が、いらん子ではない、だいじな子だと抗議したので、以後はだいじな子と歌詞を変えた）」と歌いながら、ゆうを放り投げる動作をすると、微笑し、大声をあげて笑う。最近は、動作がなくても、この歌を聞いただけで微笑する。

537（0：9：06）「げんこつ山のたぬきさん（身振りつきの幼児歌）」を歌って、母がゆうの手を持ってやらせると、うれしそうに微笑する。特に姉と向かい合って歌いながら同じ動作をさせると、非常に喜ぶ。

538（0：9：12）母がゆうをおぶって外へ出て、「ナン　ナン　ナン　ナン」とリズムをつけて歌いながら歩くと、ゆうも背中で、自分から体や手足を揺する。時間や場所を変えて何度やっても、母が歌いだすと、ゆうが体や手足を揺すりはじめる。

539（0：9：14）なじみの「げんこつ山のたぬきさん」を歌うと、「ネンネして」のあたりで笑う。何度やってみても、その箇所で笑う。あまりなじみではない歌（「むすんで開いて」など）では、身振りをつけてやって見せても、それほど笑わない。また、それらをランダムに混ぜてやってみると、げんこつ山の歌に対してだけ、とりわけうれしそうに微笑する。

540（0：11：04）「げんこつ山のたぬきさん」を歌って動作してやると、ネンネのところで、声をはりあげて笑いはじめる。何回やっても、そのつど、うれしそうに笑う。

第二には、先のバイバイのところで一部を考察したように、歌に限らず、話しかけや返事の手振りがみられた段階があった（1歳～1歳1か月ごろ）。

このレベルでは、手振りは、先の段階の微笑や笑いや手足の揺り動かしのように、情動的な興奮に直接むすびついた行動ではなく、情動を含みつつも何かを表わしてはいるが、しかし、はっきりした意味内容があるわけではなく、表象へ至る中間段階だと考えられる。

541（1：0：14）朝起きたとき、母が「ゆうくん、ダンダ（お風呂）よ」と言うと、ゆうは両手を大きく振る。

542（1：1：04）3日ほど前から、夕方母が帰宅するとき、わずかな玄関のドアの音や母の声で、ゆうが笑いながら大喜びで「アー」と大声を出して走るようにして玄関へ迎えに出てくるようになった（以前は、母がゆうのいるところへ行って、顔を見たり抱き上げてから微笑していた）。母が「ゆうくん、ただいま」と言うと、ゆうは母の顔を見て微笑しながら両手を振る。

543（1：1：04）姉が「むすんで開いて」や「げんこつ山のたぬきさん」を歌いはじめると、ゆうはその歌に合わせるように両手を交互に斜めに振って、微笑する。

第三には、歌を歌ってから、手振りなどをはじめるのではなく、手振りによって「ほら、あのうたね」とか「あのうた歌って」というような意味内容を表現できる、表象の手振りの段階であった（1歳2か月以降）。

544（1：2：11）絵本やカードでウサギの絵を見ると、母の顔を見ながら両手を頭の上まであげ（ウサギの耳の身振り）、それから両手を肘のあたりまで振る。母が、何もしないと、「ン」「ン」と言いながら何度も同じことを繰り返して要求する。母が「そうね、タラッタラッタラタ　ウサギのダンス　のウサギさんのお耳ね」と半分歌いながら言うと、笑ってまた同じ動作を繰り返す。

（母が以前に「ウサギのダンス」を身振りつきで歌ってから、ウサギを見るたびに、このしぐさをする。手を振る動作は以前から歌にむすびついていたが、歌を聞いて手振りをはじめるのと、何もないのに手振りが先行して歌を誘発するのとは大きな違いである）。

545（1：2：14）「ウサギのダンス」「げんこつ山のたぬきさん」などの歌を歌うと、ゆうは両手を斜めに振り動かしながら、上体を右左に半回転させる（タクトを振るのとそっくりである）。歌を歌うとはじめるだけではなく、このしぐさをして歌えという要求もする。

546（1：3：04）絵本のウサギを見るたびに、絵を指さしてゆうは両手を上下に振る。そして母の顔を見て、「ン」「ン」と言う。母はそのつど、ウサギのダンスの歌を歌っていたが、必ずしも、歌を歌ってくれという要求の手振りではなく「そうね、ウサギさんね」と言ってやれば満足する。

（指さしと手を振る動作で「ホラこれ、あのうたのあれ（ウサギ）だよ」というようなことを表わしているのであろう）。

第四には、うたの身振りが慣用的な動作で表わされるようになった段階である（1歳3か月ころから部分的にはじまり、おもに1歳4か月以降）。

歌に合う特殊化した型の固有の表現をするようになり、それまで種々の場合でいろいろな意味で使われていた表象の手振りは、歌を請求する手振りや、タクトのような歌用の手振り以外にはかえって少なくなった。

547（1：3：04）ゆうは、自分の両手を開いてから合わせる（音をたてずに拍手を1回だけするような動作）、そして母の顔を見て「ン」「ン」と言う（この動作は「げんこつ山のたぬきさん」のつもりらしく、母がそれを歌ってやると満足する）。

548（1：3：10）母が「げんこつ山のたぬきさん」を歌うと、以前は両手を開いたまま合わせるだけであったが、「ネンネして」のところで首を横にしてニコッと笑う。自分でも「ネンネ」と言いながら、倒れそうに首を傾けるときもある。両手を斜めに合わせては、母の顔を見て、母に歌えと要求する。

549（1：4：02）絵本のドングリの絵や、図鑑で木の実（いちょうの実など）の絵を見ると、両手を振りはじめる。母がドングリコロコロを歌うと、「こんにちは」のあたりで、繰り返しおじぎをする。「泣いては」のところで自分の目をこすって、泣くしぐさをする。

550（1：4：07）母が「げんこつ山のたぬきさん」を歌うと、ゆうは最後に「アー」と言いながら片手を開いて前へ出す（じゃんけんの身振り）。

551（1：4：22）「げんきにいちに」と歌いながら母が体操をはじめると、ゆうは「おひさまキラキラ」で頭の上で手をひらひらさせ、おじぎをする。

552（1：5：14）ここ1か月ほど前から、ゆうが絵本でウサギなどを見たときなど、母が「ウサギ」と言っても、以前必ずのようにしていた手振りはしなくなった。しかし絵本の歌のページや、歌に関係のある絵を見たときには、タクトのように手を振りはじめる。母が歌わないと、ゆうは振り返って母の顔を見て、手を振りながら

「アッ」「アッ」と言い、母が歌いだすまで要求する。

絵と歌は合っていないとダメである。ゆうはドングリコロコロ、キラキラ星などをはじめとして、かなり以前のものでも覚えていて、母が歌を違えると怒るので、節か歌詞の一部を覚えているらしい。

身振りつきの歌は、ゆうが歌の一部の動作をして、母に歌ってくれと請求する。たとえば「子どもと子どもとケンカして」では両手の指を合わせる、「げんこつ山」では両手を開いたままで交互に重ねる、「むすんで開いて」では握った手を開くなどのしぐさをする。

■身をふる（振る・震る・奮る）ということ

日本語が端的に表わしているように、身振りは、身を「振る」しぐさと関連している。

身体や手を振ったり揺らす行動は、生まれたときからみられる。泣いて興奮している乳児は身体をそりかえらせ手も足もバタバタ振り動かす。そして機嫌がよいときも乳児は手を振る。興味深いものを見て興奮すると、乳児の両腕はポンプで水をくみだすように急がしく上ったり（pumping up）下がったりする。

「振る」行動は、快であれ不快であれ、興奮状態とかかわっており、情動を色濃く反映している。心が奮うと、身も振るう。発奮したときには、大人でも思わず身ぶるいする。また身を振ると、心も奮える。拳をつきあげて振りながら「よし、やるぞ！」「エイ・エイ・オー」などと叫んでいると、ますます奮い立ってくる。

心の奮えは、身の震えとなって、地震のように他者に伝染する。人と人とは〔ここ〕世界の振動や震えと同期《シンクロナイズ》しながら同じ世界で生きているからである。一緒にダンスを踊り同じリズムに身を合わせていると、パートナーと不思議に一体化してくる。祭りのタイコの音に合わせていると、初めて会った人びとでも同じ渦の中へ溶け込んでしまう。

新生児もまた、母に抱かれたり揺りかごの中で、心地よく揺られて、それと一体化し融合し同期して揺れることを好む。新生児はリズミカルな気の「うた」の世界に生きていて、生物的なリズムにのって眠り泣き微笑しているが、初期にみられるエントレインメント、原始模倣、共鳴動作なども揺れを同調させることから生まれる。

第1巻で述べたように、これらはいずれも〔ここ〕で「共に揺れる」「共にうたう」行動である。

身振りは、このような「うたう」行動をベースにして生まれる。「振る」という行動様式自体を、そこから借りている。だから、情動と完全には切り離されていない。また身振りは「手まね」とも言われるように、まね〔模倣〕することによって形成される。自分と他者との共感的な同一視が身振りを生む。それは「うたう」機能なしではありえない。

しかしもう一面では、身振りは初期の「うたう」行動から切り離されないと成立しない。身振りは相手と融合的に一体化し、知らずしらず伝染するような、あくびのような行動とは違うからである。

■振りをつくる・振りつけ

「振り」は、身体動作としての「振る」行動そのものではない。その一部分を表現媒体として使っていても、ことばと同じように、何かの意味内容を代表するしぐさである。だから、身振りはふつうの行動よりも簡略化、縮約化された「かた」で表現されるのがふつうである。

また身振りは人びとや社会のあいだで共通性や了解性をもつためにも、共通の「かた」としての「振り」が決まっている。

「振り」がまったく恣意的かどうかは、ことばと同じように、あるいはことば以上に疑問がある。たとえば世界の多くの文化で、首の横振りは否定の意味をもち、縦振りは肯定の意味をもつ。それがまったく恣意的な記号であれば、逆転してもよいのかもしれないが、そうはならないようである。しかしいずれにしても、その「かた」を個人的に勝手にくずして使っては、身振りとして成立しなくなる。

以上の点で身振りは、身を振るわす動作よりも、機能的にことばに近い。身振りはあくまで〔ここ〕世界の通じあいである「うたう」行動をベースにしながらも、もう一面ではそこから離れた〔あそこ〕の世界を表象化し記号化する行動である。

身振りには一定の「かた」としての「振り」が必要である。それは演出家が「振りつける」ときのように、それはある程度意図的に、外から取って我が身に「つける」ものであって、無意図的な情動の伝染とは違う。「振り」をつくる行動は、身振りを通して、「ふりをする」行動へと発展する。

たとえば悲しいときに泣くことで身を振るわせていた子どもは、悲しいという情動とはまったく切り離された場面で「泣き」の身振りをし、「泣くふりをする」ことによって「泣き」を表現し演技し演出するようになる。「泣くふり」「微笑むふり」「怒るふり」は、すべてもとの情動的動作そっくりの擬《もど》きでありながら、ことばと同じようにウソの記号になる。

「ふりをする」行動は、さらに社会的ニーズや自分の理想像や自己に期待される役割に応じて振りつけられる。心の奮えは外からは見えないが、身の振りは外から見える。だから身の振りは、他者からの「見え」を意識して振りつけられやすい。そして「いい子ぶり」「かわい子ぶり」「お姉さんぶり」「悪ぶり」「思わせぶり」などの「ぶりっ子」をつくり出す。

身の振りは、周囲の状況や他者と情動的に一体化して身体を揺らす行動をもとにしている。そこから身のことばとしての記号的な身振りが発生し、そして演技的な「ふりつけ」や、ストーリーのあるごっこ遊びをへて、役割演技や演劇などへと発達していくだろう。身のことばは、演じる場や観客や他者との関係性のなかで、自己の表現行為を組織化させ、身体ものがたり（ナラティヴ）を生みだしていくと考えられる。

Ⅱ

ことばが生まれる場所《トポス》

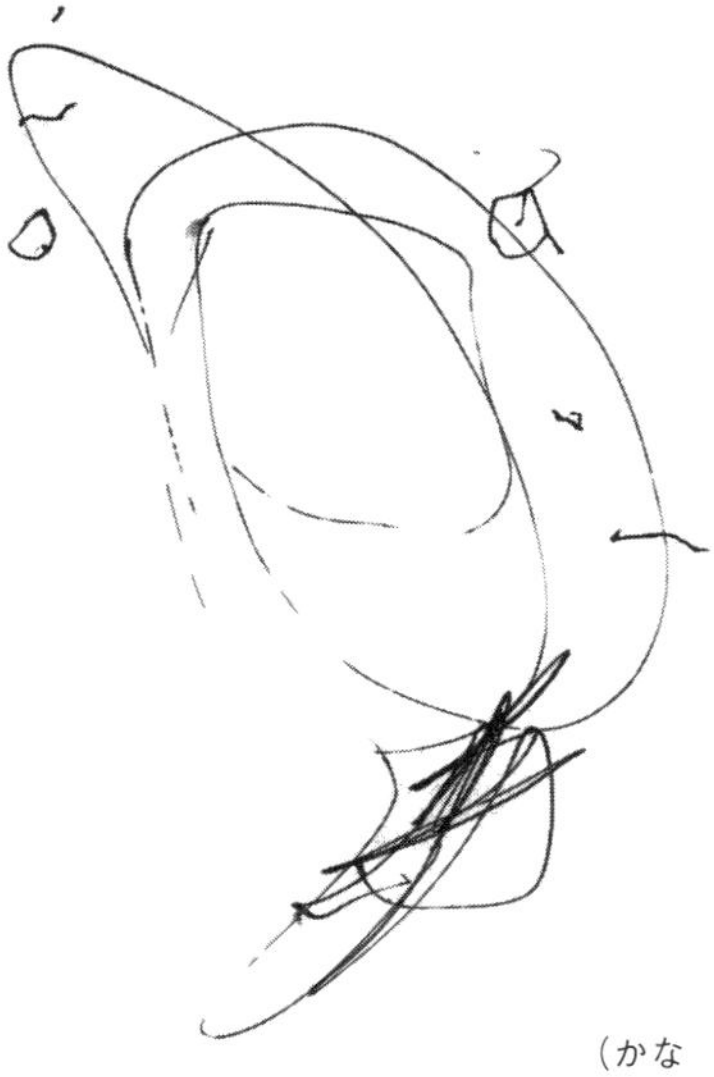

（かな　2歳）

ここに小さな笛があってその音色は澄んだ緑です。
やさしく歌口をお吹きなさい
とうめいなる空にふるへて
あなたの蜃気楼をよびよせなさい
思慕のはるかな海の方から
ひとつの幻像がしだいに近づいてくるやうだ

萩原朔太郎『青猫』

■第Ⅱ部の位置づけ

ことばには、意味作用があるが、その働きの中心は、表象機能である。表象とは、「ここにないものをイメージすること」である。これから第Ⅱ部では、具体的なデータから少し離れて、より一般化したかたちで、ことばのもっとも重要な働きである表象機能に焦点をあてて理論的な考察を試みたい。

ここで展開する試論は、第2巻の記述データを説明するための理論編というよりも、「ことばが生まれるすじみち」シリーズ全体に対する、私のものの考え方の基本を示すものである。

この試論が書かれたのは、1988年ころである。引用文献は当時のものに限定されており、考察も不十分な部分が多く、聞き慣れない用語も多いかもしれない。日本文化の土壌で培われた日本語、特にやまとことばのもつ発想にひかれていたので、それを最大限に生かそうと試みている。それが、かえって読みにくくしているかもしれない。シリーズ全体を読むには、不可欠というわけではないので、スキップしていただいてかまわない。

この論考は、同時期に執筆した『私をつつむ母なるもの ―― イメージ画にみる日本文化の心理』（有斐閣1988）で論じた基本概念、「心理的場所《トポス》のなかにつつまれる入れ子の私」と呼応している。

当時は、日本文化の基本概念と考えられる「ここ」を用いて、「表象機能」や「私」の発達を理論化できないかと考えていた。表象とは、「ここ」にないものをイメージすることである。そして、第3巻で述べるように「ここ」の中核として統合されるのが「私」だと考えられる。

乳児は個人として生まれるのではなく、はじめから「私たち」という身近な共感的な場所「ここ」に生まれてくる。はじめに「私」があって他者に愛着するのではなく、「ここ」という世界に共存する「私たち」

から出発するのである。私は、他者と対峙するように出会うのではない。「ここ」という身近な場所に共にいる「私たち」から「私でない人びと」が離れていき、〔ここ〕の中核になる「私」に気づいていくのである。子どもにとっては、「私たち」の世界があたりまえであった。しかし、やがて子どもは自分の「つもり」が通じない、わかってくれるはずの人がわかってくれないという経験をすることになる。そのような経験から「私たち」から「私」というものに中心化されていくと考えられる。

なお、本シリーズを書いた後、「ここ」「あそこ」という「心理的場所《トポス》」の概念や「心理的場所のなかの私」という考えは、本著のテーマと方法論から離れて、別のかたちで追求されることになった。本書のような行動観察をもとにした乳児の発達研究から、大人のイメージ画を用いた多文化研究へと発展したのである。『私をつつむ母なるもの』（やまだ 1988a、著作集第6巻）では、「私」は「母なるもの」につつまれた入れ子の中身のように描かれたイメージとして提示した。そこでは、「母」は個人というよりは、ある種の場所のようにイメージされていた。『この世とあの世のイメージ』（やまだ 2010）では、「私たち（生者）」の生きる心理的場所「ここ（この世）」と、死者が生きる場所「あそこ（あの世）」がどのように関係しているか、この2つの場所の移行がどのように行なわれるかを多文化比較から研究した。これらの研究では、表象を個人的なものではなく、社会的表象、あるいは文化的なフォークイメージとして研究している。

この本では、子どもの行動様式、つまり観察された実在の行為から研究した。それに対して後には、ビジュアル・ナラティヴ、つまりイメージや表象世界やものがたりから研究することになった。この方法論の違いは、その後の研究方向を決める大きな分岐点になった。もし「ここ」という心理的場所の概念や、「ここ」「あそこ」という2つの場所と関係した「私」という表象に関心がある読者は、前記の書物も参照いただければ幸いである。

6章　意味生成の場所《トポス》〔ここ〕

1　認識のベースとしての場所

■場所に基づくものの認識

意味作用には、外界のものを個々バラバラではなく、ひとまとまりのものとして認知できる働きが含まれるが、そのためには、個々のものを位置づけるベースとなるような認識の枠組が必要である。

かつて0歳初期の乳児は、明暗や染みや破片が行き交うような混沌とした現前の世界だけに生きていると考えられていた。しかし新生児といえども、めまいがするような世界を見ているのではない。最近の研究では乳児は早くから、ある程度の感覚的統合や体制化した知覚世界や記憶能力をもつ、高度な情報処理者であることが明らかになってきた。

このような「感覚・知覚」による体制化と、「認知・思考」による体制化とを、はっきり区切ることは難しい。けれど、どちらかだけに一元化することは水準の違いを無視することになる。乳児が目の前に現われた「丸くて赤いもの」を知覚《パーセプション》できたとしても、それを「リンゴ」とみなして現前にない「リンゴなるもの」の概念と関係づけて認知《コグニション》しているとは限らない。

知覚の働きは基本的に現前の世界だけにかかわるが、認知は非現前の世界にもかかわる。そして生後4、5か月ごろまでの乳児はまだ、ここにないもの、非存在のものを認知する力が不十分という意味で、〔ここ〕という現前の世界に生きている。

この時期の子どもが動くものを目で追っているときに、それが途中で消失すると、図6－1のように行動する。乳児は、②のように再現を予期するかのように、ものが出てくるはずの出口を見る。だが乳児は③のように、動くものの軌道が途中で変化しても、同じように出口を見る。また④のように、動くものが明らかに別のものへ「変身」しても驚く様子はなく、そのまま視覚的追跡をつづける。だから「もの」それ自体の存在や不在や永続性を理解しているとはいえない。

バウァーらによると、5か月ごろまでの乳児の認識は場所と運動の要因に基づいており、「ものは同じ場所にとどまっている限り同じものである」「ものは同じ軌道上を動きつづける限り同じものである」と認知すると考えている。乳児にとっては、個体や個人としての「もの」よりも、「場所」のほうがはるかに本質的な認識の基準となるのかもしれない。

動くものは、生まれつき乳児の視覚的注意をひきやすい。人間は自身が動物の一員であるせいか新生児でも本能的に、静止したものよりは、動くものに注目し、その軌道を目で追うしくみをもっている。そして同じ動きをしている限り、そのものが途中で突然コップから花になるというような「変身」をしても驚かないで視覚的に追跡しつづける。この時期の乳児にとっては、「もの」そのものの特徴よりも、ものの運動つまり「場所移動」のしかたのほうが重要なようである。

そして個体や個人としての「もの」よりも、それが存在する「場所」のほうが認識の最初の基準になるとも考えられる。バウァーたちは光学的装置を使って、ユニークな存在であるはずの母親が、複数同時に別の場所に現われるという興味深い実験をした。5か月すぎの乳児では、同じ母親が同時にいろいろな場所に出現すると、混乱して泣きだしてしまうことがあった。しかし5か月前の乳児は3人以上の母親像を同時に見せても、まったく混乱しないで喜んでそれらの母親に順番に相手になるのが観察された。

乳児は、違う場所に見える母親は全部違うものであるかのように振る舞った。これは特殊な実験事態だけで生みだされるのだろうか。母親は、始終いろいろな場所から乳児に働きかけ、いろいろなやり方で現われたり消えたりするのがふつうである。0歳初期の乳児は、これら違った場所に現われる母親を知覚することはできるが、それらが「同じもの」だと認知しているとは限らない。

0歳初期の乳児は〔ここ〕に現われた像を〔これ〕も〔これ〕も〔あれ〕だと照合する機能は十分にはないから、さまざまな場所に現われた母親の像を一人の同じ人物へと統合して認知することは難しいだろう。

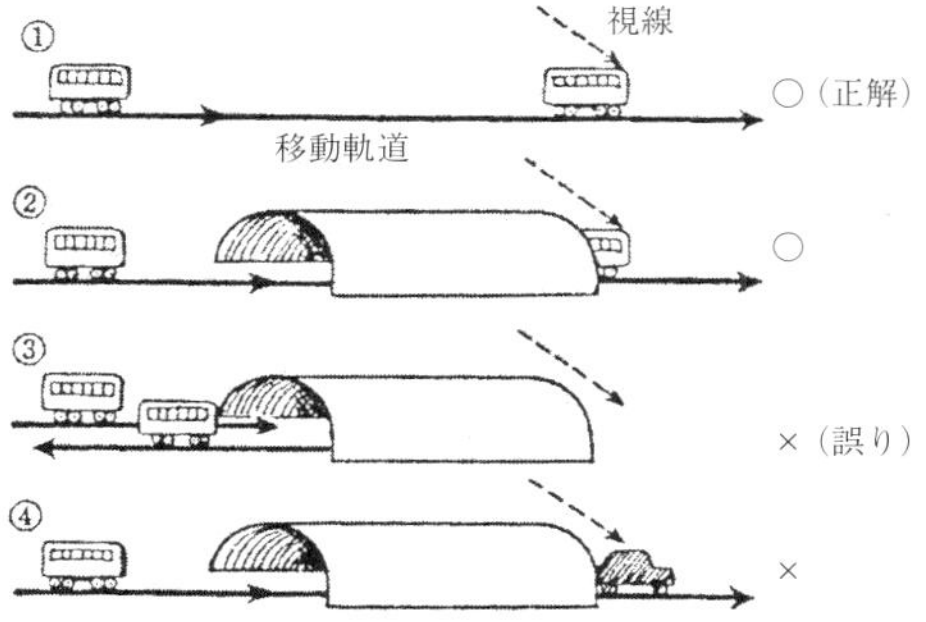

① 動くものの軌道を目で追跡できる。
② 動くものがスクリーンなどで隠されてもその軌道を追跡できる。
③ 動くものがスクリーンの手前で停止したり、入口から入ってまた入口から出たり、別の方向へ動いたり軌道に変化が生じたとき、そのものの現に見えている位置にかかわらず、元の軌道を追跡してしまう。
④ 動くものが途中で明らかに別のものに変化しても、驚いたり、振り返って元のものを捜したり、視点の乱れを生じずに追跡する。

図6-1　生後2～4か月のものの認識
（山田 1982b）

逆に言えば、乳児は母親の姿が別人に「変身」しても泣きださないことが多い。この時期には、乳児は新奇なものに驚いて泣くことはあっても、本質的な意味で人見知りすることはまだない。そして、母親がいなくなっても捜すことはない。だからこの時期には、母親は乳児を別の人に預けて外出することも容易である。

■「ない」ものの捜索――0歳後半～1歳前半

私たちは、焼けたり破壊したり死んだりしてこの世からなくなったものは、捜さない。失ったものを捜すのは、たとえそれが〔ここ〕にはなくても、どこか別の場所にあることを信じているからである。

乳児はかなり早い時期に「あるか、ないか（to be or not to be）それが問題だ」というハムレットの深遠な問いにぶつかるようである。

たとえば「いないないバァー」は、第1巻で述べたように古今東西を問わず乳児を大喜びさせるゲームの原形ともいえる遊びだが、これを楽しむにはまず、「ない（いないない）」と「ある（バァー）」の最低限の理解が必要である。

人が顔を隠して「いないない」したときには、「ものの永続性（object permanence）」つまり、目の前からなくなった時に、それがこの世から消失してしまったのではなく、一時的に現前の世界から消失しただけであり、見えなくても存在しつづけているのだということが理解できねばならない。

そして人が隠していた顔を現わし「バァー」したときには、「ものの同一性」つまり、同じものが再び現前に現われたときに、それが別のものではなく、前に見たものと同じだということが理解できねばならない。

表象（representation）とは、現前《プレゼント》しないものを、再び現前《レプレゼント》させる働きである。なお、ここでは表象ということばを、機能としてとらえている。いわゆる「表象論」が仮定したように、心の内部で同じ映像が再現されているというように、心像としての映像化とは異なる意味である。

前に見たものが、再び目の前に現われたときに、それを新しいものとしてではなく「これは、あれだ」と再認するには、「ある」「ない」の認識、つまり「ものの永続性と同一性」「ものの不在と非存在」の認識能力が大きく関係している。この問題については詳細な実験が積み重ねられてきたが、「ない」ものの捜索に関するピアジェの観察は、その後の多くの研究でもおおむね支持されてきた。その結果は、およそ次のようにまとめられる（山田 1982b）。

生後6か月ころの乳児は、ものをつかもうとしていたその瞬間に、ものにカヴァーをかけて見えなくしてしまうと、たとえ手がものに触れていたときでさえ、まるでそれがこの世から消えてしまったかのように、ポカンとしてしまい、なくなったものを捜すことはできない（図6－2の①②）。しかし、一部分でも見えていたり、カヴァーが透明であれば、カヴァーを持ち上げて、ものを取ることができる（図6－2の③④、グラッチなど）。だから、この時期の子どもが隠されたものを捜せないのは、運動技能の未熟さのせいではなく、認識能力の問題である。

それでは、この時期の乳児にとって、ものは見えなくなると同時に心からも消えてしまうのだろうか。そうではない。すでにかなりの記憶力をもつ（コーヘンなど）し、見えないものでもつかんで視野内へ運ぶことができる（ハリス）。また同じ消失でも、ものがカヴァーの下に消えるのではなく、部屋の電気を消すという方法で消失するときには、ものをつかむことができる（バウァー）。

ものが「ある」「ない」ということの認識は、物理的な消失の有無の問題ではない。物理的にはものが目の前に存在していてさえ、乳児には消失と認知される場合もある。たとえばものを台の上にのせて提示すると、乳児は、それが「～の上にある」とは見ないで、台とものとを一体として、1つのものと見てしまうために、もとの「もの」は「もの」としての姿を失ってしまうことがある（ピアジェ 1955; ブレソン 1977）。

だから、ものが「ある」か「ない」かという認識は、バウァーが言うように「～の中に」「～の上に」「～の下に」「～の前に」「～の後ろに」というような、ものとものとの「場所関係」の認識でもある。

ピアジェの第4段階（約9か月～）になると、乳児は「あのもの」という具体的なものを捜すようになる。

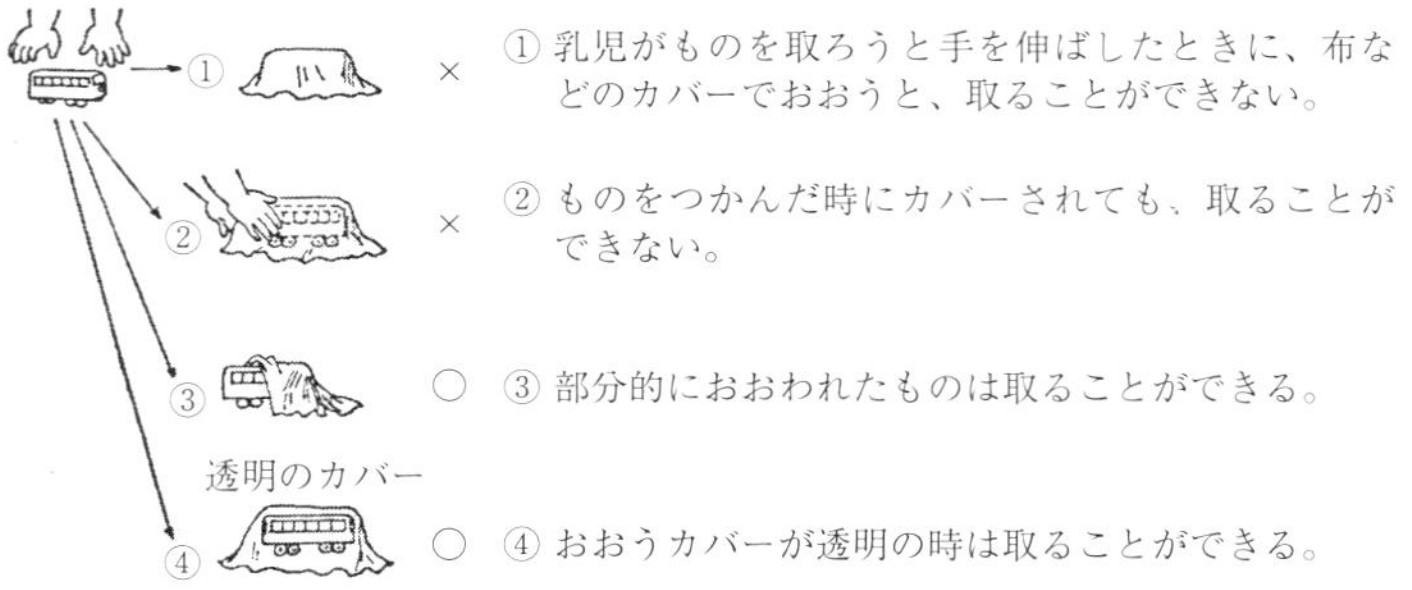

図6-2　生後6か月児の「ない」ものの捜索（山田 1982b）

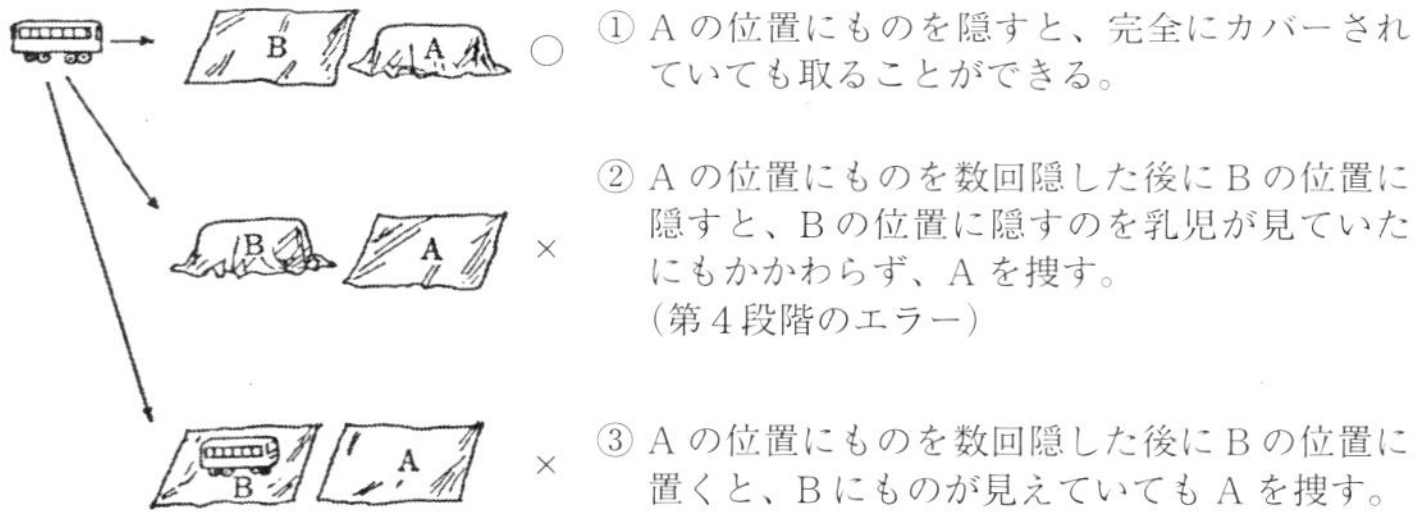

図6-3　生後9か月児の「ない」ものの捜索（山田 1982b）

自分が捜していたものが、別のものに「変身」すると驚く。しかし、まだ場所とものとがむすびついているので、乳児の目の前でものを移動しても、以前の「あの場所のもの（thing of that place）」を捜す誤り（第4段階のエラーと呼ばれる、図6-3の②）がみられる。

第5段階（約12か月～）になると、乳児は隠された場所を観察している限り、ものを移動しても発見することができる。しかし、見えない場所で移動すると発見することはできない。

第6段階（約15か月～）では、乳児はものを目に見えないところで移動しても、発見することができる。途中でいくつかのカヴァーを通っても捜せる。ピアジェは、この段階に至って、ものは表象として存在するようになったとみなしている。

■もとの場所へもどす

乳児は生後9か月ころから、違った場所で会い、そのつど違ったもののように見えていた母親が、実は唯一人の同じ人であることがわかりはじめる。そして不在のときには「いない」人を捜すようになる。捜し場所は、母親がいつもいる台所などである。物も、いつもの場所とは違う場所に置かれているのが現に見えていても、いつものところが捜される。

よく似た現象は、発達のいたる所でみられる。2歳の子は父親と一緒に庭にいるときに「パパはどこ?」と問われたときに、目の前の父親ではなく、父親がいつもいる書斎を指さして捜しに行くことがある。このような「誤り」は、なぜ起こるのだろうか。

今まで人や物は、場所から切り離された別個の存在としての「個」だと考えられてきたし、そのように認識されるのが当然だと考えられてきた。しかし、もしかしたら人や物は、その居場所とむすびついて認識されるほうが自然ではないだろうか。

人間は、世界をランダムに生じる偶然のできごとの無意味な連続としてではなく、世界に意味と秩序を認めたがる生きものなのだろう。そしてその秩序化の枠組の有力な基礎のひとつは「場所」ではないだろうか。

人は、居場所をもっている。自分の国、町、家、職場、居室、いつも座る席、もと居た場所、本来居るべき場所、帰る場所など。それらがないと人はたいへん不安になる。人の記憶も場所とむすびついていることが多い。亡くなった人の居室へ行くと、その人の記憶がまざまざとよみがえる。また人間に対してだけではなく、土地や場所にも愛着をもつ。人の顔は定かでないのに、子ども時代を過ごしたなつかしいふるさとや家の風景が細部にわたってありありと見える夢は珍しくない。

物にも、居場所（有り処《か》）がある。ゴミはゴミ箱、鉛筆は筆箱、毛布はベッドに、鍋は台所に置かれる。鍋をベッドに、毛布を台所に、ゴミを筆箱に、鉛筆をゴミ箱に置くことも物理的には可能だが、なぜ前者では整理整頓され秩序化されていると感じられ、後者では混乱していると感じられるのだろうか。

物は、用途や習慣や好みなどその理由は別にして、置かれるべき場所が決まっているほうがふつうである。それらが本来の場所、あるべき場所に落ち着いていると、私たちの気持は安定する。あるとき目がさめたら、家の中の物が、物そのものは同じでもすべて違う場所にめちゃめちゃに置かれていたら、どんな気持になるだろう。

物はそれだけ単独で存在するというよりも、有り処《か》としての場所と深くむすびついて存在しているのかもしれない。

ナイサーは、古代ギリシア人が考案したという「場所づけ法」という記憶術を紹介している。それはまず一定の道を決めて、それにそって歩いた場合に次々と出会う特徴ある場所の系列を熟知することからはじまる。ものの名前の任意のリストを記憶するには、この一連の場所に、次々と品物が置かれている状態を思い浮かべる。思い出すときには、その道にそって心の中の散歩をするだけでよい。もとになる場所の系列は何度でも使うことができ、それさえあればどのような長さのリストでも一度で記憶することができる。ナイサーによると、この場所づけ法は誰にとっても有効で、この方法が使えないという学生をまだ見たことがないという。

ものの名前を任意に並べた無意味なリストを記憶するのは難しいのに、それを「場所づけ」すると非常に簡単に覚えられるのはなぜだろうか。それは場所が、ものを秩序化したり意味づけるためのベースになりやすいことを示しているのだと思われる。

ものを意味づけるとは、ものに居場所を与えることだと言い換えることができる。ものを個々バラバラのものとみなすのではなく、もとの場所とむすびつけて「もどす」「しまう」「かたづける」「かえす」行動をすることは、ものを、ある認識の枠組のなかへ位置づけることである。

第1巻で述べたように0歳の終わりころから乳児は、それまで一方的に容器から出すばかりであったものを「再び入れる」「もどす」「かえす」という逆転ができるようになる。そして同時に、それまで始めも終わりもなく連続していた行動に「もうナイ」「おしまい」という区切りをつけて、ひとまとまりのできごととして終結させ、締めくくることができるようになる。

「ナイナイ」という日本語の育児語は、「ない（非存在）」という意味だけでなく、「おしまい（仕舞い、終い）」「おわり（終わり）」「おかたづけ」という意味でも使われる。〔ここ〕から無くすことは、原理的に別の場所へ行かせることだが、その別の場所が、本来の居場所「もと」と認識されるときには、「もどす」働きになる。そして「もどす」働きは、後に7章で考察するように本来的に表象機能と深く関係していると考えられる。

表象の発生は、ピアジェが言うように、主体の活動から分離してもの（客体）が実在することの認識や、バウァーがいうように、ものとものとの空間的な関係の認識とも関係しているだろう。しかしそれだけではなく、ものを、もとの有り処や居場所とむすびつけてとらえる認識と深く関係しているのではないだろうか。

2　心理的場所《トポス》〔ここ〕

■物理的現実と心理的現実

この本では子どものことばの発達を扱っているが、その具体的テーマを通じて究極的には、新しい知の構築作業がなされねばならない。なぜならば、従来の理論のもとになってきたパラダイム、たとえば「主観」と「客観」に分かれた認識論や、「個」という概念には限界がめだつために、それに替わる新しい見方、人間の存在や関係のしかたを記述する新たな中核コンセプトが必要だからである。

クーンらが明らかにしてきたように、かつて絶対的に「客観的」で「普遍的」であると信じられてきた科学も、その背景にある文化や時代のもつ基本的な世界観やパラダイムから決して自由というわけではなく、その上に構成される建造物のような「相対的」なものだと考えられる。

しかも現代は「近代西欧的な世界観の没落」がいろいろな領域で露わになり、それを超える世界観が模索されている時代である。このような大きな問題は、「表象の発生」という具体的な小さな問題を扱う際にも無関係ではない。背景となる網目にかかわらずに一目だけを切り離して考えることはできないし、一目だけでも真に探求すれば否応なく背後の網目にたどりつくからである。

新たな見方の中核コンセプトのひとつとして、私は心理的場所（psychological topos）の概念を提案し、それを理論化のベースにしてきた（Yamada 1983, やまだ 1988a など）。

この心理的場所の概念を説明するために、まず前提として確認しておきたいのは、物理的現実（physical

reality）と、心理的現実（psychological reality）の区別である。

心理学の研究対象は、物理的現実ではなく、心理的現実である。たとえば私たちは、物理的知識によって、「天動説」ではなく「地動説」のほうが正しいことを知っている。しかし、一日の終わりに夕陽を見ながら「ああ、今日もこれで一回転した」と感じる人はどれほどいるだろうか。そのような特別のイメージをもつこともできないわけではないが、ふつうは「太陽が朝に出て夕方に沈む」と認識しながら日々の暮らしをしている。

この場合の「地動説」は物理的現実であり、「天動説」は心理的現実である。なぜ、私たちは、ふつう「地面」のほうが動いているとは感じないで、「天」のほうが動くのだと認識するのだろうか。このような認識のしかたは、物理学的には誤りかもしれないが、心理学的には誤りではない。

なぜならば、ギブソンがアフォーダンスという概念で明らかにしたように、地面（ground）は、陸生動物の知覚と行動を支えるもっとも重要な不変項だからである。あらゆるものが刻々と変化しつづける環境のなかで、私たちが抽出する不変情報のひとつは、あらゆる面の基準となる地面（床はその特殊な場合）であり、私たちは文字どおりにそれを基盤（ground）にして生活を営んでいるのである。

人間を含む生活体は、物理的現実をもとに生きているのではなく、知覚と行動を支えている心理的現実のなかで生きているのである。この場合の心理的現実とは、主観や空想や幻想のことではなく、ある程度、人間に共通する集合的現実である。

「心理的」ということばは、誤解されやすいかもしれない。私たちは、物と心、肉体と精神、客観と主観、外と内の二元論パラダイムを離れては、ものを考えることが難しいほどにそのなかに深く入りきっている。そしてもともと、物理学や心理学という用語そのものもそれを前提にしている。しかし古いことばをすべて捨ててしまうと、ことばでものを考えることができなくなる。したがってやむをえず、古いことばを新しい意味で注意しながら使うほかはない。

心理学は行動主義以来、人の内側にあると仮定された「心」を対象にするのではなく、人を含む生活体が日常生活でやっている「行動」を研究する科学として革命的に変化した。行動主義には行き過ぎもあったが、「主観」から「行動」へという転換には、それなりに大きな意義があったと思う。心理学を、心の内で考えたり、感じていること（意識内容）を研究する学問だとみなすとすれば、それは大きな誤解である。

心理的現実は、ある種の生活体には共通するものであり、その意味で普遍的である。「地面は動かないで、太陽が動く」という心理的現実は、物理的現実とは違っていても、客観性がないとか、特殊で主観的というわけではない。またすべてが意識や思考や幻想の産物だというほど狭いものではない。私たちは、たとえ「これは正しくない」ということを意識の上で知っていても、やはりそのように見える知覚をもっているし、行動していることの大部分は意識していないからである。

心理的現実は、コフカの言う「行動的環境」、ギブソンの言う「生態的環境」を含む概念である。コフカは、地理的環境と行動的環境とを区別した。ある旅人が強く吹きすさぶ吹雪の平原を何時間も馬に乗り、ようやく宿にたどりついた。そして、今自分が通ってきたのが、実は平原ではなく、凍結し雪に覆われたコンスタンス湖だったのだと聞かされたとたんに驚きのあまり死んでしまった。この旅人は、地理的には「湖」を通ったのだが、行動的には「平原」を通ったのだといえよう。彼は「平原」と認知したからこそ、そこを通ることができた。行動は、地理的環境に直接規定されるのではなく、行動的環境のなかで生起するのである。この意味で、行動的環境は、心理的現実である。

ギブソンは、物理的世界（physical world）と、環境（environment）とを区別した。生活体を取り囲んでいる生態的な（ecological）環境は、物理的世界と同じではない。人間を含めて動物は、環境を知覚し、環境のなかで行動する。しかし物理学の世界を知覚するのではないし、物理学の時間と空間のなかで行動するのでもない。動物の環境は、彼らが知覚し行動する世界である。この意味で、生態的環境は、心理的現実である。心理学が人間の精神や意識だけを特別とみなす考えに挑戦し、それを破棄してきたことは正しかった。しかしだからといって心理学の説明が究極的には、物理学や脳科学に還元できると考えてはならないだろう。そのような考えは、あらゆるものを物質的世界観で眺めることこそ科学的だとみなす誤った一元化に基づいているから、物質に還元しきれない精神の問題を不可侵の別領域にしてしまい、結局は二元論を裏から支えることになる。

心理的現実とは、物理的現実と二元分割される概念ではなく、ある種の生活体に共通して観察される原理のことであり、それは他の複数の原理と両行しうると考えられる。

■場所と空間と場

認識と情動のベースとしての心理的場所の概念を明確にするために、次に「場所」が「空間」や「場」とどのように区別されるのかを考えてみたい。

今まで信じられてきたパラダイムの中核となるコンセプトのひとつは、「空っぽの空間（space）」という概念であった。この概念は、もうひとつのコンセプト「物の究極の基礎単位としての原子（これ以上分割できない物）」の概念と一対になっていた。世界は、「原子」と原子がそのなかを運動する「虚空間」から成立すると考えられてきたのである。

しかしこのような世界観は、すでに物理学においてさえ壊れはじめた。もちろん、かつて究極の単位とされた原子がさらに分割されて素粒子に名前を変えただけならば、基本的な考え方は揺らがないが、現在生じているのはより根本的な変化である。その変化は、「世界は事実（fact）の総体であって、物（thing）の総体ではない」（ヴィトゲンシュタイン 論理哲学論考）など、さまざまな見地から論じられている。

哲学者の廣松渉は、「物《もの》的世界観から事《こと》的世界観へ」という壮大な理論の構築を試みた。それは「物」に対する「事態」の本源性、「実体」に対する「関係」の第一次性を基礎とする世界観への転換を指している。

ここで扱う「場所（topos）」の概念は、このような世界観の変化と呼応しており、空虚な枠組としての「空間」の概念とは、次のように区別される。

私たちの「空間」は、ギリシア人たちがそれを「コーラー」とか「トポス」とか呼んでいたときに意味していたような、物やわれわれ自身がそこに確在する〈場〉としての具体的な内実を失って、むしろ物と物との位置的な関係を規定する抽象的な枠組のようなものに変貌してしまっています。……

しかし私たちがその中に――あるいはむしろ、それとともに――存在している空間とは決してこのような、のっぺらぼうの抽象的等方空間ではないはずです。それはそれ自身が、方位・方向によって異なるさまざまの〈意味〉と〈価値〉で充溢した空間でありましょう。のっぺらぼうの等方的空間の観念は、人間にとって決して自然本来のものではなく、今言った〈場〉（コーラー、トポス）が〈空虚〉（ケノン）の観念と結合してつくり出された、人工的な観念にほかなりません。

（藤沢令夫『ギリシア哲学と現代』18～19頁）

対象が空間を満たす（fill）のではない。なぜならば、はじめから空虚な空間などありはしないからである。環境の中で変わることなく安定している面が、現実の枠組になる。世界は決して空虚ではない。媒質（medium）に関していえば、そこは運動や移動が起こる領域であり、光が反射し、面が照明を受けるところである。これは占められる場所（room）とでも呼ばれるもので、空間（space）ではない。面とそれがつくり出す配置は知覚されるが、……空間が知覚されることはない。

（ギブソン、J・J『生態学的視覚論』109頁）

このような「場所」と「空間」の違いを考慮すると、ここで提出している「心理的場所《トポス》」の概念と、レヴィンが提出した「心理的生活空間（psychological life space）」の概念との違いも明確になる。

レヴィンは、人間の行動に影響を与えるのは、その人の住む町や部屋や家具の位置というような物理的な環境だけではなく、その人をとりまく地位や職業にかかわる社会的環境、さらに願望、恐怖、空想などその瞬間にその人にとって心理学的に実在すると考えられるすべてのもの、つまり心理的現実であると考えた。彼は、心理的現実を生理学や物理学的事象へと還元しようとはせず、心理学的仮説構成体として理論的に記述しようと試みた。そして心理的生活空間の概念を提起した。

仕事に熱中しているとき、目の前の部屋の壁は物理的には存在していても、人の行動に何の影響も及ぼさなければ、存在しないも同然である。しかし意識していなくても人に影響を及ぼす環境条件は多々あるから、それは、意識された空間や主観的空間のことではない。心理的生活空間とは、外的環境の刺激を受けて、固体の内部に成立する心理学的事態のことである。

レヴィンは心理的生活空間を、物理的空間のアナロジーとして空っぽの空間として仮定した。そのような心理的生活空間のなかを、人（person）が「行く」のである。人は、物理的・地理的空間を「行く」のと同じように、つまり旅行者のように想定されている。

彼は文字どおり「いく」理論を考えたわけである。発達とはできるだけ遠くへ移動すること、つまりさまざまな障壁を越えてできるだけ多くの領域を通過することである。したがって、〔ここ〕にとどまることは遅滞を意味し、それだけでマイナスの価値をもつ。

それに対して心理的場所《トポス》とは、〔私〕が現存する場所のことである。自分は居場所〔ここ〕にいつづけるのであり、移動は、〔私〕とともに心理的場所ごとなされる（やまだ 1988a）。

レヴィンが仮定したようにどんどん分化し分節化していく心理的生活空間では、証明することができない非常に複雑な定式化に陥り、個々の場合に違う生活空間を考えるというような実用的でない理論化に追い込まれる。基本的には彼の理論は、他の理論家と同じように発達とは「未分化から分化へ」向かうことだという仮定にしばられている。しかも人の内部でどのように分化し細分化した認知的地図（cognitive map）ができているかは、人の行動から推測するほかはないからトートロジーに陥りやすく証明は困難である。

私の考えでは、「自分の居場所（A、ここ）」と「それ以外の場所（non A、あそこ）」を仮定するだけであるから、シンプルな概念化が可能である。そして〈私〉という概念と心理的場所を常にむすびつけて考えているところが違っている。

もうひとつの相違点は、心理的場所が、変化する環境のなかでの不変項、つまり人をとりまく比較的恒常的な意味体系だということである。レヴィンのように、瞬時的に変化する力学的な「場」を問題にしているのではない。

心理的場所を「場（field）」と呼んでも間違いではないが、心理学においては力学的な電磁場のアナロジーとしての「場の理論」が長いあいだ勢力をもってきたから、それと区別するために、その用語は避けたいと思う。

私たちが解かなければならない問題は、瞬時に変化する「場」の力の量的な測定ではない。それは心理学において長いあいだ使われてきた「刺激（stimulus）」という用語を捨てることとも関係している。刺激とは、もとのラテン語では、突き棒が雄牛の皮膚に突き刺さったという意味で、生理学の用語では、瞬時的なエネルギーによって受容器が興奮し始動することである。このような瞬時的な刺激と反応の連鎖を知ることが、課題ではない。

ここで問題にするのは、多々変化する環境のなかで抽出される一定の情報の「かた」としての意味、その有力な拠り所のひとつ、比較的恒常的な認知の枠組としての「場所」である。

■場所の構造 —— 入れ子

心理的場所は入れ子構造で成立している。入れ子とは、自己概念を扱った別の研究で、イメージ画によって示したように、小箱を開けると、その中にさらに小箱があり、その中にはさらに小箱が・・というように、幾重もの包含を重ねることが可能な、柔軟で機能的な構造のことである（やまだ 1988a）。

心理的場所は、さまざまな水準で記述される。直接の現前対象として知覚できる場所（たとえば建築物としての家、生まれた土地）もあれば、イメージとして体制化される場所（たとえば「うち」や「ふるさと」）もある。それらは具体的な領域や水準によって、違う名前で呼ばれることも多いが、その基本構造が入れ子であることは共通している。

たとえば日常日本語で心理的場所を表わす代表的な名前のひとつである「うち（内、家）」は、外に対して内側の領域のことである。外から家に帰ったときほっとするのは、うち（内）側に入った、自分の居場所、自己の領域のなかに帰ったという気持になるからであろう。

「うち」は、入れ子構造によって成立する相対的な領域である。ある地点からみたときには、外側であっても、もうひとつそれを包む外側からみれば「うち」である。その外側もさらに外側の包みからみれば「うち」になる。だから「うち」は、大きさも形も伸縮自在である。自分の心の内だけが「うち」と思っていた人でも、病気になったときには家族など「身内」の情がありがたく感じられ、旅から帰ったときは住み慣れた町が「町内」に思え、外国へ行くと日本全体が「内地」にみえるであろう。

ギブソンも、知覚心理学というまったく違った見地からではあるが、生活体をとりまく環境の構成単位は、入れ子（nesting）であると指摘している。環境には、それによって決定的に分析できるような、特殊で固有な「原子」となる単位などは存在しない。ただ、小さな単位が大きな単位に埋め込まれた、入れ子構造を成しているから、どの水準で環境を記述するかによって選ばれる単位が違ってくるのである。

彼によれば「場所」は、空っぽの「空間」や座標軸のなかで位置づけられる点ではなく、次のように「環境」内の入れ子として位置づけられる、実体のある面、あるいは広がりをもつ領域である。

> 場所（place）は空間の点と対照される環境内の位置であり、多かれ少なかれ広がりのある面ないしは配置である。点は座標系に関して位置づけられねばならないが、場所は大きな場所の中に包含されている状態で位置づけられる（たとえば、グレート・ブレーンズの川の屈曲部のそばの小屋の中の暖炉というような場合である）。場所はそれに名づけることができるが、はっきりした境界をもつ必要はない。動物の生息場所は場所でできている（37頁）。

> 迷路の通路、住宅の部屋、街の通り、田舎の渓谷は、それぞれ1つの場所を構成し、1つの場所は1つの景色（vista）、半ば囲ったところ、一群の現われた面を構成する。「ここ」が点ではなくて広がりをもつ領域だという但書つきで、景色はここから見えるものである（213頁）。

ギブソンが言うように、知覚する主体としての動物とは別のところに客体世界（知覚されるもの）が存在するのではなく、両者が本質的に相互作用して成立するのが環境である。環境は、文字どおり、生活体を包囲するものとして入れ子構造で成立している。

ギブソンは、このようにして主体‐客体の二分法を超えようとした。そして動物が知覚する面や配置や意味や価値は、環境が構成し（constitute）、動物に提供するもの（アフォーダンス affordance）なのだと考えた。

この考え方は、ピアジェがやはり主体－客体の二分法を超えるために、認識とは、主体と環境との相互作用による現実の構成（construction of reality）だと考えたことと一部共通する。ファースのことばを借りれば、ピアジェは「認識は単独に主体の中に存在するものではなく、また独立したものと仮定された客体の中に存在するものでもなく、主体－客体の不可分の関係として主体によって構成されるものである」（40～41頁）という見方を提出した。

ギブソンとピアジェはそれぞれ別々に、狭義にはアメリカの行動主義心理学と認知心理学をつなぐ時代において、広義には「行動」と「認知」の理論的統合において、心理学に対して独自の貢献をしたように思われる。ギブソンは、静態的な知覚ではなく動物（動くもの）の「行動」する「知覚」を扱い、ピアジェは「認知」の基礎を「感覚運動的行為」に求めたからである。そして彼らはそれぞれ別々に、主体－客体の二分法を超えるために「相互作用」「構成」という共通概念に達したようである。

ただし知覚を中心に研究したギブソンと、認知・思考を中心に研究したピアジェとでは対照的な部分もある。「構成」が環境側でなされるのか主体の側でなされるのか、その重点のおき方に大きな違いがあるからである。知覚と認知と思考は、連続的な働きであって、入れ子構造をもつから、どこからどこまでと明確に区別することはできない。しかしたとえば自分を支える地面を知覚することと、地面の意味や価値を認知することとは、水準が違うと考えたほうがよいだろう。「構成」をする主体の重点のおき方の問題や、意図や目的とつながりのある「構成」という用語を使ってよいのかどうかなど、議論が必要である。

だがとりあえずここでは、人と環境との相互作用（インタラクション）によって生まれる心理的現実としての「場所」を扱うことが確認できればよしとしよう。したがって本来ならば、主体、客体ということばそのものが消失するはずではあるが、あえてファースのことばをそのまま使えば、次のように言うことができるだろう。「心理的場所は、単独に主体の中に存在するものではなく、また独立したものと仮定された客体の中に存在するものでもなく、主体‐客体が相互作用する関係として生起するのである。」

■〔ここ〕と〔あそこ〕

この本では、〔私〕を包含する心理的場所のうち、身近な場所を〔ここ〕、遠くの離れた場所を〔あそこ〕と名づけて、この2つについて一般的に考えてみたい。心理的場所は入れ子構造をもつから、もっと細かい単位に分けたり特殊な名前のサブグループに分けることも可能である。

〔ここ〕と〔あそこ〕という用語は、佐久間鼎が概念化した表6‐1のような「コソアド」の体系によっている。彼は言語活動を、話し手と話し相手の両者を含む現前の事態や場（現場、行動の場、指示の場）のなかでとらえるという注目すべき観点を提出した。そして日本語では場所を基準とする指示語の体系が、たとえば英語の here, there などよりもはるかに整然とした合理的なシステムを形成していることを指摘した。

この体系は日本語の人称ともむすびついている。しかし西欧語の一人称、二人称、三人称が、話し手、聞き手、第三者に対応する個人を指すのに対して、日本語の人称は心理的場所に基づくところが違っている。おおまかに言えば近称コ系に属する層に「わたし」という自称が属している。なお自称や他称の呼び名そのものは多数あり変遷も著しいが、コソアドの概念体系には変化が少ない。日本語では、人称よりも心理的場所のほうが基礎枠組のようである。

第三者は、遠称ア系に属している。しかしそれも心理的距離によって使い分けられる概念で、いわゆる三人称とは違っている。「こいつがねえ、こんなことを言うんですよ」と話されるときは、話題になっている第三者は自分と同じ場所にいる「ここの人」、つまり心理的に身近な「内側の人」である。「なあにあの人、あの態度は、ほんとにあれではねえ」と話されるときには、第三者は離れた遠い場所にいる「あそこの人」「外側の人」「他人」として扱われている。

「コソアド」には、現場指示の他に文脈指示の用法もあり、実際の使い分けはかなり複雑である。しかしこの本では、〔ここ〕系と〔あそこ〕系の2つの概念のみを心理的用語として使用する。ソ系は、必ずしもコ系とア系の中間に位置する中称ではないし、基本的にはア系と同じく、コ系を中心とした概念だとみなされるからである。

三上章や森田良行によると「ここ／そこ」は、話し手が聞き手を自分と対立する相手として考えるとき、つまり「わたし」に対して、相手が他人であると認識される場合に多くみられる。わたしの側に属すると考える領域や対象は、「コ」の指示語で表示される。一方、わたしの領域外であるとみなす対象は「ソ」で示される。だから物理的には同じ位置にある同じ対象でも指示語は使い分けられ、必ずしも地理的距離によるのではない。またたとえば、自分の背中を他人にかいてもらいながら「そこじゃない、もう少しこっち、うん、そこそこ」などと言うときのように、たとえ自分の背中でも、相手の手が触れている場所は心理的に自己側には属さず相手側の領域だと判断される場合もある。

一方「ここ／あそこ」は、話し手と相手が共に同じ立場から対象をとらえようとする融合型の発話に多く現われる。つまり話し手も聞き手も「わたしたち」仲間だと認識される場合である。

この場合にも、共通意識の話し手・聞き手（わたしたち）の側にあるととらえる領域や対象が「コ」であるのに対し、わたしたちの側から離れていると考える対象は「ア」である。

非常におおまかではあるが、このように「ソ」系も「ア」系も、「コ」系を中心にして、離れた隔たりのある場所を指す心理的概念だとみなすことができよう。もちろんどちらの場合でも3分法的使用も可能で、対立の場合の「ア」の用法や融合の場合の「ソ」の用法もあるが、私は詳しい言語学的分析に立ち入るつも

表6-1　コソアドの体系

	指示されるもの	
	対人関係	対物関係
話し手	（話し手自身） ワタクシ ワタシ	（話し手所属のもの） コ系
相手	（話しかけの目標） アナタ　オマエ	（相手所属のもの） ソ系
はたの人・もの	（第三者） アノヒト	（はたのもの） ア系
不定	ドナタ　ダレ	ド系

	近称	中称	遠称	不定称
物	コレ	ソレ	アレ	ドレ
方角	コチラ	ソチラ	アチラ	ドチラ
	コッチ	ソッチ	アッチ	ドッチ
場所	ココ	ソコ	アスコ	ドコ
人物（卑）	コイツ	ソイツ	アイツ	ドイツ
性状	コンナ	ソンナ	アンナ	ドンナ
程度	コンナニ	ソンナニ	アンナニ	ドンナニ
指定	コノ	ソノ	アノ	ドノ
様子	コー	ソー	アー	ドー

［注］佐久間鼎の「現代日本語の表現と語法」および「日本語のかなめ」により作表されたもので松村（1971）より引用

りはない。また実際の発話状況における話し手・聞き手という関係から少し離れて、より一般的な理論的概念として〔ここ〕〔あそこ〕という用語を使おうとしているので、とりあえず西欧語にも通用する2つの概念で考えていきたい。

〔あそこ〕は、〔ここ〕を基準にして生まれる概念である。つまり〔ここ〕を心理的場所Aとすれば、〔あそこ〕は心理的場所Bではなく、非Aとして成立する。だから〔ここ〕はそれだけでも存在できるが、〔ここ〕がなければ〔ここ〕以外の場所〔あそこ〕は存在できない。

これらの用語は、日本語の発想を利用してはいるが、日常日本語の用法そのままではないことには注意しなければならない。言語学的な分析とは別に、日本語のもつ発想を心理学に利用する試みはなされてよいだろう。ことばは、暗黙の意味体系と知恵の綱目としての文化が濃縮された「端っこ」であり、効率よく取っつきやすい「手がかり」だからである。

■身の及ぶ領域――「さわる－とる」「ふれる－うたう」

アリもモグラも、それぞれの身の丈に合わせて住みかを掘る。それぞれが互いの居場所を交換したり、大が小を兼ねるわけにはいかない。心理的場所〔ここ〕も、そこの住人である「我が身」が基準になってできる。それは相対的な領域であり、単位のとり方で大きさや広がりはさまざまになる。だが場所の主人の身の丈がほぼ決まっており、身の及ぶ範囲も、身に備わった能力や好みもある程度限られているのだから、人間がつくり出す場所には、ある種の共通性・普遍性があるはずである。少々の個人差や文化差はあっても大きくみれば、しょせん人間はみな「同じ穴のむじな」であろう。

ホールは、人間を含む生活体がその周りに身体やパーソナリティの延長としての距離帯《ゾーン》や空間《ディメンション》をもっていること、目に見えない泡《バブル》に包まれて生きる存在であることを明確にした。彼はその泡を測定可能だとみなして、人間をとりまく4つの距離帯を区別している。密接距離は、18インチ（約45cm）以内の、他者の体温とにおいと息とが直接感じとられる接触距離である。個体距離は、1.5～4フィート（約45～120cm）で、他者に触れることができる身体支配の距離の限界である。そしてその外には、社会距離（約4mまで）と公衆距離が広がっている。

画家が肖像画を描くにも適切な距離があり、モデルと13フィート（約4m）以上離れると、モデルをボール紙から切り抜いた形や風景中の樹木のように眺めてしまい、関係《インヴォルブ》できなくなるという。私たちが見えるものに共感や親しみをもつのは、個人的に触れることができ、厚みや温もりが感じられ、それによって自分の心も揺れるような身近な対象に対してだけである。

〔ここ〕は心理的場所であり、文化や習慣、時と場合や行動のしかたによって変動するから、実際の距離をいつも明確にものさしで測定できるとは限らない。しかし距離が、触覚や視覚など何がドミナントに働くかという感覚情報の質に関係するだけではなく、共感や親しみや温かみなど個人的な感情をもてるかどうか、関係のもち方の質にも関与することは確かなようである。

〔ここ〕は、主体としての我が身にとって「身近な場所」「身の及ぶ領域」のことである。それは、身をもって接触し肌でなじんで親密になった「近所」である。そして、身体でさわったりふれあうことができる「手ごたえのある場所」である。

人間は動くもの（動物）であるから、〔ここ〕にないものも、自ら接近して身近なものにできる。あるもの（相手・対象）と身近になるには、次のような2つの接近法があると考えられる。

ひとつは、我が身を使って、身をのりだしたり、身を移動させて「行く」ことによって接近する方法である。そのやり方の代表的なのは、身の有能な出先器官である手（あるいは手の延長物としての道具）を使って「さわる」「とる」という方法で接近することである。

この接近法は、対象が自分の意志で移動せず、移動したとしても規則的でそのルールを発見しやすく目標として固定できる「物」、あるいは操作可能な「物」であるときに特に効果を発揮する。自分が移動しても、対象のほうも固定しておらず勝手に移動してしまう場合には、必ずしも接近したことにはならないからである。

もうひとつは、「うたう」という方法である。これは、共に同じリズムにのり、呼吸や動作の調子を合わせ、共鳴的に身を振るわせて響きあうというやり方である。「うたう」行動は、基本的に身近な〔ここ〕世界で成り立つ共鳴的・響存的・情動的伝達活動である。そして「うたう」ことによって、相手との隔たりをなくし相手を身近な〔ここ〕へ呼び寄せることができる。

この接近法では、相手も何らかのかたちで共鳴し共に「うたう」ことができないと成立しないから、根源

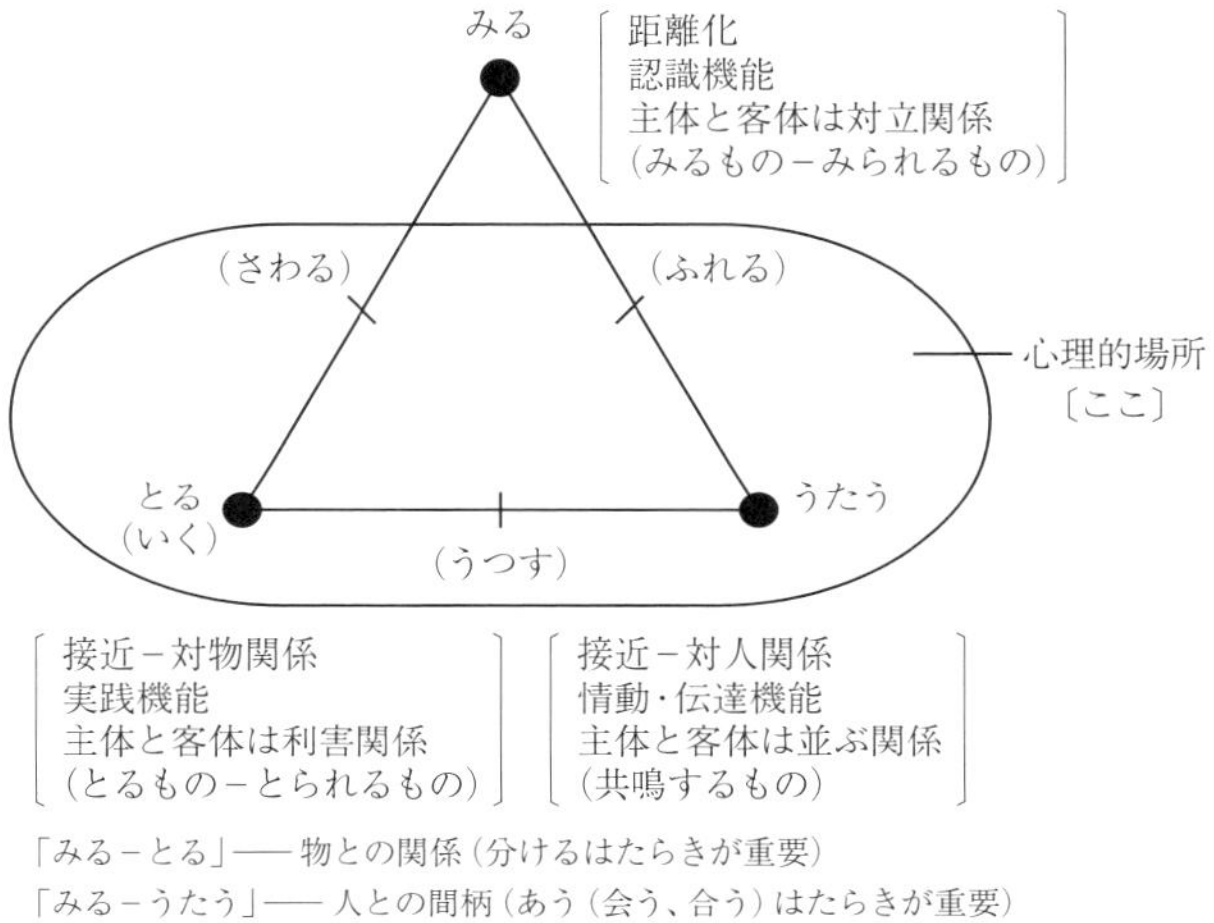

図6－4　行動の三角形（やまだ 1987）と関連する心理的場所〔ここ〕

的な意味で相手も「人」でなければならない。たとえば岩山から落ちそうになったとき悲鳴をあげて泣き叫ぶと、人はそれに応えてあわてて駆けつけてくれるだろうが、岩石は何の反応も起こさないだろうから、岩石と「うたう」ことは難しい。

　第1巻で述べた行動の三角形を、〔ここ〕という心理的場所の側からとらえるならば、図6－4のようになるだろう。これは根元語としての行動であるから、実際行動としては見るだけで〔ここ〕にかかわることもできる。しかし原理的には、〔ここ〕と深く関係しているのは、「とる」「うたう」という質の違う2種類の行動である。

　そして「みる」と「とる」のあいだに「さわる」、「みる」と「うたう」のあいだには「ふれる」を置くことができる。「さわる」も「ふれる」も、「みる」に比べると近接し直接的な接触がなされるが、「とる」や「うたう」に比べると対象を変形したり相手を揺さぶるほどの強力な接触はなされないので、中間に位置づけられる。

　「さわる（触る）」と「ふれる（触れる）」の細かい区別は、別のところで議論した（山田 1986b 第1巻参照）のでここでは立ち入らないが、それらは動作的にはほぼ同義であり、共に軽い接触を意味し、英語では touch 1語で表わされ、漢字でも同じ字で示されている。しかしそれらは、たとえば「肌と肌のふれあい」を「肌と肌のさわりあい」に言い換えることはできないように、日常語でも使い分けられる興味深い日本語である。〔ここ〕は、身近な場所、身の及ぶ領域である。それは、原理的な行動としては「みる」だけではなく「さわる　とる」ことができる場所、あるいは「みる」だけではなく「ふれる－うたう」ことができる場所を意味している。

つまり〔ここ〕は、次のような2つの機能をもつ心理的場所だといえる。第一には「さわる－とる」という行動によって対象を操作することができる、実践的な場所である。第二には「ふれる－うたう」という行動によって相手と情動的に通じあうことができる、共感的な場所である。

3　表象の拠所《よりどころ》〔ここ〕

■時間を場所へ

「学問」とは文字どおり、問うて学ぶことだとすれば、どのような答えを出すかということよりも、何に関心をもち、どのような問いをたてるかがもっとも重要である。

ダーウィンはなぜ、さまざまに異質にみえる種のあいだに驚くべき連続性があり、それが「進化」という歴史的時間軸の上で統一されるのではないかと問うたのだろうか。フロイトはなぜ、一個人のなかで一見異質にみえる情動的行動に連続性があり、その深い「無意識」の根源を本人が忘れ去ってしまった乳幼児期にまでさかのぼることができるのではないかと問うたのだろうか。ピアジェはなぜ、知能の発達を乳幼児期にまでさかのぼる「発生的認識論」に関心をもったのだろうか。

問いが変われば、学ぶもの、発見するものも変わる。これらの学者の問いはいずれも新しいものであったが、その底に文化的伝統としての「歴史的感覚」が流れていることでは共通している。

もしヨーロッパの精神が、シュペングラーの言うように無限のかなたへと向かっていく遠さへのあこがれに基づいていた〔あそこ〕志向のものだとするならば、それは未知の海や空へと旅立って「いく」冒険の精神であったと同時に、歴史的な感覚、時間的な感覚だったといえるだろう。

しかし遠さとは——これは同時に歴史的な感覚である。遠さの中では、空間は時間となる。地平線は未来を意味する。(『西洋の没落』228頁)

〔あそこ〕志向では〔ここ〕という確かな厚みのある場所は存在しにくい。「遠さの中では、空間は時間となる」から、現前は常に過去から未来へと続く時間系列のほんの一部の点になってしまう。現在というときは次の瞬間には過去へ変わってしまうのである。

それとは逆に〔ここ〕志向では、つまり「近さの中では、時間は空間となる」から、静態的な「形」になりやすい。たぶん日本文化は、どちらかといえば身近な〔ここ〕志向であり、過去と未来を連続的に見据える歴史的感覚が欠けている。その代わりに、今ここで直接的にふれあう、手ごたえと実感のある生き生きした現在の世界〔ここ〕で共感的に「うたう」知恵と、そのような心理的現実に即した記述語を豊かに育んできたように思われる。

たとえば第1巻で述べたような擬音語・擬態語の類がなぜ日本語では発達しているのかといえば、日本文化が、〔ここ〕から切り離された堅固な〔あそこ〕の世界を構築するよりは、〔ここ〕で「うたう」という共感的伝達のほうに比重をかける文化だからだと考えられる。

表象とは、〔ここ〕にいながら〔ここ〕にはない世界をも視野に入れる働きである。この場合の〔ここ〕は、単なる空っぽの空間ではなく、我が身が及ぶ領域、身近な触れられる場所である。〔ここ〕は、さらに時間的な概念も統合された場所である。時間もまた、瞬時に一定の時を機械的に刻んでいく空っぽの枠組ではなく、厚みと実質のある場所、ひとまとまりのできごとが生起する場所としてとらえ直さなければならない。現前の場所〔ここ〕とは、決して瞬間としての現在のことではない。

心理学的には、時間と空間を別々のものとして把握すること自体が誤りだろう。たとえば「去るものは日々に疎し」とは、死や転居や離別などによって時間的に遠ざかって過去の人になっていくことであるとともに、空間的にも遠ざかり身近にいなくなっていくことでもある。

このように心理的には時間と空間の概念は切り離せないのだが、日本語の〔ここ〕という概念には「今」という意味も含まれているわけだから、見事に心理的現実にフィットしている。しかも〔ここ〕という概念では、どちらかというと時間よりも空間概念のほうがベースになっている。

時間は空間へと翻訳されたほうが記述が容易になると思われる。なぜならば、アナログ時計の文字盤も時間を空間で表示する工夫のひとつなのだが、継時的なイメージは保持することが非常に困難であるのに対し、空間的あるいは視覚的なイメージは表象化が容易であり、人間にとってたいへん効率のよい情報処理様式だからである（山田 1984; やまだ 1988a）。

〔ここ〕という心理的場所をもとにした用語で概念化すれば、対象が現前するか否かを扱う表象の問題を、主体と対象との時間的距離（present-past, present-represent）の問題としてだけではなく、空間的距離の問題（here-there）と統一的に扱うことができる。

ピアジェは「時間」と「空間」を分ける従来の枠組にそって「時間概念」と「空間概念」の発達を別個に記述しようとしたが、それはあまり成功したとはいえない。しかし彼は「ものの永続性」という概念で、つまり時間（物が現在の時間を越えて記憶されること）の問題を、現在見えている場所ではなく以前にあった場所を捜す、〔ここ〕か〔あそこ〕かという、場所（place）の問題としてとらえたときに乳児の認識活動を記述することに成功した（山田 1982b）。

また後に図6－7に示すような心理的場所〔ここ〕を基準にしたモデルを使うと、表象や有意味語の出現する前段階である0歳代の三項関係を、その後の発達と関係づけて理解しやすくなる。現前する空間の中での距離化（「近く」と「遠く」）の問題を、現前するものと現前しないものとのあいだの距離化（表象）の問題へと関連づけ、統一的に把握することができるからである。

たとえば従来は、静観的な指さし「あそこ（there）にあるものを、ここ（here）で指し示すこと」と、表象的な延滞模倣「以前に（past）見たものを、現在（present）に再現する（represent）こと」が理論的、発達的にどのように連関しているのかは明確ではなかった。

しかし私の枠組では、現前する空間の中で遠くを指し示したり、すぐに取りに行かないでじっと眺めるというような静観的認識行動を、身振りやことばで〔ここ〕にないものを表現する表象行動の一段階前の行動として、同じ図式の中へ位置づけることができる。

表象とは、世界をつかの間に行き過ぎる個々バラバラのものとしてではなく、前に見たものと同じものだとまとめてみることができる認識の枠組をもつことである。自分は常に現在の地点〔ここ〕にいる。過去と未来は方向的には反対のようだが、両方とも「遠く」の場所〔あそこ〕であることは共通している。

〔ここ〕という心理的場所が基準となって、それ以外の場所も位置づけられる。それによって世界は、つかの間に過ぎ去っていくその場限りのものではなく、まとまりのあるものとして意味づけられていく。そのような基本的な枠組ができていくことこそ、意味作用の意義なのである。

■近くと遠く――「身でかかわる場所」と「眺める場所」

心理的場所という観点から眺めると、表象発生までの子どもの発達はどのように描かれるのだろうか。第1巻の簡単な復習をしながら概観してみたい。

〔ここ〕と〔あそこ〕は、おおまかに言えば「近く」と「遠く」のことである。

新生児は、ごく近くの場所で生きているといってもよいだろう。たとえば視覚的発達でみると、新生児は、まだ遠くの物をよく見ることができず、近く（目から約18～38㎝）の物だけを見ている。その後は、視野に入る範囲は急速に広がり、生後2か月までには同じ部屋（3.4m以内）の大人の虹彩が見えるほどになる（マッコールなど）。

このように距離の視覚的技能という点では、早くから発達し、生後約半年ではかなり大人に近く相対的に完成とみなせるまでになる。しかしその後も心理的には、近くと遠くは、乳児にとってかなり違った意味をもちつづけるのではないかと思われる。

そこで「近く」を、身を使って何らかの直接的変化をひきおこす「身でかかわる場所」、「遠く」を、視野に入れることはできるが、直接には変化をひきおこさない「静観的に眺めるだけの場所」と暫定的に定義して考えてみよう。それを図式的に示すならば、図6－4のようになるだろう。

私たちの実験によれば、0歳代の初期では、物理的な距離としての近くと遠くによって「身でかかわる場所」と「眺める場所」とが分かれていることが示唆された（吉田ほか 1980）。

その研究では、4人（男女各2人）の乳児を、生後約65日から約240日まで、縦断的に2週間おきに観察した。乳児を実験室のベッドの上にあお向けに寝かし、白い壁の手前に、チェッカーボード（一辺20㎝の正方形に3㎝四方の図柄）を、20、60、120㎝の3種類の距離のいずれかに30秒間静止して呈示した。これが「静止条件」である。その前後には、ボードを遠くから近づけていく「接近条件」と、近くから遠ざけていく「後退条件」についても調べた。

そしてVTRの記録から、注視（visual regard）、身体運動の活性化（activated bodymovement）、上肢の持ち上げ動作（upper-limb lifting）、それぞれの持続時間と頻度と生起パターンを計測した。

その結果では、すでに生後3か月で、物が遠く（120㎝）にあるときと、近く（20㎝）にあるときとでは、乳児の行動のしかたが違っていた。

物が遠くにあるときには、乳児は注視をしたが、身体は活性化しなかった。遠くの物に対しては、乳児はただそれを見るだけであり、身体でかかわろうとする活動はみられず静的に対応したのである。

物が60㎝より近くになると（この距離は、寝た姿勢での乳児にとっては、眺める場所と身でかかわる場所との境界区域になると考えられる）、手足が活性化しはじめた。そしてブルーナーが、ポンプくみ（pumping up）と呼んだ運動、身体全体が興奮して、両腕や両手や両足をしきりに上げたり下げたりバタバタと振り動かす運動が増えた。

乳児は、物が遠くにあるときには、静かにそれを眺めるだけであったのに、それが近づくと、それとの交渉をはじめるかのように、活発な身体の動きを開始したのである。

このような身体の活性化は、物だけではなく人を相手にしたときにもよくみられた（第1巻観察8など）。これは物を直接操作する「とる」行動とは違って、外界を変化させるのではなく、自分の身の変化をひきおこす身体全体での興奮状態の発現であるから、身体で「うたう」行動のなかに含まれるだろう。

生後4、5か月ころから出現したリーチング（この実験状況では上肢の持ち上げ動作として観察された）においても、この時期では視距離とぴったり対応しており、物が遠くにあるときと、近くにあるときとでは、手の出し方が明らかに違っていた。特に、物を遠くから近づけていく「接近条件」の場合には、次のような行動がまるで機械人形のようにステレオタイプ化したかたちで生起した。

物が120㎝の距離にあるときには、乳児は注視はするが、手を持ち上げる動作はまったくしなかった。物が60〜70㎝の距離になると、両手を持ち上げて伸ばすリーチングの動作が起こされたが、腕や手はその位置で構えたままで、つかみの動作は起こらなかった。物が30㎝近辺になると、両手を同時にはさむように正中線の位置で合わさるという、明確なつかみの動作がひきおこされた。

このような距離に対応した行動の違いは、実験場面ほど精密ではないが、日常的な場面でもみられた（第1巻観察229、232、235、236など）。このレベルでは、単なる興奮の発現ではなく、明らかに物に向けられた操作活動「とる」になっている。

以上のように生後5か月くらいまでは、「うたう」か「とる」行動かその種類は別として、いずれにしても身体運動の活性化や手を伸ばす行動は、視覚的な距離に対応して生起していることがわかる。対象との物理的距離が遠いか近いかによって、「眺める場所」と「身でかかわる場所」とが区分されているようであった。

0歳代の後半になると、このような距離に対応したパターン化した行動はみられなくなる。近くの物でも興味がなければ手を出さないし、遠くの物でも欲しければ身をのりだして手を伸ばすようになる。そして乳児をとりまく場所は大きく変化する。寝返りやハイハイやつかまり立ちや歩行によって、身体移動ができるようになるからである。乳児が自分で移動できるようになると、いったい何が変わるのだろうか。

まず眺めることで静観的にしか対処できなかった場所がかなりの程度、自分の身でかかわる場所へと転換できるようになると思われる。0歳代のはじめには、隣の部屋は「遠く」であっただろうが、移動してそこまで行くことができれば、「近く」へと変えることができる。このようにして移動能力をもった乳児は、自身の力で「近く」の範囲を顕著に広げていくことができる。

移動できるようになると、乳児は見知らぬ場所へ行き、積極的に探索をはじめる。台所やトイレや風呂場など、あまり行ったことがない珍しいところや、日常の遊びを禁じられていたり遠ざけられていたところへどんどん出かけて行くようになる。

このようにして乳児は、見知らぬ遠くの場所〔あそこ〕も、自分の身近な近くの場所〔ここ〕へと転換していく能力を、運動技能の面からも、探索意欲や知的好奇心など動機づけの面からももつようになる。

このような「遠く」を「近く」へ、眺める場所を身でかかわる場所へと転換しようとするようなタイプの認識行動を、実践的認識行動と呼ぶ。それは遠くへ向かって「行き」、自分の手で外界を変形できるように手の届く範囲を拡大しようとするタイプの、外界志向性の認識行動である。

それに対して逆方向のタイプの「行かないでここにとどまって見る」認識行動を、静観的認識行動と呼ぶ。そして興味深いことに、このように乳児が遠くへ「行く」ことができるようになる、まさにその同じ時期に、矛盾する方向をもつ「行かないでとどまって見る」静観的な認識行動もまた出現しはじめるのである。

■静観的認識から表象へ

第1巻で述べたように静観的認識行動は、表象の発生と深い関係がある。静観的認識とは簡単にいえば「ここにとどまって見ること」である。同様の言い方でいえば表象とは「ここにとどまって、ここにいながら、ここにないものを認知すること」である。

次のような例をもとに発達の概略をみてみよう。目の前の母親がいなくなったとき、子どもはどうするだろうか。0歳はじめの乳児では、一般的には母親が目の前にいなければこの世にいないも同然で、いない人を捜す行動は見られない。彼らは〔ここ〕だけの世界に生き、〔ここ〕だけの世界を眺めている。彼らは〔ここ〕以外の場所があるとは思いもしないし、また実際に別のところへ行く能力もない。

0歳終わりの乳児は、母親が見えなくなったとき、母のいるところまで追いかけて行く。〔ここ〕の他に〔あそこ〕という別の場所を視野に入れて、〔ここ〕から〔あそこ〕へ行くようになるのである。

それは次の2つの過程に基づいている。目標〔あそこ〕が明確に認識されることと、〔あそこ〕へ向かって行く実際的能力が形成されることである。この例では、母親が永続性をもち、見えなくても明確に目標として認識し保持できることと、実際に目標としての母親のところへ行く移動能力ができることである。〔あそこ〕へ取りに行く実践的認識行動ができるのである。

やがて乳児は、母が〔ここ〕にはいなくても別のところ〔あそこ〕にいることがわかる。しかし、不在の母を「ママはあそこにいったんだ」とわかったときにも、次のような方向の違う2つの行動が可能である。

第一には、実際に自分も〔あそこ〕へ追いかけて行くという方向の行動である。後追いと呼ばれる。これは先に述べた実践的認識行動である。

第二には、〔あそこ〕へ行かないで〔ここ〕にいながら、〔あそこ〕を見るという方向の行動である。

後者の場合を考えてみよう。母親がたとえばトイレに行ったときに、乳児はあわてて追いかけて部屋を出て行かずに、トイレの方向を指さして見るようになる。これは静観的認識行動、つまり〔ここ〕にとどまって〔あそこ〕を見る行動である。

状況によっても違うが、1歳半ばの幼児は「ママはトイレへ行ってきますからね」と言えば、トイレが見えないところでも「ママいってらっしゃい」とでもいうようにバイバイして帰りを待つことができる。今〔ここ〕にいない母とその行く先〔あそこ〕を〔ここ〕にいながら思い浮かべることができれば、〔ここ〕から行かなくてもすむ。それは〔ここ〕にいながら〔ここ〕にないものを認知する表象行動である。

表象とは、〔ここ〕にいながら〔ここ〕にはない世界をも認知できる能力である。それは〔ここ〕にとどまるからこそ達成できると考えられる。

〔ここ〕にはないものを取りに〔あそこ〕へ接近して行くときには、自分自身が移動することで自己の領域〔ここ〕を拡大しようとする。〔ここ〕にないものを追いかけて行き、常に〔あそこ〕を〔ここ〕へと転換する働きをする限り、〔ここ〕の物理的範囲は少々拡大するにしても、自己の身体や運動の及ぶ領域に世界を限定せざるをえない。

〔ここ〕にとどまって見るときには、自分自身は、直接〔あそこ〕へ行く必要がない。自分の代わりに別のものを代理にして、〔ここ〕へ運ばせればよい。そうすれば自分は〔ここ〕にいながら、〔あそこ〕の世界をまざまざと認知することができる。

現実を超える世界、〔ここ〕にはない世界を認知しようとすれば、逆に〔ここ〕から出て行かない、〔ここ〕にとどまるという矛盾する方向の行動が必要なのである。

4　自己の居場所〔ここ〕

■個人と場所――〔私〕と〔私たち〕

今までのパラダイムでは、これ以上分割できないものという意味をもつ「原子」あるいは「個人（individual）」こそ、あらゆるものの基礎単位だと考えられてきた。それらは、シンプル・ロケーションつまり「文脈（コンテクスト）」と本質的な関係をもたなくても存在できる、明確な境界をもつ独立した「個」であると概念化されてきた。

人間は、頭や胴や手足などさまざまな要素を集めたものではない。それは、それ以上分割できない最小の単位だからこそ、1つのまとまりのある実在となり人格や意味をもつのである。だから個人という境界はなくてはならないようにみえる。個人という概念は、人間の基本的単位として、たいへん確かで普遍的なようにみえる。

しかしたとえば、自分の気持は自分の所有物で、他者の気持は他者の所有物だとみなし、両者がコミュニケーションして気持を通じあわせるのは、2人の個人が互いに主体と客体の役割を交換しながら物をやりとりするのと同じだと考えてよいのだろうか。

あるときには「気持」は個人としての自分の内部にあるようでもあるが、ときには自分のものではないようにも働くのではないだろうか。日本語では「気がつく」「気がすすむ」「気がすむ」「気が滅入る」「気がふれる」などのように「気」は主語としても使われ、自分の意志やコントロールが及ばない別の生きもののようでもある。「気持」は周囲との相互作用によって生みだされるというだけではなく、個人という枠を越えて浸透したり染み出したり周りに漂ったり、自在に動くようにみえるのである。

精神病理学者の木村敏は日本語の気の概念を分析して、「気」は自分の所有物というよりも「人と人とのあいだ」にあるものだと考え、次のように述べている。

「気」は、大部分自分以外の相手との関連において見られており、さらにその多くは、自分自身の「気分」が、相手側の事情のみによって動かされている様子を示している。……つまり、気は一応は自分のものとして言われていながら、自分の自由にならぬもの、周囲の情勢次第でいろいろに変化するもの、その意味で「人と人との間」

にあるものということができる。

（木村敏『人と人との間』）

さらに「気」は「人と人とのあいだ」だけではなく、「心理的場所」に満ちていると考えられる（やまだ1988a）。「気」は、自分が主体となって動かす客体ではなく、主体としての相手によって動かされる客体でもない。「気」は、〔ここ〕という場所のなかで自然に共鳴しながら鳴り響き伝わっていく風のような「うた」である（第1巻）。

「気」とは、〔ここ〕という現存の場所に生みだされる、空気や雰囲気や波長や風のような運動体である。それは、その場所にいる〔ここ〕の人間には、熱気にうたれたり、波にのったり、渦にのまれたり、温かい空気にほのぼのし、冷ややかな空気にしらけたりする強い伝達力をもつが、その場所にいない〔あそこ〕の人には伝えにくいムードである。もちろん時間を隔てれば、かつての自分自身も〔あそこ〕の人・他人になるので、そのときには確かに当然と感じられた空気を、後で思い出そうとしてもわからなくなり、うそのように感じられることも多い。

「個」という概念は、空っぽの空間（space）という概念とセットになっていた。つまり周囲と本質的な連関をもたなくても独立して存在しうる個人は、空の枠組である空間の中を移動するのだと考えられてきた。それに対して、〔ここ〕という心理的場所は、空っぽの空間ではなく、それは周囲へと影響を及ぼす目にみえない波長のような運動体としての「気」が満ちており、「気」の「うた」としての風が吹いている生き生きした場所である。このような心理的場所〔ここ〕を理論のベースにすれば、個人と個人の境界は重要ではなくなる。そして、人が存在する場所や場所のありさまのほうが重要になる。

〔ここ〕という場所に共にいるものどうしの境界は定かではなく、〔私〕だけがいる場合もあれば〔私たち〕がいる場合もある。そして〔ここ〕に漂う「空気」や「雰囲気」は、自分に属しているものでもなければ、相手に属しているものでもなく、〔ここ〕で共に呼吸されている「気分」として存在するのである。

個の概念は、人称の概念のベースにもなっている。話し手である「私」（一人称）はすべての基本であり、その存在は他者（三人称）の存在と同じように明瞭な自明の前提である。西欧語はある意味で「人称中心言語」であり、動詞は基体としての人称に付属して変化する。

それに対して日本語はある意味で「心理的場所中心言語」である。人称は心理的場所のなかに入れ子型に包まれ埋め込まれている。〔私〕が存在する視点や居場所がもとになっているから、逆に〔私〕は明示しなくてもよい。そして心理的場所が替われば、人の呼び名も替わってしまう。人は心理的場所のなかに含まれているのであって、それと切り離されて独立に存在するものではない。だから、舞台（心理的場所）が変われば俳優の役割も変わるように、人の姿も呼び名もさまざまに変化し変身するようにみえる。

これは先に人称があって、それが場所に「所属」や「付属」や「帰属」しているというのとは違う。個人よりも心理的場所のほうが基盤だからである。したがって心理的場所は、たとえば個の「所属集団」などの概念とは、具体的な場面では類似する場合もあるが理論的には相違する。個として独立に立つ（independent）という概念がないのだから、独立－依存、基体－付属（所属）という概念枠そのものが成立しない。

今までの理論の多くは、個としての人称の概念をもとにつくられてきた。たとえばブーバーの関係論は、「我－それ」という三人称的な関係のありかたに対して、「我－汝」という二人称的な関係を主張するものだと考えられる。

中世の擬人化（人もどき、あるいは人もどきの神）の世界観に対して、近代の「科学的」で「客観的」なアプローチとされた方法論では、人間関係でさえ「我－それ」の擬物化した関係に還元しようとしてきた。「我－それ」の関係とは、私のことばでいえば物との関係づけ、つまり主体と客体とを対立的にとらえたる。

「とる（いく）」関係のことである。これでは、人でさえ物もどきに、つまり擬物化して理解されることにな

だからブーバーが「我－それ」（物との関係づけ）とは異質の関係として、「我－汝」（私のことばでいえば、人と「うたう」）の関係があることを明らかにしたことは重要である。しかし彼の関係論が、あくまで個としての人称を基礎に成立していることには変わりがない。

そのような事情は、森有正の二項関係論などにおいても同様である。彼は、西欧の思想体系を血肉にして自ら生き思索した日本人としては稀有の哲学者であるが、やはり個人と人称という概念の枠組から出ていないという限界がみられる。

森は、「日本人」あるいは「日本語」においては、経験が自分一個人の経験にまで分析されない、つまりそれをもつ主体がどうしても自己を定義しないで、間柄的な二項関係になってしまうのだと指摘した。二項関係では、2人が相互に浸透した直接的、無媒介的な関係がつくられる。それは2人が1つの共同の物をつくり出すのとは違っている。なぜならば共同の所有物は、必然的に三人称であって、「汝－汝」の二項関係にとっては異物になるからである。二項関係においては、個人というものは存在しえない。

このような森の二項関係についての考えは正しいだろう。しかしそれを、彼が言うように「汝－汝」の関係だと概念化してよいのだろうか。「我」という一人称のない世界には、三人称が存在できないだけでなく、「汝」という二人称も存在しないのではないだろうか。

理論化のベースを「個人」ではなく、「心理的場所」にしてみたらどうだろうか。存在するのは〔私〕あるいは〔私たち〕のいる〔ここ〕という心理的場所である。〔ここ〕にいるのが〔私〕一人なのか、二人であるか、あるいはもっと多くの集団であるかは、それほど本質的なことではない。〔私たち〕の場合も〔私〕一人の場合もある。

〔私〕と〔私たち〕の区別が本質的ではないということ自体が、個の概念からみると驚くべきことである。人は個として独立しており、個人としての人と人とは互いを紐でつなぐような関係（relation）をつくるという前提で考えれば、それは他者との依存・融合関係であり「自己」がない状態だとしかみえない。

しかし〔私〕と〔私たち〕の区別が本質的でないことは、〔私〕がいつも汝を必要としており、汝の汝としてしか生きられないということではない。〔私〕は心理的場所を基礎に生きているのだから、汝（二人称）も他者（三人称）もいなくても、一人だけで〔ここ〕にいることが可能である。その意味で、一人でも孤独に生きていくことができる相当強靭な「自分」を保持しうるのである。

「間柄」とは、人と人とのあいだだけを意味するのではなく、何よりも〔ここ〕という心理的場所「間《ま》」との関係を意味するのである。

■表象と自己の発生基盤〔ここ〕――三項関係と静観的認識

〔ここ〕という心理的場所は、表象と自己が発生する基盤となる。心理的場所という観点からみると、第1巻で述べたコミュニケーション機能における「三項関係の形成」と、認識機能における「静観的認識の形成」という2つの変化は、決して別々のことがらではなく、密接に関係することが統合的に理解できる。

「私－もの－人」という「三項関係」をつくること、つまり人との関係づけのなかに媒介項を挿入できるということは、〔ここ〕世界の情動的に「うたう」関係（泣きや微笑や叫びや悲鳴やあくびのような情動をもとにした伝染的伝達）のなかへ、離れた〔あそこ〕世界の論理を介在させることである。それは「ここから出て行かないで、あそこを見る」という「静観的認識」の形成と、身近な〔ここ〕だけの世界に、離れた〔あそこ〕の世界が連結されるという点では原理的に共通している。

そして両者ともに、基礎となるのは〔ここ〕であって、〔あそこ〕ではない。つまり三項関係の形成では、〔ここ〕世界での人との「うたう」関係づけが基礎になって、その中へ物との〔あそこ〕へ「いく（とる）」という関係づけが組み込まれるというやり方でむすびつけられる。また静観的認識の形成では、〔あそこ〕へ行くという〔あそこ〕志向のやり方ではなく、〔ここ〕にとどまって〔あそこ〕を見るというやり方で〔あそこ〕が連結されるのである。

それらの機能をベースとして表象ができる。表象とは「ここにいながら、ここにないものをイメージすること」である。それは個人としての子どもが一人で到達するのではなく、〔私たち〕が〔ここ〕で並んで見るという関係からできる。つまり子どもは〔ここ〕にいて体験を共にしている人びとと一緒に世界の意味を了解しはじめるのである。意味は、〔ここ〕で共同生成される。

ピアジェ理論のごとく、今まで子どもは、探検家や開拓者のようにイメージされてきた。コロンブスのように好奇心と冒険に満ちた孤独な探検に出かけて「行く」ことによって新たな外界を発見したり、インディアンと闘う開拓者のように外界と闘って新しいものを「とる（獲得）」ことによって発達するのだと考えられてきたのである。

また主体的で能動的な子ども像を想定しない場合には、子どもは他者（母親）に依存してしか生きられない未分化な受動的存在だと概念化されてきた。その場合には、子どもは母親に依存・愛着し、母親が与えてくれる栄養や刺激などを「とり入れる（摂取・獲得・学習）」ことによって発達する。やがて未分化だった子どもは、母から分化して「行き」、依存から独立して個になるのだと考えられてきた。

このような考え方は「とる（いく）」発達観と呼ぶことができるだろう。図6－5は、それを簡単に示したものである。

私が考える発達観は、それとはかなり違っている。子どもの心理的現実を推測することは難しいが、乳児期初期から自己覚知への発達をおおまかに示すと、図6－6のように「入れ子」型になるだろう（Yamada 1983; やまだ 1988）。

0歳の初期では、世界は共鳴的で伝染的な情動的な〔ここ〕、風が吹きぬけるような、つかの間の〔ここ〕という場所だけで成立している。それは現前の場所ではあるが、瞬時的な「場」に近い性質をもった、より小さい単位の場所、境界のない場所である。

だから0歳初期の子どもの〔ここ〕は、まとまりのある一連の「できごと」を含む厚みのある場所ではない。まだ、そこが場所であるという自覚もなければ、〔私〕も他者も覚知されないと考えられる。

〔ここ〕は、〔あそこ〕ができて、意味をもつ。場所は、仕切られてはじめて意味をもつのである（やまだ 1988a）。それは人の知覚において輪郭線で囲まれた場所がその背景とは違った部分として、「地」に対して「図」として浮かびあがって見えるのに似ている。人がものを知覚するとき、視野全体が等質な光で満たされているときは、霧の中に入ったときのように形は見えない。形が知覚されるためには、一様な視野の中に異質の領域が出現して、それがまとまって周囲から分けられ図になることが必要である。そのとき共通の境界であるはずの輪郭は、図となる一方の側にだけ所属し、その領域をまとめる。もう一方の側は、地として背景に沈み広がって形をなくすことになる。

図になりやすいのは、閉合（閉じている、または取り囲まれた領域は図になりやすい）、内側（2領域が内側と外側の関係にあるとき、内側の領域はたとえ完全に取り囲まれていなくても図になりやすい）、狭小（より狭い領域は図になりやすい）などの条件のときである。

このような「図」となりやすい条件は、そのまま「場所」にもあてはまる。「仕切られた場所」をつくることは、その内側の領域を外側と分け、内の領域を特別の形ある場所として浮かび上らせる働きをする。認識すること、つまりわかる（分かる）ことは、このように領域が分けられて成立するのである。

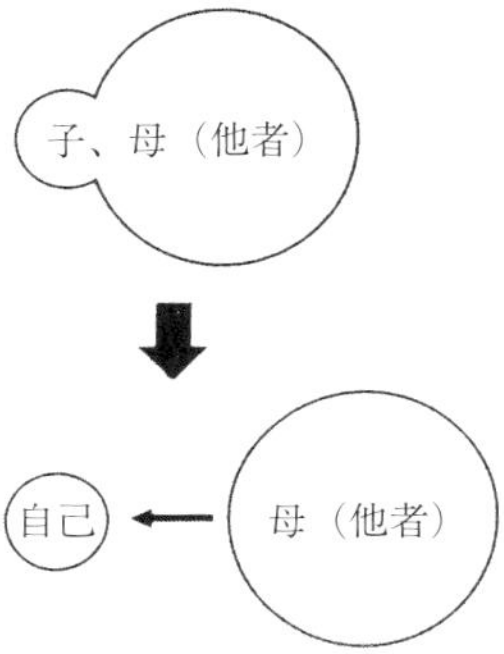

子は母（他者）に依存している。２人の個人は互いに未分化で、くっついている。

自己は母（他者）から、分離、分化、分立し、独立した個人（individual これ以上分けられない最小の単位）となる。

図６−５「とる（いく）」発達観による自己覚知（Yamada 1983, やまだ 1988a）

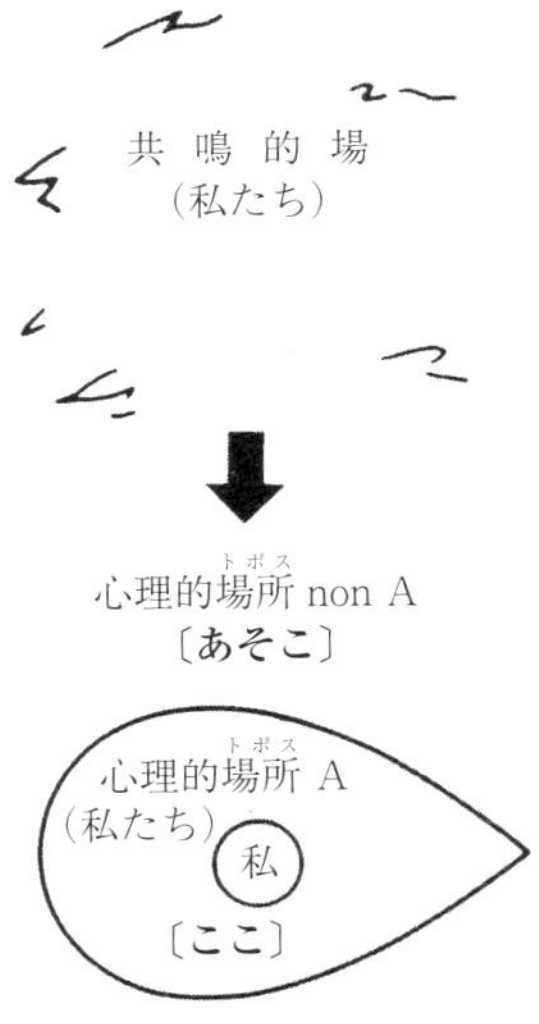

母と子は互いの活動が同期《シンクロナイズ》した、情動的な通じ合いの場、共鳴的な場（私たち）に生きている。

私は、〔あそこ〕(non A) と区別された、〔ここ〕、囲われた心理的場所《トポス》 A（私たち）の中核として覚知される。

図６−６ 「入れ子」型の発達観による自己覚知（Yamada 1983, やまだ 1988a）
（子どもの視点からみた「私」の発生）

だから0歳代初期の〔ここ〕は、1歳代以降に成立する〔ここ〕、つまり囲われ仕切られてまとまりのある景色や風景や事象を含みこんでいる領域としての〔ここ〕とは質が違っている。それはまだ、〔あそこ〕と2領域に分かれていない。

〔ここ〕という心理的場所が真に定まるためには、〔ここ〕と区別された〔あそこ〕の存在が必要である。そのとき〔ここ〕は、世界を統合しまとめる枠組となる。そして〔ここ〕の中心に形成されるものこそ、自ずから分けられるものとしての自分という覚知〔私〕だと考えられる。

表象と自己覚知（self awareness）は、いずれも完成に至るまでには非常に長い年月が必要だが、発生の開始は共にほぼ同時期の1歳代前半ころからである（山田 1982a）。〔ここ〕という用語を用いた理論化は、従来別々に考えられてきた表象と自己の形成とを統合的に理解していく道をひらくであろう。

■意味の共同生成――表象を含む三項関係

0歳後半で形成される三項関係は、次の段階において〔ここ〕で「意味の共同生成」をするベースとなる人間関係を提供すると考えられる。

1歳代前半に生じる大きな変化のひとつは、子どもからみて「子ども―もの（媒介物x）―人」のなかの、媒介となるものの性質が変わることである。表象を含む三項関係への変化と言ってもよい。

媒介項は、現前する具体的な物そのもの、あるいは行動そのものではなくなり、意味記号（能記、意味するもの）と意味内容（所記、意味されるもの）とに分化する。そして、ここに存在しない目に見えないもの、抽象化されたものが媒介項に入るようになる。

たとえば、子どもがおもちゃの犬のぬいぐるみを指さしたり、提示して母に見せる場合には、目の前の犬

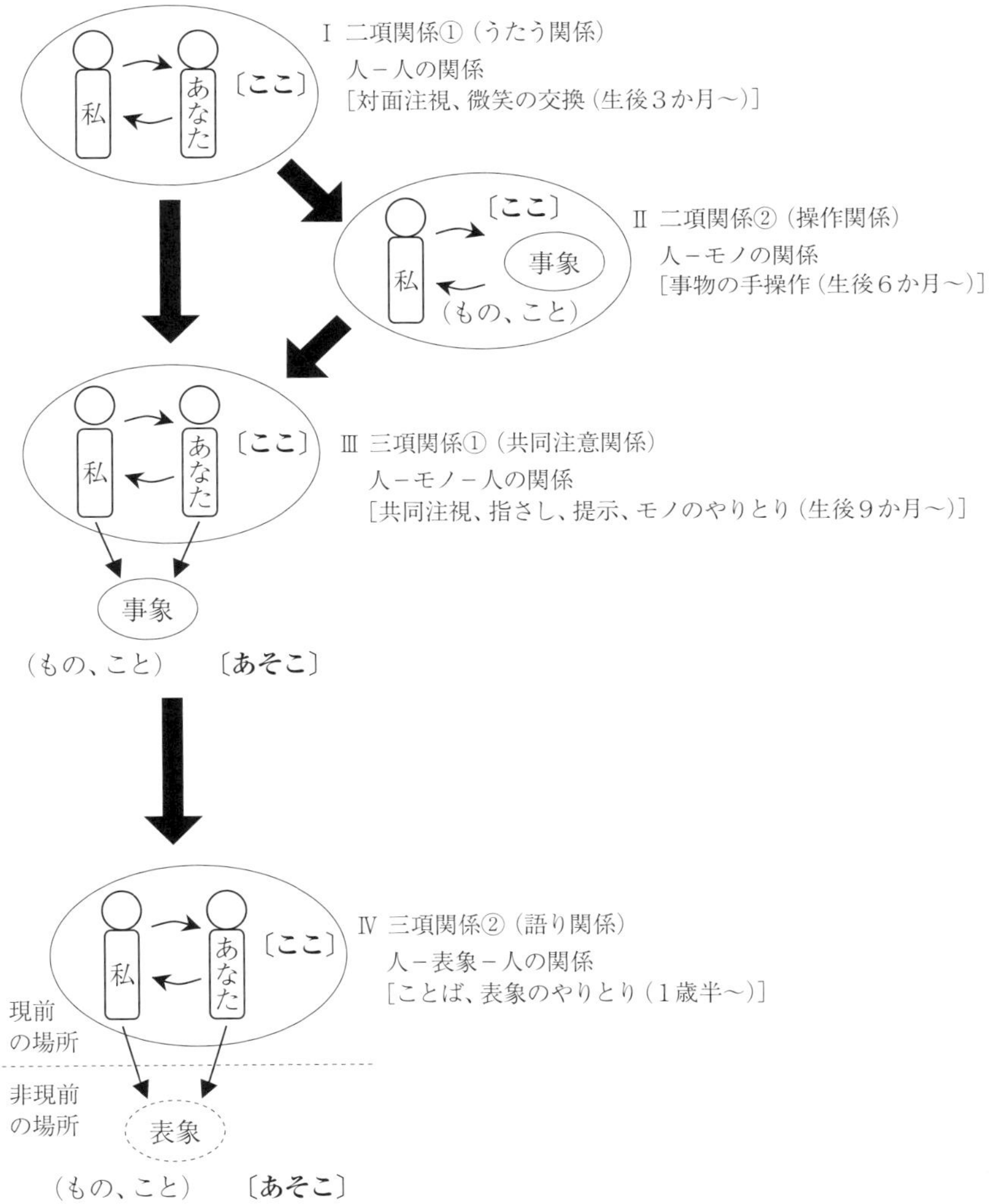

図６－７　三項関係をもとにした表象の発生（やまだ 2005）

のぬいぐるみという具体的な物が子どもと母との媒介物であった。それがことばの伝達の場合には、「ワンワ」という名前と、その名前で示される「犬というもの」が媒介項となる。

また母子のボールのやりとりでは、ボールという具体的な物が媒介物となって、子どもと母とのあいだを行き来した。それに対して、ことばのやりとりでは、ボールの代わりに、音声記号としてのことばと、目に見えないその意味内容とが、媒介項としてやりとりされることになる。

その関係づけの変化は、およそ図6－7のように示すことができる。指さしは基本的に、私が相手と並んで同じものを共に見るという「並ぶ関係」をつくる行為であった。またボールのやりとりは基本的に、私と相手とのあいだの物のやりとりであった。

それらは別々の作業ではなくなりドッキングして、現前しない意味内容を共に見、共にやりとりするという関係に変わる。私と相手は〔ここ〕で共に、意味のやりとり（意味記号のやりとりと、それによる意味内容のやりとりという二重化したやりとり）をしながら、共同で同じ意味（意味記号に表わされた意味内容）を見ることになる。

ものが現前にあるときには、自分が見るものと相手が見るものとのあいだに、それほどの作業をしなくても、ずれが生じることは少なかった。しかし、ここにないもの〔あれ〕を共に見るときには、私と相手は互いにやりとりを繰り返し、少しずつずれを修正し確かにし相補するような共同作業がどうしても必要である。

このようにして、三項関係をベースにした共同行為のなかで生成された意味は、純粋に子どもだけがつくったものでも、大人が教えたものでもなく、まして意図して作られた作品ではない。それは第三者にも通用するような公共性はないが、〔ここ〕で体験を共にしている人びとのあいだでは、互いに共通に（common）、通じあう（communicative）ことのできる、はじめから社会的なものとして生みだされる。

■〔この人〕と〔私〕―― 三項関係の相手と自己覚知

0歳のはじめには、人への関心は高いが、それは共に揺れる共同的な雰囲気としての場所にすぎず、〔私〕も〔私たち〕も他者も区別されていなかった。

0歳代終わりから1歳代前半にかけての、三項関係のもうひとつの大きな変化は、子どもからみて「子ども－もの（媒介物x）－人」のなかの「人」の性質が変わることである（山田 1982c、第3巻）。

子どもが働きかける相手は、0歳初期のように、人（あるいは人らしいもの）なら誰でもよいというわけではなくなる。〔ここ〕という心理的場所が明確化するにつれて、自分と同じ場所〔ここ〕に住む〔この人〕という特別の人（複数でもよい）ができる。誰よりもこの人に見てもらいたい、この人に聞いて欲しい、この人にはわかって欲しいという重要人物（significant persons）ができ、子どもとその人とのあいだに特別に密度が濃い愛情関係ができるのである。

このような発達を従来の理論では、愛着の対象（ボウルビイ）とか、対象関係の成立（ウィニコット）と呼んできた。しかし人は、物（object）とは違い、本質的に対象（object）ではないことに注目しなければならない。もちろん人も、主体が働きかけたり操作する対象・客体（object）として機能する場合もある。しかし人は、より本来的なありかたとして、私と同じ心理的場所に住み、私と並んで同じものを眺め共感する「相手」になるのであって、対象ではない。

共感的に同じ心理的場所〔ここ〕に共にいる〔この人（複数でもよい）〕は、子どもの人間関係の核になる特別の相手（key persons）である。子どもは身近にいて通じあえる〔この人〕をもとにしながら、自分をとりまくさまざまな人びとを、認知・情動的枠組の中へいろいろの役割と重みづけで位置づけて、社会的ネットワーク〔ルイス〕を形成していくのである。それを基盤にして子どもは、「この場合にはこの人に」「あれはあの人に」など、伝達内容によって伝える相手を選んだり、相手によって伝達内容を変えるようになる〔山田 1982c〕。

このように1歳代前半では、0歳後半に形成した三項関係という基本的関係づけをフルに機能させながら子どもは、伝達内容によって伝達相手を分化させたり、人間関係に応じた複雑な伝達形式を形成していくと考えられる。

またこの作業を通して、それまで本質的な意味で他者を認知することがなかった子どもは、通じあえない他者に初めて出会うことになる。それは、他者と違う自分という存在に気づくことでもある。

子どもは気楽でコミュニケイティヴな〔ここ〕と、見知らぬ世界〔あそこ〕を区別するようになる。そして〔この人〕とは区別された〔他人〔あの人〕〕に対しては、人見知りをする。

しかし、もともと関係がうすい遠い世界〔あそこ〕にいる他人の存在に気づくことが、子どもの自己覚知を導くのに、もっとも大きな役割を果たすというわけではない。〔あそこ〕に誰がいようと何が起ころうと、それが自分の身近に迫ってきて〔ここ〕の領域を侵したりすることさえなければ、それほど子どもを脅かすものではない。

子どもが自分というもの〔self〕に目覚めるきっかけのひとつは、〔ここ〕に共にいて何もかもわかってくれるのが当然であるはずの「この人」でさえ「わかってくれない」「通じあえない」ことの認識である〔山田 1982c、第3巻〕。

それは、自分が他者から離れて独立して〔あそこ〕へ行くのとは方向が逆である。自己覚知を導くのは、〔この人〕が本当は〔ここ〕にいないという不在の認識、あるいは〔この人〕が〔ここ〕から離れて行ってしまったことに気づくことだからである。〔私〕はあくまで〔ここ〕にいる。

ハイダーは、物の受け渡しにかかわる英語の分析から人間関係の基礎理論を生みだしたが、もし彼が日本語を分析していたら、帰属（attribution）というような概念は見いださなかったかもしれないが、別の重要概念に気づいたであろう。日本語には、「わたす、やる（give）」「とる、もらう（take）」の他に、自己の居場所と自己の視点〔ここ〕を中心にしてはじめて成立する「くれる」という興味深いことばがあるからである。愛も憎しみも、基本的には自己と他者との人間関係の問題ではなく、「甘え」とも呼ばれる身近な〔ここ〕の世界で展開される「くれる」「くれない」関係の変形かもしれない。

■〔私〕とともに動く視点〔ここ〕

意味世界とは、先に主体としての「私」があって、「私が」世界を「もつ」ことによって「私の」世界ができるというのとは違う。先に心理的場所〔ここ〕ができて、〔ここ〕が〔私〕を定義する、あるいは〔ここ〕のなかで入れ子としての〔私〕がめばえるのである。そのようにして、世界は〔ここ〕の〔私〕を基準にまとめられ意味づけられる。

〔私〕は世界を眺める視点（view point）となる。しかしそれは〔ここ〕という居場所ぐるみで移動する視点であるから、一定の位置から全体の景観を見通すようにつくられたロココ式大庭園を眺めるときのような、固定した座標軸の原点とは違う。

従来の多くの視覚研究は、静態的な固定した視点でものを見ることを研究する「静止パラダイム」に基づいて行なわれてきた（佐々木）。ギブソンの生態学的視覚論は「行動する知覚」、つまり人間はもともと動物（動くもの）なのであって、地面の上に立つ身体のなかの頭についた目で、動きながらものを見ているのだということを明らかにした。視点は常に移動する。そして、そのように移動しながらものを見るからこそ、動かない不変項を抽出することができるのである。

〔私〕のいる〔ここ〕も、空飛ぶじゅうたんのように、〔私〕をのせたままで動く。〔私〕はいつも〔ここ〕にいるという意味では動かないから〔私〕と〔ここ〕との関係は常に一定で不変である。しかし現前の場所である〔ここ〕は、〔私〕とともに移動し変化しつづける、動く視点となる（やまだ 1988a）。

また、従来の多くの発達理論では自己の視点からできるだけ離れて行くことが発達だとみなされてきた。ピアジェもウェルナーも用語は違うが、「主体の活動から離れて客体（対象）が成立すること、あるいは主体と客体が分化すること」を発達とみなしてきた。自己の視点にとどまることは、主観的で未分化な見方であり、そこから離れるほど（脱中心化、距離化）、客観的で分化した認識に到達できると考えられてきた。

しかし自分が出て行くという方向の発達とともに、自分の居場所へと中心化する方向への発達が考えられねばならない。〔私〕の居場所〔ここ〕という場所をベースにして世界は統合される。〔ここ〕を基準にするからこそ、〔あそこ〕という別の世界も認識できるし、〔私〕というものを基準にするからこそ、あの人（他者）という別の人間も認識できる。それらの概念の形成は決して別々のことがらではない。

世界は認識の枠組を得ることによって、個々バラバラのものとしてではなく、〔これ〕も〔これ〕も〔あれ〕だというように、現前のものを現前を超えるものとしてまとめられていく。自分の居場所、世界を見る中心〔ここ〕をもとにして、世界ははじめて統一的に意味づけられるのである。

7章　記号《しるし》としての〔これ〕——世界よ小さく小さくなあれ

1　表象機能とは

■表象機能の定義——ここにないものをここへ運ぶ

ことばには、意味作用（signification）がある。意味作用は、記号学の用語を使えば、記号作用（signification）と同義である。しかし、英語のサイン（sign）や仏語のシーニュ（signe）に比べて、その訳語である日本語の記号ということばは日常の用法ではいかにも意味範囲が狭すぎる。またこの本では、いわば氷山の一角である「記号」や「ことば」よりも、それを水面下で支えている心の働きのほうを重視するという視点の違いもあるので、意味作用と呼ぶことにした。

ここでいう意味作用とは、記号作用と同じで、意味記号と意味内容の関係を示す機能のみに限定している。したがって日常語で「彼の言ったことの意味は〇〇でしょう」というときの意味、つまり話し手の意図（intention）や、「彼の言ったことは〇〇という意味でしょう」というときの意味、つまり聞き手の解釈

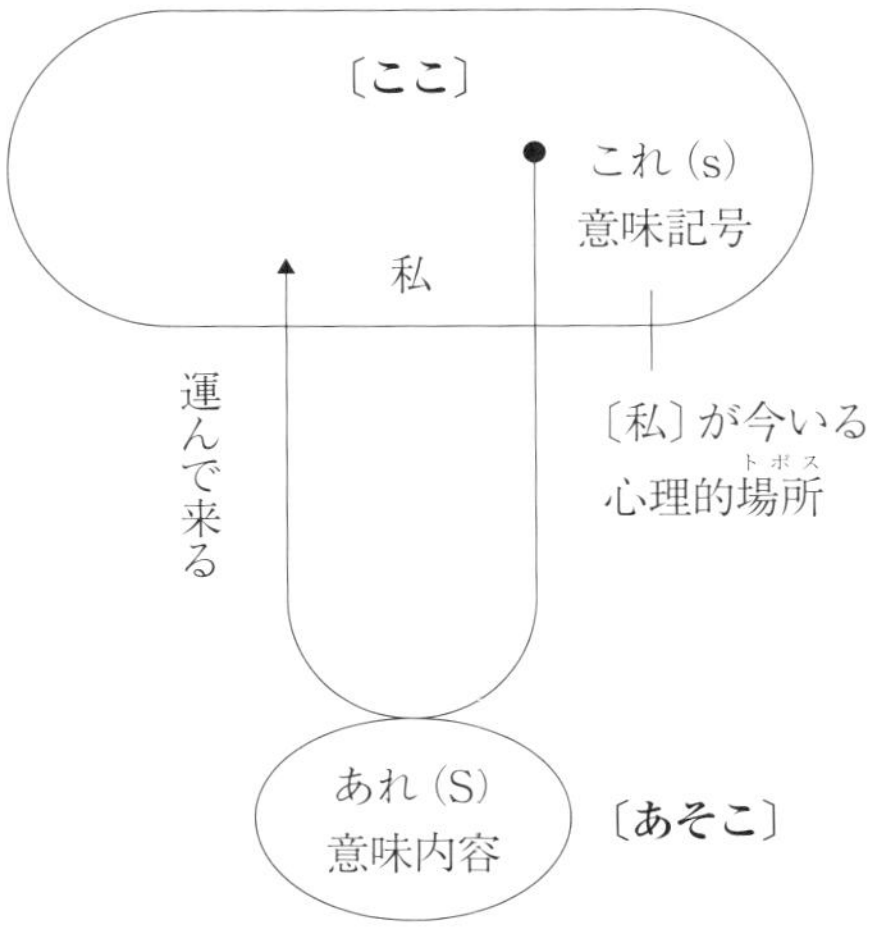

あれ (S) が、これ (s) によって、
私の今いる心理的場所〔ここ〕へ運ばれてくる。

図7－1　表象作用の基本モデル
（山田 1984）

(interpretation) などは含んでいない。

意味作用のもっとも中心となる働きを、表象機能 (representation) と呼ぶ。同じ働きを象徴機能 (symbolization) ということもある。しかし後に述べるように、この本では、恣意的で人工的な「象徴」よりも、自然の「うつし」機能をもつ「表象」のほうが重要だと考えて、それを中心にすえているので表象機能と呼んでいる。

表象機能とは文字どおり、現前 (present) しないものを再び (re-) 現前させる (present) 働きである。それは、心理的場所〔ここ〕をもとにすれば、〔ここ〕にないものを〔ここ〕へ「うつす」ことである。

したがって次のように定義される。表象機能とは、現前しない意味内容〔あれ〕(所記、意味されるもの) が、現前する意味記号〔これ〕(能記、意味するもの) によって、私の今いる場所〔ここ〕へ運ばれる働きである。その基本形は、図7－1のようにモデル化できる (山田 1984)。

■意味記号〔これ〕と、意味内容〔あれ〕

表象機能とは、現前の場所〔ここ〕と非現前の場所〔あそこ〕とのあいだの、場所移動 (うつし) の働きである。その大きな特徴のひとつは、うつす（移す・写す）ものが、運ぶもの〔これ〕と、運ばれるもの〔あれ〕とに分かれていることである。

移動は、〔ここ〕にいる私自身が直接行なうのではなく、それに代わるものを、媒体・乗り物・手段・道具として使うことで行なわれる。そのような場所移動を、表象機能の定義では、「運ぶ」という用語で呼んでいる。運ぶとは、事物を現状から他の場所や状態へと移し動かすことであり、特に対象自体の移動能力によらないで、運ぶ手段や道具を使ってその位置を動かす場合に使われる概念である。

〔これ〕は運ぶもの（媒体・乗り物・手段）であり、〔あれ〕は運ばれるもの（内容）である。ことばのように、何らかの意味内容が運ばれるときには、〔これ〕は意味の乗り物であり、〔あれ〕は乗り物にのる（乗る・載る）ことで運ばれる乗客や荷物ともいうべき意味の中身や内容である。

ことばに関していえば、〔これ〕は、意味記号（signifiant シニファン、記号表現、能記、意味するもの）、〔あれ〕は、意味内容（signifié シニフェ、記号内容、所記、意味されるもの）という、より限定された用語で考えることができる。

記号は、ソシュールが明らかにしたように、意味記号と意味内容に分けられる。たとえば「木」ということばは、「キ」という聴覚像（意味記号）と、それによって意味される「木というもの」という概念（意味内容）とに区分される。その両者の関係が、意味作用（記号作用）である。

ソシュールが果たした偉大な功績のひとつは、記号のとらえかたを、カッシーラの用語を借りれば「実体概念から関係概念へ」と変革したことである。それによって記号は、それまでのように何か現存する実体の代わりとしてではなく、意味作用として、つまり機能（関係概念）として把握されるようになった。したがって言語は、概念を表現する記号の体系のなかへ位置づけられることになり、その考え方は、同様の機能をもつもの（ソシュールのあげた例では、文字、手話法、象徴的儀式、礼儀作法、軍隊の信号など）を含めた新しい記号学誕生への道を開いた。

〔これ〕と〔あれ〕は、意味記号と意味内容という用語に置き換えて、記号学の範疇へ入れたほうが便利かもしれない。しかし完全な置き換えはできない。言語よりも広いコミュニケーション体系を扱うとはいえ、あくまで記号を中心とした科学である記号学と、より一般的な心理的機能を考える私の立場とはやや観点が違い、記号や記号表現そのものよりも、その心的活動としての表象機能のほうに重心があるからである。

第一に問題になるのは、ソシュールが、言語学や記号学のおもな対象を、話しことば（パロール）と区別した、言語（ラング）においたことである。〔ここ〕世界と切り離された、理想的な文法をもつことばや書きことばとしての言語に特権的な位置が与えられ、話しことばは、語用論（pragmatics）や言語運用（performance）の問題として、別個に扱われがちであった。

ことばは、〔ここ〕という場所、つまりオグデンらが言う「記号の場」や、マリノフスキーの言う「場の文脈（context of situation）」から切り離されて、独立に純粋に存在《シンプル・ロケーション》するわけではない。〔ここ〕で展開される生き生きしたことば、より全体的な心理現象としての言語活動（ランガージュ）がとらえられねばならない。

第二の問題は、ソシュールが意味するもの（意味記号）を主体とみなし、その客体（受身形）として意味されるもの（意味内容）が導かれると考えたことである。表示された記号や名前としてのことばが現実をつくるという考え方のもとには、「はじめにことばありき」という世界観が横たわっている。その関係は、ラカンが行なったように（しかし精神分析学でいう深層という意味を離れて）、上下の逆転がなされねばならない。意味内容のほうが本質的である。意味記号は、より大きく基底的な意味内容を表わす氷山の一角（ことの端《は》）にすぎないからである。

オグデンらは「意味の三角形」として、思想（概念）と指示物との関係を含めて示した。私の図式（図7－1）は、彼らの図式の逆転を含んだ構図として示されている。なお私の図式では、指さしのように現実の指示物をもつ場合も、概念としての指示されるものだけの場合も、意味内容〔あれ〕という同じ用語で呼んでいるが、現前の〔あれ〕と、非現前の〔あれ〕とを区別することも可能である。

第三の問題は、ソシュールが意味記号の恣意性を特別重視したことである。つまり、意味記号と意味内容との区切りは、明確に「分かれる」ほどよいと考え、両者がどのようにでもむすびつけられる恣意的なものほど理想的だと考えたことである。

彼は、意味記号と意味内容とに自然的つながりがみられる擬音語や感嘆詞を副次的な位置においた。また彼が「記号」という用語を採用して「象徴」という用語を退けたのも、後者にはわずかながら自然的連結があって、完全に恣意的ではないからである。

しかし私は、ゆるやかではあっても自然的つながりや類似性があり、共感的な「うたう」機能をもつほうが言語の本来的な特徴ではないかと考えている。だから「象徴」よりもさらに自然的連結の深い「表象」を理論化のベースにおきたい。

このように考えるのは、関心の違いによるところが大きいが、それだけではない。先に述べた3つの問題点は、基本的には同じ発想の根から出ていると思われるからである。それは、自然（nature 野性のもの）と独立して「分けられるもの」、対立するものとして文化（culture 人間が手を加えたもの）をとらえて、前者よりも後者を優位におく、近代西欧の価値観を反映している。

ソシュール以降も、恣意性を重視する伝統は、記号を「意識し意図された」「人工的」「約束事」だけに限るプリエートやムーナンたちをはじめ、多かれ少なかれその後の記号学にも受け継がれているようである。

ソシュールに比べると、もう一人の開拓者といわれるパース（おもに英語圏で発展した彼の系譜は記号論semioticsと呼ばれて、記号学 semiology と区別されることもある）のほうがより広い範囲の記号現象を扱っている。それはソシュールが高度に体系的な言語（ラング）を対象とする言語学の延長上に記号学を考えたのに対して、パースはあるものがどのような条件下で記号として機能するかをより一般的に考えたからである。パースの系譜をいくらか継いでいるエーコは、徴候などの非意図的な自然的記号も、記号のなかに含めている。しかし彼のコードの理論にも、コード（記号作用を解釈する決まりの体系）の共通性が高いほど理想のコミュニケーションとみなす前提が含まれているようである。

コードを共通させ一致させるには、一義的で明晰で恣意的で人工的な構成物としての記号（モールス信号やコンピュータの命令語や数学の記号など）のほうがよいのだが、それらを自然言語の理想や典型とみなしてよいのだろうか。それらは非常に特殊な方向に人工的に発展させた、ある意味でたいへん貧しい言語ではないだろうか。

■〔これ〕をあそこへもどす

表象機能を定義する図7－1では、〔これ〕が〔あれ〕を運ぶという移動のかたちはU字形で表わされている。このかたちは、〔これ〕をあそこへ「もどす」という移動と、〔あれ〕をここへ「呼ぶ」という移動の2つの要素に分けて考えることができる。

〔あそこ〕へ行くときには、〔ここ〕から別の新しい世界へと直線的な移動がなされる。それに対して表象の働きは、同じように〔あそこ〕へ向かっているようにみえても、それが「もどる」「もどす」Uターンの移動であるところが違っている。

もどる（戻る）とは、事物やことがらがもとの場所・状態・所有者に移動することであり、もどす（戻す）とは、そのような動作・作用を加えることである。

その移動の基盤には「もと（本、基、元、旧、故）」が存在する。「もと」には、時間的にさかのぼる源

（origin）と、本来の状態や形態へさかのぼる原形（original）という、２つの意味が含まれている。もどるとは、もとへの場所移動がなされることである。たとえば、名札をもどすのは、もとの状態や本来の状態への移動である。また故郷へもどるのは、もといたところ（自分の心の寄り所、基本となるものが育ったところ、旧い故あるところ）への移動である。

表象の形成に重要な役割を果たす模倣行動の場合にも、「もどる」と語根を共有する「もどく（擬く）」ということばに端的に示されているように、「もと」とみなす能力が必要である。がん（雁）もどきなどは、オリジナル（雁の肉）とは似て非なるまがいものではあるが、それでも「もと」がなければ作ることはできない。

表象機能は、初めて出会ったものも、まったく新しいとみなすのではなく、〔これ〕は〔あれ〕だと認識できる能力と関係している。それは〔あそこ〕という心理的場所やそこにある事象〔あれ〕を、「もと」と認めてそこへもどる能力である。それは、動作的に「いく」技能があるかどうかではなく、それを「もどる」という機能にできるかどうか、つまり対象のもとが認識できるかどうか、何をもととみなすかにかかっている。

〔ここ〕から〔あそこ〕へ行く移動は、〔あそこ〕がもとだとみなされることによって、もどるという働きに変わる。AからBへ行くのと、AからBへもどるのとでは、AからBへの移動という物理的な運動形態と軌跡は同じだが、心理的意味はまったく違うのである。

第１巻で述べたように生後９か月ころから、それまでは興味のままにおもちゃ箱から玩具をどんどん出すか、どんどん投げ入れるかどちらか一方向の行動しかしなかった乳児が、出した玩具を箱にもどすようになる。このころから時と場合によってごく簡単なおかたづけが可能になるが、それは、もとの位置や本来のあり処へ物をもどす働きが可能になったことを示している。それはまた、おもちゃ箱を「もと」だとみなす認識、つまり目の前にある物が単独にその物だけで存在するのではなく、その物とその物のもとの居場所とを関連づけて認識できるようになったことを示している。

このようなおかたづけの行動の場合にはまだ、物と「もと」は、共に現前の場所〔ここ〕にあるものどうしである。それに対して表象とは、「もと」が、おもちゃ箱のような目に見えるかたち（形、容器）ではなくなり、非現前の場所〔あそこ〕にしか存在しない場合にも、もどす働きが可能になることである。

■〔あれ〕をここへ呼ぶ

〔ここ〕から〔あそこ〕へ行く移動は、〔あそこ〕がもとだとみなされることによって、もどるという働きになる。逆に自分の居場所〔ここ〕をもとにすれば、〔あそこ〕から〔ここ〕への移動が、もどるという働きになる。

図7－1で移動がU字形で描かれているのは、〔ここ〕から〔あそこ〕へもどり、もう一度〔ここ〕へもどることを示している。

それは、たとえば浦島太郎のように、あそこ（竜宮城）へ行っても、あくまでここ（ふるさと）が「もと」であることを忘れてしまわないで、再度ここへもどってくるUターンの働きである。そしてここへもどるときには、あそこから土産である〔あれ〕（玉手箱）をここへ運んで来るのである。

しかし、浦島太郎のように自分で直接行って土産をもって帰らなくてもよい。自分はここにいて、自分の代わりの〔これ〕（亀）に代理で行かせて、〔これ〕が〔あれ〕を運んで来るというやり方で土産〔あれ〕を手に入れるのである。

このように自分が直接行くのではなく、代理の〔これ〕に運ばせるのが、表象の働きである。土産となるのが玉手箱だけでは不満ならば、竜宮城や乙姫や魚などを、ここへ運んで（呼んで）、あそこの〔あれ〕（風景や舞い踊りなど）を、ここにいながら見ることも可能である。

そのような働きは〔ここ〕を中心に考えると、〔あれ〕をここへ「呼ぶ」ことである。名前を呼ぶということは、文字どおり、その名前（意味記号）によって、意味内容を〔ここ〕へ呼び寄せる、呼び起こす、呼ばる（招く）ことなのである。

以上のように、〔これ〕が〔あれ〕を運ぶという移動は、「もどる」移動と「呼ぶ」移動が連結されたU字形の運動形としてとらえることができる。

2　表象機能の性質

■縮約化――あそこの世界をここへ

表象機能には、細かくみると、縮約化、現前化、記号化、代表化、形象化などの性質がある。これらの5つの働きは、どれが強調されるかによって比重の大小はさまざまになるが、表象機能のなかにはどれも必ず含まれている。

表象機能は第一に、あそこの世界を〔ここ〕へ縮約化する働きを含んでいる。

人が出会うものは、出会うたびにそのつどどれもこれも少しずつ違っているのがふつうである。母親の顔ひとつでも、まったく同じ角度で同じ光線のもとで現前することはほとんどない。刺激布置としては一回ごとに違うのである。それに加えて母親の顔の細部、髪型や化粧や表情や声の調子などがそのつど違っている。

まして母親の姿ということになれば、衣服や動作や位置関係などの組み合わせの自由度は無限大といってよいほどになり、それらの要素の組み合わせでは母親を定義も同定もできないほど違う、バラバラの刺激がちらちらと目の前を断片的に横ぎり、それらが動く染みのように入れ替わり立ち変わり現前しているというのが、現実かもしれない。

しかし私たちは、それらの違いを無視してまとめてゲシュタルトとして知覚する能力、どれもこれもおおざっぱに「同じ」形態として認識できる能力をもっている。母親の顔が見るたびにくるくるめまぐるしく変わるということはないし、めったなことでは違う人物と間違えることもない。

それは中核となるわずかな必要情報以外の大部分の情報は、ほとんど注意を払わず視野にさえ入れないで、捨ててしまうという情報処理能力のおかげである。程度は別にして動物の知覚ではすでにそのような情報処理活動が行なわれている。意味化しまとめる能力は、細かいものを省き情報量を減らす能力でもある。これは表象機能への第一歩である。だがその活動だけでは表象とはいえない。

表象のためには、〔これ〕も〔これ〕も〔あれ〕だとみなされ、まとめることで処理すべき情報の数が減らされるだけではなく、〔これ〕と〔あれ〕との位置関係が逆転し、〔あれ〕が〔これ〕の情報収集活動に影響しなければならない。

つまり〔あれ〕が〔ここ〕へ運ばれてこなければならない。現前しないものが、現前の世界にあら（現、表）われることによって、ここにないもの〔あれ〕が〔これ〕に影響し、現前の世界が二重写しで眺められるようになるのである。

この関係は、〔これ〕の側からみれば、無限大の〔あそこ〕の世界が現前の〔ここ〕という限られた世界の小さな〔これ〕のなかへ縮約化されることである。

表象機能とは、〔これ〕という端っこで〔あれ〕という大きなことがらを代表させたり呼び起こすことである。換言すればそれは、〔これ〕という端に〔あれ〕という大きなことがらが小さく縮められることである。

そのとき小さく縮める働き「縮小化」と、要点をまとめる働き「要約化」とは不可分の関係にある。表象の本質のひとつは「縮約化」にある。

縮小することは単に小さい写し（コピー）をつくることではない。コピー機で縮小コピーをする場合を考えてみよう。ある程度以上の縮小率になると、拡大鏡を使うなどの別の作業を加えなければ字が読めなくなってしまう。それでは小さくしても情報処理をよけい繁雑にする。情報量や情報の本質を保持したままで効率的に縮めるには、寸法を小さくするだけではなく、質的な変換が必要である。

たとえば「人形」は現実の人間をモデルにして作られるが、ふつうは実寸の縮小コピーではない。ある部分は不当に縮小したり省いたり切り捨てられ、重要な部分は強調されて「人らしい形」にされる。縮小するためには、どうしても省くことができない本質的部分と、そうではない抹消的部分とを選り分ける必要がある。だから不必要なものを切り捨て必要な部分をまとめる「要約化」には、選択、変形、変換が含まれる。そして縮小されたものは、もとの全体を代表する代わりになる。

事象（ことがら）は、そのままではなく表象機能によってかたちを変えられ、小さく小さく縮められた、ことの端《は》にされる。それによって限られた空間である〔ここ〕の情報許容量は拡大される。〔あそこ〕へ出て行く働きによって〔ここ〕の範囲を拡大するのではなく、縮約化によって〔ここ〕に入れることができる情報量を相対的に拡大するのである。そのようにして〔私〕は限定された〔ここ〕にいながら、〔ここ〕にない世界を〔ここ〕で見ることができる。

人間は、世界を絶えず縮約し、自分の領域内に納めようとする。世界を縮約できた分だけ相対的に自分の領域に入れられる情報量は増える。精神発達とは、ある一面では、自分をとりまく世界を〔ここ〕へ小さく小さく縮めていく過程だともいえるだろう。

■現前化 ―― あらわす（表わす・現わす）、あらわれ（徴候・表現）

表象機能に含まれる第二の基本的性質は、現前しないものの現前化である。

現前化は、日本語で言えば「あらわす」という働きにもっとも近い。「あらわす」は、表わす・現わす・顕わす・著わすなどいろいろに漢字表記されるが、いずれも「あらわ（露・顕）」にすること、つまり「隠さないで表に出してはっきり示す、表明する」「隠さないで見せる、さらけ出す」「形あるものとして実現させる」ことを意味している。

「あらわす」は、本来的に「ある（有る・在る）」および「あらた（新た、現た、改）」と近縁関係にあることばで、〔ここ〕における存在の有無にかかわる概念である。したがって「あらわす」とは、基本的にないものをあるようにする、見えないものを見えるようにする、隠れているものを表に出すことだといえるだろう。

その名詞形である「あらわれ（appearance）」は、ないものの〔ここ〕への出現、表現、実現、表出、外観、徴候などを意味している。目に見える外観のほうに強調がおかれると、見せかける、装う、とりつくろう、ふりをするなど、さまざまな現われ方となる。

■記号化 ―― しるす（記す・印す）、しるし（目印・標識・表示）

表象機能の第三の基本的な働きは記号化である。これは日本語では「しるす」という働きにもっとも近い。

しるすは、記す・印す・徴す・標すなどと表記されるが、しる（知る・識る・領る）と同語源だといわれるように、認識することと不可分の概念である。しるすとは、知るためにすること、つまりわかる（分かる・区別する・認識する・理解する）ように「しるし」をつける行動のことである。

しるし（印・標・験・証・徴）とは、書いたりかたどったりして、ある意味を表わすもののことである。たとえば、他と区別しそのものであることを示す目印や記号の類、所属や身分をはっきりさせるための紋所、旗、記章、基標、基じるしの類、ある色や形で意志を通じさせようとする信号や合図の類などである。それらはときには、より明確に区別しきわだった、しるし（著し）になる。

しるしは、ことがそうなる前ぶれ、きざし、前兆、徴候を意味することもある。また、ある働きかけに対して表われる結果（験）、ききめ、効能をも意味する。それらは「しるべ」として、進む道を知らせたり、結論を導く根拠として機能する。

このような「しるし」の意味は、英語の sign にほぼ対応している。この2つのことばのもつ基本的な意味は、自分の代理として印鑑（しるし）を使うか署名（サイン）を使うかの違いのように、何を意味記号に使うかという点では社会的・慣用的・実際的用法が違うにもかかわらず、驚くほど共通している。

なお日本語では、しるすことは「しめす（示す、標す）」「しめる（閉める、占める）」働きと関連している。しるしをつけることは、他者に対して自分（たち）の領域〔ここ〕を区切って閉め、そこが自分（たち）の所有や専有や所属であることを縄張りなどで示す行為とむすびついているからである。縄張りは、しめ縄や〆などの印で象徴的に示される他に、柵、門、家や、表札、肩書き、服装などでしめ（示、占め）される。しる（知る、領る）働きも、基本的には自分の領域〔ここ〕へおさ（収・納・治）め領有する行為である。

「しるす」という記号化の働きは、先に述べた「あらわす」という現前化の働きと、表に出す、表示する、顕著にするという点では共通している。しかし「あらわす」のほうが、あらしめる、見せる、現存させるなど、「存在」の有無に重点があるのに対し、「しるす」は、知らせる、示す、印をつけるなど、「認識」のほうに重点がおかれている。

■代表化――かえる（代える・変える）、かわり（代理・代表・変換）

表象機能の第四の基本的な働きは、代表化による変換である。

それは日本語では「かえる（代える・替える・換える・変える）」という働きに近い。かえるとは、「ある物を別の物と交換する、とりかえる」「ものごとの状態や質を前と別の物にする」「居場所、置き場所などを別のところにする、移す」ことである。

先に述べた現前化（あらわす）の働きは、非現前の場所〔あそこ〕から現前の〔ここ〕へうつす（移す・写す・映す）ことだと言い換えることができるが、うつし（移・写・映・現し、顕し）をつくるときのやり方のひとつが、かえる、かわる、代表させるという方法である。

表象機能とは、〔あれ〕を〔これ〕とかえる（代える）働きでもある。たとえば、人形（にんぎょう・ひとがた）は、実際の人間の姿を縮約化して「あらわす」あるいは「しめす」働きをしている。それを別のことばで言えば、人形は人間の「うつし」あるいは「かわり」だと言ってもよい。

この場合の「かわり」とは、第一には、身代わり、つまり生身の代用や代理のことである。第二には、人間と人形との入れ換わり、つまり交換、交替、置換のことである。第三には、変わり、つまり人間を人形に変身、変化させたとみなすこともできる。

何かを何かで表わすときに、実物のままでうつすことができなければ、多かれ少なかれ、何かを何かにかえる、変換の作業が必要である。

変換したもの（たとえば、人形）は、もとのもの（たとえば、人間）を、縮約化しているとも、表わしているともいえるが、代表しているともいえる。なぜなら、個々の人間の姿をそのまま等身大でリアルに写す人形がつくられることは、きわめて稀である。人形は、ある抽象化された「人間なるもの」を表わしている。それは、単に人間の代わりというだけではなく、人間らしさのコンセプトを代表するものである。

■形象化——かたどる（形どる・象る）、かた（形・型・方）

表象機能の第五の性質は、形象化、つまり「かたどる」「かたちづくる」働きである。

かたどる（形どる・象る・模る）とは、「物の形をうつしとる、似せたり真似たりする」「形のないものごとの内容を形で示す」ことである。

それは〔ここ〕にないものを〔ここ〕へ表わしたり、うつすときの変換方法のひとつである。先の人形の例でいえば、特定の個々の人をそのまま写すことはできず、そこから何らかのやり方で抽象した「人間なるもの」を表現しなければならない。それは目に見えず現前しないコンセプトであるから、それを現前化させるためには、目に見える形にしなければならない。

かたどる、かたちづくる行為は、より作為的で構成的で変換や変形の程度が大きい「つくる」行為とも関係する。

つくる（作る・造る・創る）とは、「新しく創造する、材料・素材に手を加えてもとと違った新しいものにする」「製作する、組み立てる、手を加えて目的に従った形状にする」「表面的なことがらをつくろう、故意につくろう、わざとまたは偽ってそのような風にする、ふりをする、似せてこしらえる、ないことをあるように述べる、飾る、化粧する」ことである。

「かたどる」「かたちづくる」には、一定の「かた（形・型・方）」が必要である。

かた（形）とは第一に、外見に現われた様子、形体、外形のことである。たとえば人形は単に実物に似せるだけではなく、人形として愛されるような形式や様式やデザインによって表現される。

かた（型）とは第二に、いろいろな形をつくるもとになるもの、いろいろなものから抽象される形態のことである。それには次のような種類がある。（1）鋳型。型紙（モデル）。（2）伝統的な形式や制度。習慣となっているやり方。（3）型にはまった形式。（4）規範となる様式。（5）ある種のものに共通する特徴をよく表わしている性質、形態、やり方、典型。タイプ。（6）ある決まった大きさや形。サイズやかっこうなど。

かた（方）とは第三に、やり方、表わし方、写し方、作り方など、一定の方法や手段のことである。

以上のような「かた」は、表現や表示のためだけではなく、表現したものを他者に伝達し他者と意味を共有するためにも、なくてはならないものである。ことばも社会的な約束事である「かた」が決まっているからこそ、コミュニケーションが可能になる。たとえば「リンゴというもの」を表わすには「リンゴ」という発音の「かた」をつくらねばならない。それを「リリゴ」とか「リゴゴ」と言ったのでは、ことばとして通用しない。

今まで述べてきた「縮約化」「現前化」「記号化」「代表化」「形象化」などは、もともと関連しあった働きであるから、それぞれ単独で働くというわけではなく、両行して表象機能を支えていると考えられる。

3 意味記号の区分

■信号と象号

意味作用にはさまざまなレベルがある。表象機能が意味作用のなかで占める位置を明確にするためには、意味記号の的確な区分が必要である。

意味記号に区分が必要なことは多くの研究者が認めているが、実際にはひどく混乱している。もともと意味記号には、はっきり分けられない連続性や重なりがある。また同じ記号表現でも同時にいくつもの機能をもつことができるし、実際には時と場合によって使われかたが違う。

したがって境界を完全に明確化した定義をすることも、相互背反的な分類をすることも難しい。パースのようにあらゆる領域を論理的に矛盾なくカヴァーしようとする試みも必要だろうが、それがさらなる混乱を招く非現実的な詳細化や、分類のための分類になってしまうのでは困るだろう。

現状では観点の違いによって分類が変化したり、関心領域によってある部分を詳しく、ある部分を概括的にするような区分になるのはやむをえないかもしれない。また区分はあくまでも原理的なものにすぎない。

意味記号は、表7-1のように、大きくみると「信号」と「象号」とに分けられる。信号と象号は、意味記号〔これ〕が意味内容〔あれ〕を運ぶときの、方向の違いによっておもに区別されている。信号とは、ここからあそこへ「もどる」という帰納的な働きが相対的に中心となる場合である。象号とは、ここにないものをここへ「呼ぶ」という、非現前のものの現前化の働きが相対的に中心となる場合である。

信号はさらに「合図」と「指標」に、象号はさらに「表象」と「象徴」とに細分することができる。したがって原理的には、合計4つの機能的な区分が可能である。以下順次4つの区分について簡単に説明したい。

■合図《シグナル》

意味記号の第一の区分は合図《シグナル》である。合図（signal）は、今まで信号と訳されることのほうが多かったが、発達心理学ではもっともレベルの低い意味記号だと位置づけられてきた。

ピアジェは、信号（signal）と指標と象徴（その特殊なものとして言語の記号）の3つに区別しているが、そのうち信号とは、全体的状況と未分化な感覚運動的動作を指している。

たとえば第2段階の子どもが抱き上げられたときに口を開いた場合には、抱くという平衡・身体感覚が信号となり、乳を飲むときの口を開く動作が生起したと考えられる。その場合の信号は状況と一体になっており意味記号としてはまだ未分化である。

このようなピアジェの概念を整理して、ファースは、信号（指標を含む）と象徴の2つに区分し、信号を、刺激の代替となって原刺激に対するのと類似の反応行動をひきおこすように機能するものと定義した。

たとえばベルの音を信号として唾液分泌をする犬の条件反応の場合がそれにあたる。信号は、原刺激の代わりになってはいるが、信号と原刺激間に知的活動や能動的な構成化がなされておらず、全事態の一部にすぎないものである。その点で信号は、より構成的で自律的な象徴とは区別される。

このような考えは、英語圏の発達心理学者の見解をほぼ代表するものであり、おそらくモリスの記号論の系譜をひくものだと考えられる。しかしヨーロッパでの記号学の系譜をひく研究者のなかには正反対の考え方もある。

たとえば「意味作用の記号学」に対して「コミュニケーションの記号学」と呼ばれるプリエートたちの考えでは、信号は、約束事によって解読されるもっとも高度な記号表現だと位置づけられる。彼らによれば、記号学の正統な研究対象は、自然的徴候などを含まず、人工的につくられた信号だけである。そして信号が成立するためには、発信者が受信者にメッセージを伝達しようという意図をもっていて、受信者がこの意図を理解する必要があるという。

信号に対する考え方がこのように大きく違うのは、何を対象とし何に関心をもつかの相違にもよるだろう。条件反応のベルの例やピアジェの子どもの例ではファースの見解が正しいようにみえ、交通信号やモールス信号や手旗信号などの例ではプリエートの見解が正しいようにみえる。

条件反応のベルの音もモールス信号も「合図《シグナル》」であることには違いがない。条件反応には、伝達意図の解読や理解がないと反論されるかもしれないが、「意図」や「意識」を定義の基準にできるだろうか。「意図」や「意識」や「人工」に特別高い価値をおく価値観は、人間の行動（文化）を他の動物の行動（自然）と峻別する価値観からきている。私たちは自分の行動のすべてを意識しているわけではないし、しばしば意図とは正反対のことをしているのに、ほとんどの場合その意識さえない。精神分析学による「意識」に対する「無意識」の強調と、行動主義による「意識」に対する「行動」の強調は、共に19世紀から20世紀にかけてなされた価値観の革命であった。意識や意図の有無という概念を厳密な定義なしに使うことは困難だと考えられる。

さてモールス信号を正確に文字に訳すことはコンピュータでもそれほど難しくないであろう。赤信号に感応して自動的に止まる機械をつくることも難しくはない。意味記号と意味内容とが一義的に決定されており、それを実行行動に移すことさえできれば、モールス信号の翻訳や、赤で止まり青で進むという反応を起こすことはできる。それは、条件反応をひきおこすベルの音の機能と本質的に違うだろうか。

エーコによれば条件反応のベルは、刺激（stimulus）にすぎない。しかし条件反応の場合にも、ファースが述べているように、食べ物が出現する特定の状況かどうかその個別的な状況を無視できるほどにある種の抽象化が行なわれたもの、つまり特定の個々の刺激ではなく刺激事象を代替したものが、食事にかかわる特定の反応をひきおこすのである。

しかもその反応は、慣習によって習得されたものである。動物の慣習を人間の慣習と特別に区切る理由はない。動物の条件反応をひきおこすベルは、ベルが、授業開始、仕事の終了、来客の来訪、電話、非常警報など、人間生活のなかで合図として機能する場合と本質的に同じだとみなすことができる。

合図を、もっともレベルの低い意味記号と考えるのではなく、合図のなかにも、特定の単純な行動と直接むすびつく条件反応のような低い水準から、複雑なコードやプログラムによる置換を必要とする暗号のような高い水準のものまであるのだと考えたらどうだろうか。前者と後者を区切ることも可能だろうが、ここではとりあえずひとまとめにしておく。いずれにしても合図は、他の意味記号と「両行」するのであって、初歩的な水準とは限らない。

合図は、他の意味記号と次のような観点で区別される。まず第一に、意味記号と意味内容が一対一対応的、あるいは一義的なむすびつきをしていることである。このようなむすびつきは、偶然の特殊な連結をそのまま固く保持するまじないや迷信など、未熟で非合理的な行動にもみられるし、きわめて人工的に作られた機械語など、熟練された合理的な規則にもみられる。

第二に、意味記号と意味内容が、ある種の慣習や約束事や合意によってむすびつけられていることである。したがって意味記号と意味内容は、分離・独立的で、自然的なつながりがうすく恣意的なむすびつきであることが多いから、容易に別のものに交換できる。訪問の合図は、ベルでなくチャイムでもノックでもよい。また同じベルを、警報や不可や合格の合図などまったく違う意味にも使用できる。

表7-1　意味記号《シニファン》（signifiant）の区分―合図、指標、表象、象徴

この表は、下記の観点から整理されている。
①意味記号〔これ〕が意味内容〔あれ〕を運ぶ方向
②意味記号〔これ〕と意味内容〔あれ〕の関係
③その他の特徴
④おもな例

A　信号

A1　合図（signal）

①「いく」働きが中心。
意味記号は、継時的に次の意味内容をひきおこすが、運ぶ方向は一方的である。したがって現前しないものの現前化というUターンは生じにくい。
②一義的・一対一対応的、分離・独立的、人工的・恣意的関係。
意味記号と意味内容は一義的・一対一対応的にむすびついている。しかも両者は分離しており、約束事や慣習に基づく恣意的なむすびつきであるから、他の意味記号と交換可能である。
③慣習的、行動規制的・文脈依存的であることが多い。
④「赤信号（意味記号）」を見て「止まる（意味内容）」場合。
交通信号、手旗信号、モールス信号。条件刺激と反応。開始や終了や訪問や電話のベル、チャイム。ノック。まじない。暗号。機械語。ある種のあいさつなど。

A2　指標（index）

①「もどる」働きが中心。
意味記号によって、〔ここ〕に存在しないものを現前化させることができるが、意味内容（もと）へもどる帰納的な働きが中心である。
②部分－全体の関係、未分化・依存的、自然的関係。
意味記号は意味内容の一部分であって、切り離すことはできず、相互の関係は未分化である。あるいは意味記号は、意味内容の存在や方向を指示する道具的機能をもつのみで、それだけでは独立しにくい。
③文脈依存的であることが多い。
④漂ってきた「煙（意味記号）」で「火事（意味内容）」に気づく場合。
自然的な指標の例として、前ぶれ、前兆、きざし、徴候、跡、など。人工的指標の例として、指さし、索引、道しるべ、矢印、標識、見出し、目印、目次など。

B　象号

B1　表象（representation）

①「呼ぶ」働きが中心。
現在の心理的場所〔ここ〕に存在する意味記号によって、ここにはない意味内容（もと）が表示され、現前化される。
②共通性、類似性のある代表化、分離・独立的、自然的関係。
意味記号と意味内容には直接的な関係はなく、分離している。しかし両者のあいだには何らかの共通性や類似性が存在し、自然的なつながりがある。
③再現・模写・表示的。
意味記号は意味内容の縮約化された「うつし」「もどき」「かわり」「ふり」であることが多い。独自の表現をしても説明抜きで伝達できることが多い。
④部屋の中で箱（意味記号）を自動車（意味内容）に見立てて遊ぶ場合。
見立て、身振り、ごっこなど、あるものを別のものと見たり、表現する活動。描画、写真、演劇、舞踊、詩歌、物語などイメージをうつす表現も含まれる。人形、マスコット、ミニチュア。寄りしろ。盆栽、生け花。擬音語など意味記号と意味内容にある種の自然なつながりがあることばも含まれる。

（箱を自動車に見立てる場合には、箱は、〔ここ〕に存在しない、しかも大きすぎて部屋の中に入らない自動車の縮約化された代りである。標識とは違って、箱は、自動車とは完全に別のものであるが、形態などに何らかの共通特徴がなければならない。したがってたとえば長い紐は自動車には見立てられにくく、ヘビには見立てられやすい。）

B2　象徴（symbol）

①「呼ぶ」働きが中心。
現在の心理的場所〔ここ〕に存在する意味記号によって、ここにはない意味内容が表現され、現前化される。
②多義的な代表化、分離・独立的、人工的・恣意的関係。
意味記号と意味内容には直接的な関係はなく、切り離されており、恣意的なむすびつきであるから、別のものでも交換可能である。しかし合図のような機械的な連合ではないから、何で何を代表させるかは、多義的である。
③作為・創造・慣習的。
意味記号は表象に比べると、作為的で創造的である。文化や社会のなかで通用するためには、一定の合意が必要であり、慣習的である。
④ハト（意味記号）によって平和（意味内容）を表わす場合。
多くのことば。シンボル。多くの比喩表現。描画、写真、演劇、舞踊、詩歌、物語などの象徴的表現。

（ハトを平和の象徴とすることは、ある種の約束事に基づいており、その関係は表象よりも恣意的である。したがってハトを、残忍な動物の象徴とすることも可能である。ある人びとには太陽は男性の象徴であるのに、別の人びとには女性の象徴ということもあり、表現主体の意志によって、自由なむすびつきを作ることができる。このような関係は多くのことばにもあてはまり、「太陽」という意味内容を表現するのに、「たいよう」でも「おひさま」でも「sun」と呼んでも、ある程度は交換可能である。）

このために合図は、慣習的、人工的、恣意的という点では、指標や表象よりも象徴に近い。ただし合図は、象徴よりもむすびつきが一義的である。そして合図のほうが、後続の行動に直接影響し、次の行動を誘発したり変形させる行動規制的な働きをすることが多い。そして、象徴よりも、それが埋め込まれた（行動的）文脈や行動の順序性に依存する。したがって同じベルでも、朝には始業を、夕方には終業を意味する合図となる。

ことばは象徴の機能をもつことが多いが、すべていつもそうだというわけではない。合図の機能をもつこともある。ベルではなく「止まれ」と言って行動を規制することも可能である。あいさつのことばや身振りのように、はじめは象徴的な意味（神があなたと共にいますようになど）があっても、慣習化されるにつれて本来の意味がうすれ、単なる社会的な合図として機能するようになることもある。

■指標《インデックス》

意味記号の第二の区分は指標《インデックス》である。指標（index）は、広義の信号のなかに含まれるが、意味記号と意味内容とが「部分–全体」の関係にある場合をいう。したがって意味記号と意味内容には、自然的なつながりがあることが多い。たとえば、漂ってきた煙によって火事だとわかって逃げたり、かすかに匂うバラの香りによって見えないバラの存在を感知したりする場合である。

ピアジェの観察例では、9か月8日のローランが、机や椅子のわずかな物音から、部屋に居るけれど見えなかった父の存在を知り声をたてた場合などがあげられる。この物音は父の行動の一部であり、それが父の所在や行動を示す指標として機能したのである。

前ぶれ、前兆、きざし、徴候などの多くも指標である。たとえば、暗雲の急な動きから嵐が予知されたり、顔の特徴的な赤斑点の徴候からはしかが診断される場合などである。

前ぶれではなく、あと〔跡、後〕に残った一部分によって、「もと」が推測される場合もある。足跡から獣がわかったり、穴の跡から弾丸の貫通がわかる場合や、残された形見で故人を、移り香で恋人をしのぶ場合などがそうである。

指標は、表象に比べると、非現前の〔あれ〕をここへ呼び起こすというよりは、ここにある一部分〔これ〕を手がかりとして、もとの全体〔あそこ〕へもどるという帰納的な働きのほうが強い。前兆の場合には、前ぶれとしてここに現われた一部分を指標として未来の現象〔もと〕へ、跡の場合には、ここに残された一部分を指標として過去の現象〔もと〕へ帰納することになる。このように「もとへもどる」働きが中心であることは、指標と表象との大きな違いである。

指標も合図と同じように、レベルの低いものから高度なものまで幅広くあり、動物にもみられる。犬が、足音から主人の到来を感知したり、排せつ物の臭いから他のどのような種類の犬がどのくらい前に通過したかを知るのも、指標の機能だと考えられる。

社会的・文化的に洗練されたデリケートな指標や、推論を要する知的で高度な指標もある。暑い夏に山辺に吹くかすかな風から秋のきざしを感じたり、寒い冬に日差しの長さから春の訪れを感知する風流心は、季節の変化の先端を指標としていちはやくとらえる敏感さが必要である。同じような機能は、スカート丈などを最新の流行の指標にするおしゃれ心にも、わずかな株価の値動きを指標にして経済の動向を読むときにも働いている。また道に残されたごくわずかの塗料片から犯人の車種を推理したり、レントゲンに映った影で結核を診断するときのように、特殊な職業的技能が必要な場合も多い。

指標は、たとえ高度なレベルのものであっても、表象や象徴に比べると相対的に文脈依存的であり、同じ指標でもそれが置かれた前後関係が違えば、まったく違う意味内容を指示することが多い。

もとへもどるのが容易になるように、あらかじめ人工的に整理の指標となるように、見出しや目印やマークをつけておく方法もよく用いられる。本の索引（インデックス）も、部分（単語など）から、もとの文脈へもどることができるようにつけられる。これらの場合には自然に生じた「部分－全体」の関係ではなく、人工的につくり出した指標であるが、「もと」と切り離すと無意味になることが多く、「もと」に依存しているという点で共通している。

自然的であれ人工的であれ、指標は、意味内容の存在や方向を示すための道具的な働きをし、「もと」へもどるための導きやガイドの役目をする。家の所在を示す番地や道しるべや標識や矢印なども指標の一種である。指さしも、多くの場合には指標の機能をもつ。「これ」「あれ」などの指示詞や関係代名詞も同様である。

■表象

意味記号の第三の区分は表象である。象号は、狭義の表象（representation）と象徴とに細分することができる。表象と象徴とは重なりあうことも多く、今までもほとんどの研究者に同じように扱われてきた。だが、ここでは両者を原理的に区別することによって、象徴よりも表象の機能を重視していきたいと思う。

表象は、非現前のものの現前化としての「うつし」、つまり「もと」の再現や再生や模写により強くかかわっているという点で象徴と機能的に区別される。表象は、象徴に比べて意味記号と意味内容とのつながりに人工性、恣意性、構成化が少なく、何らかの自然的なつながりがある。

そのような自然的つながりという点では、表象は指標に近い。しかし表象は、指標のように「部分－全体」というような本来的なつながりはなく、もともとは別々で分離していたものが何らかの類似性や共通性によってむすびつけられて、意味記号と意味内容として機能する場合である。

たとえば、ままごとで小石を飴玉に見立てる場合には、小石は飴玉の表象として機能している。小石は飴玉とは本来的には何のつながりもなく、飴にとってもっとも重要な「食べるもの」という意味を欠いているし、実際に口に入れられることもない。しかしそれにもかかわらず、ごっこ遊びのなかでは、食べるもの（意味内容）として、食べるふり（意味記号）をするために使われる。それは小石の丸い形態や大きさや硬さなどが、飴玉に類似していて「飴玉なるもの」の代わりになりやすいからである。

このような関係づけは、パースのいう解釈項がなくては成立しない。彼は、象徴記号を定義して「解釈項がなければ、それを記号にしている特性を失ってしまうような記号」あるいは「対象から流出した対象の条理あるいは理性を具体化しているもの」とした。表象は、このように主体の知的活動による解釈や構成化がなされているという意味では、広義の象徴のなかに含まれる（あるいはこの本の立場のように、象徴が広義の表象のなかに含まれる）。

しかし狭義の表象は、恣意性の程度によって狭義の象徴とは区別される。どんな物でも自由に飴玉に見立てることができるわけではない。四角いマッチ箱や木片は、自動車に見立てられることは多いが、飴玉として使われることは稀である。見立ての場合の抽象化では、このように「もと」と離れてはいるが、まったくかけ離れているわけではなく、形態の類似性など何らかの自然的なつながりをもとにしている。だから説明抜きでも類推して理解でき、簡単に伝達することができる。表象を介したコミュニケーションでは、他者と共感的に意味内容を共有することが容易である。

象徴は、ここへ呼ぶ〔ここ〕志向の機能よりも、ここにない〔あれ〕を作るという〔あそこ〕志向の機能が強い。象徴では、「もと」と離れてまったく自由に虚構をつくり出すことが可能である。それに対して表象は、現実的な（現実そのものではないが）「もと」によって制約されている。

「もと」による制約という点では、表象は指標に近い。しかしもとへもどる働きだけではなく、ここへ呼ぶ働きの役割が大きいことが指標との違いである。たとえばふつうはおもに指標として機能する指さしの場合には、一本の指（たとえば人指し指）が、もと（指される対象）へもどる（示す）ためのガイドとなるだけであり、指そのものが何か特定の意味内容をもつわけではない。それに対して、ふつうはおもに表象の機能に基づいている身振りの場合には、一本の指（たとえば小指）が、特定の意味内容（たとえば彼女のこと）をここへ運ぶ（呼び起こす）働きをする。

このように表象は、指標と象徴のあいだの中間領域に成立する意味記号であるが、「うつし」や「もどき」や「ふり」を重視してきた日本の文化においては、特に重要な位置を占めてきたように思われる。日本文化は、象徴というよりは、表象の文化だといえるかもしれない。神をあそこからここへ呼ぶための「寄《よ》り代《しろ》」や、人間の形を模してつくる「人形（ひとがた、にんぎょう）」、自然をここへ縮約化し再現する「庭」や「盆栽」や「生け花」、娘や老人の姿を「振り」によって形象し描写する歌舞伎や舞踊などは、いずれも〔あれ〕（もとの自然の様子や人間の動作など）を〔ここ〕へうつす、表象の機能が強く働いている。

表象は、あくまで〔ここ〕を中心とした機能である。表象は、〔あそこ〕の世界の一部を、もとの場所から切り離して、〔ここ〕という離れた現前の場所へ縮約して「うつす」ことによって〔ここ〕で生かして現前化させる働きをもつ。

■象徴《シンボル》

意味記号の第四の区分は、狭義の象徴（symbol）である。

象徴においては、意味記号と意味内容の関係は、表象よりも恣意的、作為的であり、社会的・文化的な慣習や約束事であることが多い。ある文化では太陽を男性の象徴、月を女性の象徴にするが、別の文化では逆転もできる。ある文化では美人の象徴は髪の長さだが、耳長族のように耳の長さの場合もあれば、それらにはまったく無関係に皮膚の色であったり鼻の高さであったり、文化によっていろいろである。また現在はハトを平和のシンボルにしているが、ハトを残忍さのシンボルに代えることもできる。

象徴は、表象と区別できない場合も多いが、表象が〔ここ〕へうつす（移す・写す・映す）働きが中心であるのに対し、象徴では〔あれ〕をつくる（作る・造る・創る）働きが中心であるところが違っている。表象では〔あれ〕が〔ここ〕へ運ばれる（移る、現われる、呼ぶ）自然的移動がなされるのに対し、象徴では〔これ〕を手段に〔あれ〕を運ぶ（創る、表現する）作為的表現がなされることが多い。したがって象徴では〔ここ〕よりも〔あそこ〕に重点がおかれやすい。その意味で象徴は〔あそこ〕志向であり、〔あそこ〕へ行く働きに原理的に近づく。

また表象と象徴の関係は、ある意味で表示（denotation）と共示（conotation）の関係に似ている。共示的な記号とは、表示的な記号（たとえば「ばら」が「バラの花」を意味する）を単位として成立する高次の記号（たとえば「ばら」が「愛」を意味する）のことである。この例では表示の場合にも、「ばら」と発音される意味記号は、「バラの花」という意味内容と恣意的に連結されているにすぎないから、共示と同じく象徴である。しかし同じ象徴でも、表示よりも共示のほうが、より慣習的、間接的、作為的、比喩的である。

また表象と象徴の関係は、レトリックにおける直喩と暗喩の関係にも似ている。直喩とは「〜のような」という表現をする場合で、暗喩とはそのような表現をとらない場合である。たとえば「バラのような乙女」というのと「彼女はバラだ」という違いである。両者は比喩の表現上の違いにすぎず、どちらも象徴である。しかし直喩のほうが類似性がより直接的な場合が多く、暗喩のほうがむすびつきが自由で、より間接的、恣意的、構成的、創造的であることが多い。

たとえばステッキ（棒）をヘビに見立てるのは、表象である。そこには比喩表現で言えば「ヘビのようなステッキ」という関係が成立しており、その関係は約束事というよりは、形態的な類似性によっているから、社会的慣習を知らなくても了解したり伝達することができる。しかしステッキを紳士とみなすのは象徴である。「ステッキが歩いている」と言われても、その社会的慣習や知識を共有していないものには、意味内容を理解することは難しい。

象徴は多義的でもある。バラは愛の象徴にも、トゲの象徴にもできる。また清純さ、濃厚なあでやかさ、虚栄など矛盾した性質のどれのシンボルにもできるが、それはバラのもつ多面的な性質のどの部分に注目するかによって違うからである。そしてそれらすべてを含む多義的な意味内容をもたせることもできる。さらにはほとんど共通性のないもの、たとえば革命や貧困や豊かさなどとの新しいむすびつきをつくることも可能である。

指標や表象は〔ここ〕にないものの「あらわれ」や「うつし」機能に関与することが多いのに対し、象徴は、ないものを形づくる機能が強い。だから、かたちのない抽象的な概念に、具体的なかたち（形、象）を与え、それによって代表させることができるのである。

以上述べてきた「合図」「指標」「表象」「象徴」の4つは、意味記号の機能に関しての「両行」する区分であり、そのまま発達レベルの差異を意味するのではない。

しかし、象徴が高度な意味記号であることは確かであり、この本で扱う1歳代前半では、ことばのように社会的に決まった形式が最初から与えられる場合を除くと、子どものほうから主体的に象徴をつくり出す行動はまだできない。目に見えない〔あそこ〕の世界が現実を支配するほど大きくなり、人為的に構築した世界が〔ここ〕を超えることさえ可能な象徴的行動がはじまるのは、一般的にはおよそ2歳半すぎころからである。

それまでの子どもの世界は、〔あそこ〕を〔ここ〕へ呼び起こしてうつす狭義の表象どまりである。しかし表象の働きは、幼児期だけに重要な未熟な働きというわけではない。むしろ〔あそこ〕志向の近代西欧文化のなかで、今まで表象のもつ価値が不当に軽視されてきたことが反省されねばならない。

4　意味記号の媒体

■音声と身体

意味記号が実際にどのような媒体を通じて表現されるかは、たいへん重要な問題である。特に発達的にみると、音声ことば（音声を用いる意味記号）と、身体ことば（身体を用いる意味記号）にはもともと深い関連があると考えられる。しかし両者には本質的な相違もあると考えられる。

この問題は非常に複雑で、情動と認知の両者に深く関連するので、改めて第3巻でとりあげることにして、ここでは次のような問題提起のみにとどめておきたい。意味記号の表現として、音声と身体の響きあいや相互のうつしあいは不可分ではないだろうか。特に記号化の初期過程では身体表現が非常に重要な働きをするのではないだろうか。音声表現と身体表現は、どのような違った特徴をもち、ことばの発達の何をどのように担うのだろうか。

ごくおおざっぱな発達図式は次のように描くことができよう。第1巻で述べたように、0歳代の初期では人と「うたう」機能が中心であった。そのレベルではまだ記号表現とはいえないが、共振や共鳴動作や表情の伝染などの身体的表現と、音声同調などの音声表現は共に密接にむすびついていた。

0歳半ばころからは、一方で感覚運動的な活動、特に物を操作する「とる」働きが発達し、この身体活動によって、身体は音声といったん「はなれる」と考えられる。もう一方で身体は姿勢や呼吸法とむすびついた身体リズム活動によって、音声によるリズム活動〔反復喃語〕との関連を保持している。そして0歳代の終わりころから、両者の再結合〔三項関係の形成〕がみられるようになると考えられる。

三項関係の形成以後では、物を「とる」行動は機能をかえて、他者と「うたう」行動のためにも使われるようになる。指さしや身振りは、その端的な例である。「とる」ために熟練した身体動作が、違う目的〔うたう〕の表現に使用されるのだが、そのような中間過程では、音声表現と身体表現は、コミュニケーションにおいて特に密接なかかわりをもつと考えられる。

特に記号表現の初期段階である1歳代では、身体表現がとりわけ大きな役割を担うと考えられる。それはそれまでに感覚運動的動作の技能がかなりのレベルに到達していて、道具や手段〔運ぶ媒体〕として、文脈と切り離して使えるまでになるからであろう。

またそのような技術的理由だけではなく、もともと人と「うたう」ためにたいへん都合がよい音声を、一度その対人的文脈から「はなす」ために、物への身体的「動作」が挿入されるという方法がとられるのかもしれない。つまり音声表現には「情」がからまりすぎていて、かえって意味記号として分化しにくいという事情があるのではないかと考えられる。

記号表現の初期の発達過程において、身体記号が重きをなすことは、ことばや表象機能の発生とかかわるだけではなく、〔私〕の発生、つまり身体像の成立や自己覚知などと深く関連しているであろう。我が身の及ぶ場所〔ここ〕が成立することは、表象と共に自己の発生基盤にもなると考えられるからである。

8章「あわせる」と「うつす」――表象を生みだす働き

1「あわせる」ということ――同一化の概念

■「あう」と「分ける」

1歳代はじめのほぼ同じころに、人間を他の哺乳類からきわだてて特徴づけている2つの行動、二足歩行と有意味語の使用がはじまる。それは乳児期の発達の総決算であると同時に、子どもが大人と同じ世界へ踏み出す第一歩となるできごとである。歩行とことばは、岡宏子が指摘したように拮抗し干渉しあう性質をもつ。だが巨視的にみれば両者の出現は、両行（ふたつながら行なわれる、矛盾の同時共存）している。

歩行もことばも共に、子どもが自ずから自分も周囲の人びとと「同じ」になりたいと志向し、その行動を我が身へと「うつし（移し、写し）」はじめることと無関係ではない。

歩行は身体と運動能力だけに関係しているようにみえるが、それまでにハイハイでかなり早く移動できる子どもに、けんめいの努力をしてもよちよちとしか進めない不安定な直立歩行をしなければならない必然性は少ない。ハイハイから直立歩行への転換は、その時期の子どもには、より不自由で効率が悪い行動への選択になる。その転換には、種としての遺伝的要因がかかわっていることはもちろんだがその他に、子ども自身が周囲の人びとに「合わせたい」と望み、その人びとがやることを我が身へ「うつそう」とする意欲がかかわっている。だから歩行の開始は単なる生理的現象ではなく、ある意味で社会的行動でもある。

ましてことばは、〔ここ〕という共感的な場所のなかで生きている身近な人びととの行為を互いに「うつし」「あう」共同作業のなかで生まれる。

第1巻で述べたように、関係のつくり方という観点からみると、「人」と「物」は根本的な違いがあると考えられる。物は主体が「とりにいく」対象になるのに対して、人は共に「うたう」間柄をつくる。

そして物との関係づけには「分ける」働きが重要であるのに対し、人との関係づけには「あう（会う、合う）」働きが大切である。「分ける」とは、見分ける、使い分ける、取り分けるなど、分化、分離、分割、分類、分析などに向かう働きである。それに対して「あう」は、出会う、気が合う、間に合う、相性が合う、調子が合うなど、会合、合致、斉合、統合、協調、同調、調和などに向かう働きである。

三項関係の形成には、単に媒介項を含む3つの項を結合できるというだけではなく、人の世界が中心になってそのなかへ物の世界が組み込まれていくことが重要であった。表象の発生にも「分ける」と「あう」の両方の機能が必要である。しかし三項関係と同じく、人との関係づけの中心的な働きである「あう」機能のほうが主体であるべきなのに、今までは軽視されることが多かった。

さまざまな領域で「分節」「対立」「差異化」など「分ける」概念が重視され方法論としてもよく使われてきたのに対して、「合致」「融合」「合体」「照合」など「あう」概念が同様に重んじられてきたとはいえない。

命名作用も、本来は連続体である生の体験に区切りを入れ、世界を分節化し、差異化し、対立させることによって、カテゴリーに分けることだと考えられてきた。しかしカテゴリー化が、なぜ「分ける」こと、つまり区切る、分節する、差異化する、対立させることだと把握されるのだろうか、その発想が問われねばならない。カテゴリー化とは、もう一面では、細かい相違を無視して合わせ、同じ1つのカテゴリーのなかへ包みこみ、ひとまとまりに括ることだからである。

したがってカテゴリー化において、境界を「分ける」こと、つまり分節化、差異化、区切り、対立などを強調するか、同じだと「合わせる」こと、つまり同一化、包括化、一致、合致などを重視するかは、単に同じ働きの2つの面のうちのどちら側に注目するか観点の違いにすぎない。しかしこの観点の違いこそ本質的に重要である。

命名によるカテゴリー化では、その中心的な意味内容こそはっきりしているが、境界や区切りは明確ではなく、重なりあっているのがふつうではないだろうか。

たとえばある行動を見て「あの人は走っている」と言ったとき、なぜ「歩いている」と言わないのか、どこが違うのかと問われても、答えられないことがある。時と場合によって表現が変わることがあれば、どちらでもいい場合もある。「歩く」と「走る」の境界は明確ではない。しかしそれぞれの意味概念の中核にはまとまりがあるから、ある行動を見たときに、〔これ〕は〔あれ〕だと、即座に同じカテゴリーのなかへ入れることはできる。

区切りや差異や境界は明確ではない。明確にする必要もない。あるときにはAに入れ、別のときにはBに入れてもかまわない。ことばによるカテゴリー化とはそのような種類のものである。

カテゴリーを相互に比較すれば矛盾だらけであり、もともと注目する部分が違うのだから、「同じ」とみなされる基準もさまざまになる。しかしそれでかまわないのではないだろうか。区別するよりは、「同じだ」と1つのカテゴリーのなかへまとめ合わせる「同一化」の機能のほうが重要だからである。

■合わせる——〔これ〕も〔これ〕も〔あれ〕だ

対人関係においては違いや差異を分けるよりも「合わせる」働きが重要だが、それは意味作用にも大きな役割を果たしている。「合わせる」とは、〔これ〕も〔これ〕も同じだと共通性を認識し同一化する働きである。また差異や対比を明確にする比較（contrast）よりも、調和や似合いや同じものの照合（matching）に重点をおく働きである。

〔ここ〕で出会うものを、初めてだ、新しい、珍しい、変わっている、違うなどとみなす新奇性の認識は、探索行動の源になる。それは原理的な意味で〔ここ〕に安住しないで〔ここ〕から〔あそこ〕へと出て行く認識である。

たとえば、ある幼児は初めて小さな自動車の玩具に出会ったとき、たたいたり、ひっくり返したり、こすったり、さまざまに違った試みをして「これは何か」を知ろうとした。このような探索は、差異性の認識に基づいている。それは次に何が起こるかわからないわくわくするような冒険をひきおこす。

それに対して〔ここ〕で出会うものを、たとえ生まれて初めて見る新しいものであっても、前にも見たようだ、あれと似ている、あれのようだ、あれと同じだとみなすのは、同一性の認識である。それは「もと」へもどる認識でもあるし、「かた（形・型・方）」へはめこむ認識でもある。

たとえば、ある幼児は初めて自動車の玩具に出会ったときに、今まで見たものと色や形などに違いがあってもそれを無視し、「同じ」性質に注目して、輪の部分を下にした一定の「やり方」で動かす慣用操作をし、「ブー」という一定の「言い方」で呼んだ。それはその玩具に〔あれ〕（自動車なるもの）というある種の「かた（カテゴリー）」をあてはめ、それを一定の「かた」で示すという、二重の「かたはめ」作業である。

「合わせる」働きは、〔これ〕も〔これ〕も〔あれ〕だとみなす同一性の認識をもとにしている。これによって初めて見る世界も既知の世界に変わる。新しいものも、今まで見たことがある何かと関係づけられ、類似性、同一性に着目されてまとめられていく。この働きは意味作用の本質である。

このような意味作用は、対人関係や自己の発達においても重要な働きをする。フロイトは同一視(identification)の概念をエディプス・コンプレックスを克服する自我防衛機構のひとつだとみなした。しかし、同一視は、より普遍的でポジティヴな概念として見直されねばならない。人は他者のなかに自分との類似性を発見すると親密性と共感性を増す存在、本来的に「同じ」になりたいと志す存在だと考えられるからである。自分をどのような人間の「かた」にはめこみ、自分の人生をどのように意味づけていくかは、自己形成と役割取得のもっとも大きな問題である。

2 「うつす」ということ ―― 場所移動の概念

■うつる ―― 共鳴的伝染

多くの研究者が指摘してきたように表象の発生プロセスにおいて、もっとも重要な機能のひとつは、模倣(imitation)であろう。日本語の「うつす」という場所移動の概念は、模倣の原理的な特徴をよく示すとともに、模倣という概念をはるかに超えて、表象や比喩(暗喩《メタファー》の原義は移動という意味)の働きなどをも統合して考察しうるたいへん興味深い概念である。

模倣とは、他者の行動の一部を自己の行動の一部へ場所移動すること、つまり「うつす(移す・写す)」働

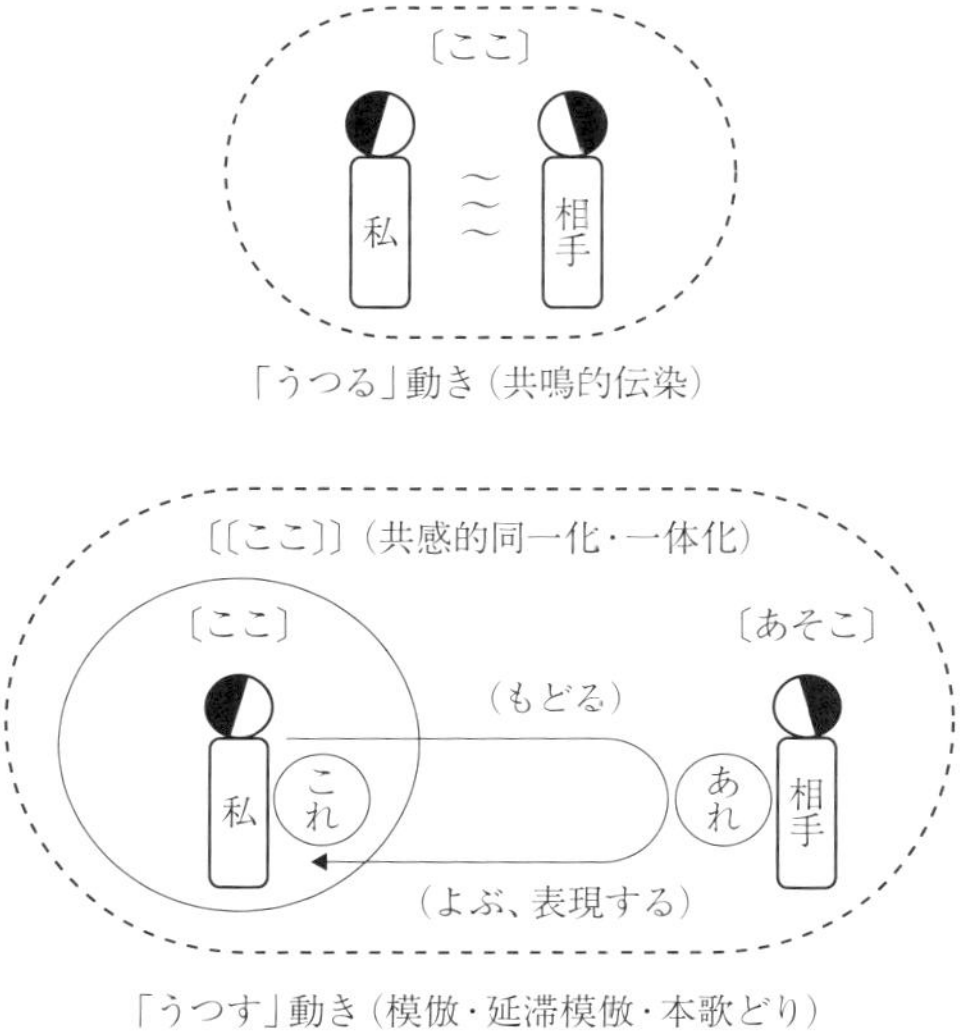

図８−１　模倣機能「うつる」と「うつす」

きである。そして表象とは、〔あそこ〕のもの〔あれ〕を〔あそこ〕から〔ここ〕へ「うつす（移す・写す）」働きだと言い換えることができる。それはまた、〔ここ〕に「ない」ものを「ある」ものへ、現前しないものを「うつ（現、顕）」へと変化させ、姿を現わすよう「うつし（現し、顕し）」をつくる働きでもある。

「うつす」という概念は、人間の独創性や創造性に高い価値をおく見方からは不当に軽視されてきた。オリジナリティを重視する考え方は、独自の個、差異性、唯一つのユニークな「もと」を強調する価値観に拠っている。そのような価値観は〔ここ〕への「うつし」である狭義の「表象」よりも、人為的で恣意的で創造的な構築物である「象徴」を重視する見方をもつくってきた。しかし意味作用の中心としてクローズアップされねばならないのは、象徴よりも、表象ではないだろうか。

それは必然的に「うつす」働きの再評価につながる。ある意味で「うつし」文化とみなされる日本文化のなかに住む私たちは、明確な理論化はされていなくとも、すでに豊富な体験的知識を身につけているから、その作業をするには幾分有利な位置にいる。これから試みる「うつす」機能の理論的位置づけは、それが子どもの発達において実際に重要な役割を果たすからというだけではなく、そのような価値観の変革という観点からも必要であろう。

第1巻で述べたように、人との関係づけは「うたう」という根元語でまとめられた。それは〔ここ〕という現前の心理的場所に共存するもののあいだで伝わる共鳴的伝達のことである。それは、あくびの伝染のような無意図的伝達であり、気持や動作や表情の「ふる（振る）まい」や「ふるえ」が直接的に相手に響いていく共振的伝達であり、興奮や感情などが感化される情動的伝達でもある。

そのような共鳴的伝染は、「うつる」と言い換えることができる。0歳初期のエントレインメントや共鳴行動のように、「うたう」行動は〔ここ〕にいる人びとを同じ渦にまきこみ、同じリズムにのせ、自然に同じうたをうたわせる、強力な「うつる」機能をもつ。だが「うつる」働きは、広義の模倣機能のなかに含まれるものの、正確にはまだ模倣とはいえない。

■うつす――模倣・場所移動

「うつす（模倣）」働きは、「うつる（伝染）」とは区別される。それは、相手を有無をいわせず情動的に一体化させ同じ渦にまきこむような強い集団的伝染力をもつ「うつる」働きと共通性をもちながらも、異質な面をもち、そこから直接的に出現するのではない。第1巻の三項関係の形成において述べたように、あまりにも一体的で効率のよすぎる「うつる」コミュニケーション能力はいったん手離して、物の世界を媒介にして再編成されねばならない。

図8-1は「うつる」働きと「うつす」働きを対比的に図示したものである。「うつる」も「うつす」も共に、共感的同一化と一体化の雰囲気をもつ〔ここ〕をベースに展開する行動であることは共通している。

心理的場所〔ここ〕の特徴のひとつは、それが「入れ子」構造をもつことである（やまだ 1988a）。〔ここ〕は、小箱の中に小箱がありその中にさらに小箱がある入れ子の箱のように、〔ここ〕の中にさらに〔ここ〕

があるというように同心円的に幾重にも機能することができる。

「うつす」働きの場合には、〔〔ここ〕〕の中に、さらに〔ここ〕と〔あそこ〕に分化した場所ができると考えられる。そして〔あれ〕と〔これ〕との分化がみられる。

たとえば0歳初期には共鳴行動によって、母が手を振ると子も同じように手を振る行動がみられた。それは身振りの場合の手振りと行動形式では似ているが、「うつる」という同期的共振にすぎなかった。それに対して、母のバイバイの手振りを子が身振りとして「うつす」ときには、その行動の特徴の一部（あれ）だけが、もとの文脈や情動とは切り離される。そしてそれをある種の意味を担うもの（あれ）として、自分の文脈の中で自分のやり方（これ）で再現する。模倣においては、そのような意味で〔あれ〕と〔これ〕との分化が十分ではないにせよなされる。

それはまた〔ここ〕という心理的場所だけに生きていた子どもに、〔ここ〕と区別された〔あそこ〕という場所ができることでもある。その場合には〔ここ〕で動かない自分を確立するという方向で、自分の領域〔ここ〕が、相手と一体化し融合していた領域から引き離され明確化される。

模倣は、ワロンによって表象の前ぶれとして特別重要な位置におかれた。それは彼の用語でいえば外部を形づくる（extérofective）働きよりは、自分を形づくる（propriofective）働きである姿勢機能のほうが優勢な行動である。そして表象の発生は後者と大きな関係をもつ。

模倣は、〔ここ〕から〔あそこ〕へ「いく」という外界志向的な方向性の行動よりも、〔ここ〕にとどまるという静観的な行動に関連が深い。外にある興味あるものを「とる」ために手を伸ばす行動と、外にある興味あるものを自分の身に「うつす」行動では、明らかに行動の方向が反対である。「うつす」ときには、外界のものを自己の身のほうへ、〔ここ〕へ「呼ぶ」方向へと力が働く。

このように静観的認識が優位であるという意味でも、模倣は表象に近い位置にある。図8－1を、表象を定義する図7－1と比較するとわかるように、「うつす（模倣）」働きは、表象機能とよく似たU字曲線で表わされ、同じ理論的土台の上に成立すると考えられる。

しかしまたワロンが言うように、「模倣は表象の前ぶれとなりながらも、また、表象と正反対のものにもなりうる（1942, p196）」ことにも注意しなければならない。なぜならば広義の模倣機能のなかに含まれるとしても、情動の直接的伝染である「うつる」働きのほうは、表象とははるかに遠いからである。

模倣は、「うつる」と同じように情動的な「うたう」働きをベースにしながらも、それとは質的に違う面をもち、ある意味で物を「とる」働きにも接近する行動である。したがって「うつす」働きは、図6－4の行動の三角形において示したように、「とる」と「うたう」の中間に位置づけられる。

「とる」には、対象の性質と作用のし方によって、取る・採る・盗る・捕る・獲る・撮るなど、さまざまな漢字が使われるが、基本的にはすべて同じ意味である。「とる」の基本意味は「対象とする事物に作用・行為を加えて、自己側の領域に入れる」ことである。主体が自己の領域に対象を入れる場合には、入れられる対象は主体と対立し、利害関係が生じる。だから「取る」ことは、本質的に「盗る」「獲る」ことである。

それに対して「うつす（移す・遷す・写す・映す）」とは、主体が対象と対立・利害関係に立たないで、ただ対象の場所移動だけに焦点があてられた場合の概念である（山田 1986b）。「移す・遷す」は、事物をある位置から別の位置に動かすこと、「写す・映す」は、もとの物に似せて別の物にすることであるが、いずれも基本的には同じで「場所移動」が中心意味である。

「とる」も場所移動の一種にはちがいないが、「うつす」場合とは対象との関係が相違することが多い。一般に「とる」ときには、主体と対象とは対立的・利害的であり、「とるか」「とられるか」の関係になる。たとえば、食事のときに食物を自分の胃袋に入れる行為は「食物をとる」のであって「食物をうつす」のではない。それに対して食物を写真や絵に「うつす」ときには、対象の姿は、フイルムや紙の上へと場所移動するが、食物そのものは損害を受けない。

写真は「とる（撮る）」ことも「うつす（写す）」こともできる。実際には同じ行為であっても、対象との関係をとらえる観点によって違うからである。「コピーをとる」ことが「もと」のオリジナリティや唯一つの個に損害を与えると考えるか、「コピーにうつし」ても「もと」が損傷したり減るわけではないと考えるかは、観点の相違である。

現実には、自然の「うつし」をつくる芸術、生け花や盆栽のように、根から引き抜いて針金で枝を曲げたりわざわざ幹を傷つけるなど、「うつす」行為でも「とる（採る）」以上に対象に損傷を与える場合もある。しかしそれは本来、自己と対立する自然（nature）を自己の領域へ「とる」ための人工（culture）とは違い、自然を身近な自分の居場所（ここ）へ「うつす（移す・写す）」行為なのだから、概念的には区別される。「うつす」場合にはその行為は、対象との対立ではなくて、共感や一体感や同一視によって支えられている（山田 1986b）。

このように「うつす」には、対象との対立や差異を強調した「分ける」働きではなく、自己と対象との類似性や同一性が強調される「合わせる」働きが中心にある。ままごとをする子どもが母親そっくりの「うつし」を演ずるのは、母親への共感的同一視がもとになっている。「もどき」も、「もと」に似せる、合致させる、同じにするという「合わせる」働きによってつくられる。

ワロン（1942, p.157）は、真の模倣を「自己模倣」から出発させようとする多くの研究者を「孤独な自我」という錯覚に基づいていると批判したが、「うつす」行動も三項関係のなかで発達することに特に注意しなければならない。つまりあくまで「みる－うたう」関係がベースとなって、そこへ「みる－とる」働きが組み込まれるのであって、逆ではない。

たとえば小さい子が、興味あるものをまるでそれと一体になったかのように見つめていることがある。ワロンはそれを姿勢的融即・とけこみ（participation）と呼び、プライエルの息子が目の前の小鳥がピイピイと鳴いているのを催眠術にかかったように見ていて、鳥が飛んでいってしまって凝視を中断してはっとした瞬間、鳥のまねをして鳴いたという例をひいている。

ワロンの理論に造詣の深い牧康夫の解説によれば、姿勢的融即・とけこみとは、「自分の姿勢でもって相手にとけこむ」ことであると共に、姿勢的な浸透・受胎（impregnation）でもあり「相手の姿勢が自分の中に浸透する」「相手を自分の中にはらむ」ことを意味するという。そしてこのような興味をもった対象への「とけこみ」がもとになって、目の前に対象がなくなっても、とりこまれたものが自分のものとして確立される真の模倣（ピアジェの延滞模倣にあたる）である姿勢的定式化（formulation）がなされるのだという。

このように「うつす」働きは、ある意味で相手の領域のものを自分の領域へ「とる」「とり入れる」ことに近いのだが、それが相手との「共感的な同一化・一体化」「相手の中への情動的とりこまれ・融合」を基盤とした〔ここ〕への「うつし」だという意味で、「うつる」「うたう」のほうがベースになっているのである。

「うつす」働きは、図6-4に示したように「とる」と「うたう」の中間に位置づけられる。それは「対物関係」と「対人関係」、「実践機能」と「情動・伝達機能」の両方にまたがる働きであり、この意味でも表象と共通する特徴をもつ。

子どもは人と人とのあいだに生きる社会的存在であり、人の行動に特別の興味をもっている。人は、周りの人びとと一体化し、同じであること、合わせること、似ることを自ずから志向する存在である。そのような対人関係のベースの上に「うつす」行動が生まれるのである。

■「本歌どり」の思想

「うつす」働きをより深く考えるために、「本歌どり」の思想に注目してみたい。本歌どりとは、和歌や連歌などをつくる際に、すぐれた古歌や詩の語句、発想、趣向などを意識的にとり入れる表現技巧のことで、新古今集の時代にもっとも盛んであったといわれる。

この「本歌どり」には、単なる作歌のテクニックの問題にとどまらない、しかも模倣という概念ではカヴァーしきれない、重要な思想が含まれている。それは少なくとも次のような7つの意味で「うつす」機能を代表する興味深い概念だと考えられる。

まず第一に本歌どりには、「もと(本、基、原、元)origin, original」がある。それはあるものを、もととみなすことで初めて成立する行為である。つまり原理的な意味でもとへもどる行為を含んでいる。「もとうた」は過去の古い歌だが、すぐれた見本やお手本でもあり、決まった鋳型でもある。

第二に本歌どりは、「もと」から自己の居場所への「場所移動」にかかわる概念である。ただしその移動は、部分の移動であり、もとの文脈からの切り離しが行なわれている。それは伝染的にうつるのとは違い、自己の文脈〔ここ〕と区別された〔あそこ〕から、その一部の〔あれ〕だけを〔ここ〕へうつす行為である。

第三に本歌どりは、うつす側の主体的・能動的行為である。何をもとにするか、もとの文脈から何を取り何を切り捨てるかは、移動主体にまかされている。その行為が必ずしもすべて意識的・意図的になされるとは限らないが、取捨選択の自由はうつす側にある。だから「もとうた」とは正反対の意味でとることもできる。

第四に本歌どりは、うつすことによる創造的行為である。ただしそれはまったく新しく無から有をつくるという意味での創造ではなく、場所移動によって生みだされる再現された新しさである。

本歌どりでは、もとの文脈からある部分だけを切り離し、別の文脈へと場所移動することによって、新しい異質の意味や効果を生みだす。基本的には、旧いものを〈ここ〉へ移動し再現する（represent）行為だから、部分的にみれば、オリジナルではなく「引用」にすぎない。しかし、全体的にみると創造的な作り変えや再構成になって、別の効果と感動をまき起こす、新たな「用」をもたらすのである。

第五に本歌どりは、ある意味では「もとうた」を自分の心理的場所〈ここ〉へ「とる（取る、盗る）」行為である。しかしそれは同時に、うたう行為でもある。その意味で「とる」と「うたう」の中間に位置づけられる。それは、本来は〈あそこ〉のうたであったものを、〈あそこ〉という場所から切り離し、部分的に〈ここ〉へうつすことによって、〈ここ〉で共にうたい合う行為である。

第六に本歌どりは、「もとうた」の命を永らえさせ、新たな生命をふきこむのに役立つ。もとうたは、〈ここ〉という場所へうつされて、新しいうたと重奏的に響きあい共にうたいあう。だからもとうたは、とられても被害を被るとは限らず、新たな場所で新たな意味を帯びることによって、より響くうたになり、さらに生きることもできる。

第七に本歌どりでは、〈私〉と〈私たち〉の境界が定かでなくなる。唯一つ（unique）であること、独自のもと（originality）こそ重要だという思想では、オリジナルに勝手に変形を加えてはならないし、出典を明示しない「引用」も禁止される。そして「もと」をつくった人間はその所有者として保護される。〈私〉はユニークな個であって、その名前が他者と同じになったり、なくなったりすることは、許されない。

それに対して〈私〉と〈私たち〉の境界が溶けていくこと、無名性と共同性は、本歌どりの思想においては必然的に生じる。うつしが重なると、よく似たコピーがあちこちにできていくわけだから、だんだんどれが本来の「もと」なのかわからなくなる。また、もとの意味が変わったり、新たな響きが加わったりして、多くの人びとによって少しずつ手が加えられ、誰の所有物なのか、どこからどこまでが誰の製作なのか、境界が定かではなくなる。

そのようにして「もとうた」は、古い場所から切り離され、風のように次々と場所をうつすこと、引用されることによって、逆に今〔ここ〕でうたいつづける力、場所や時代を超えて人びとに共鳴を生む生命力を保つのである。

■延滞模倣 —— ここにないことの再現

「うつす」とは〔あそこ〕から〔ここ〕への場所移動の働きである。〔あそこ〕と〔ここ〕が共に現前している場合には、目の前に見えている行動を自己の行動へと写す現前の模倣になる。

そして〔あそこ〕の距離が〔ここ〕から見えないほど遠い場合のうつす行動は、一般に延滞模倣と呼ばれる。それは「ここにないものをここで再現する行動」であり、表象の一部になる。

延滞模倣の例としては、ピアジェの長女ジャックリーヌの次のような行動が有名である。彼女は1歳4か月のときに仲良しの男の子が子ども用の柵の中で癇癪を起こして地団太を踏んで泣きわめくのを初めて見てびっくりしたようにじっと眺めていた。そしてその場では見ていただけであったが、翌日になってから、同じ柵の中で同じ動作を正確に再現した。彼女は、その行動がひきおこされたもとの文脈や、怒りや泣きなどもとの情動とは切り離して、興味をひいたおもしろい行動形式だけを取り出し、それを自分の身で再現してみせたのである。

延滞模倣という用語は、空間的・心理的距離を無視しており、「過去に見たものの再現」という時間的距離のみにかかわっており、単なる時間的遅延としてとらえられやすく、あまり適切なことばではない。

時間の遅延そのものよりも、先の「本歌どり」の思想において考察したように、本人の主体的興味によって対象が取捨選択され、能動的に再構成化される働きが行なわれることこそ重要である。

それは単なる時間的インターバルの問題ではない。日本語の「ねかす」という概念にみられるように、すぐに現前化せず潜在化させて待つことでゆっくり成熟する過程が進行することに注目する必要がある。ねかされて育つのは、イメージあるいは意味内容〔あれ〕である。そしてイメージだけではなく、それを表現する方法や技能も育つ。

現前の模倣でさえ実際にはそれほど簡単なことではない。「わかっちゃいるけど、やれない」のがふつうであり、認識できてもすぐに模倣することは案外難しい。再現するためにはそれができる表現技能が必要である。

延滞している時間のなかには、パフォーマンスとしては現われない潜在学習のような準備過程やある種の練習過程が含まれる。そのあいだに、イメージあるいは意味内容〔あれ〕は〔ここ〕へうつされ、自前の〔これ〕として我が身で再現できるまでに消化され、自分流に変容される。

その過程には、ワロンが言うような「あたため」や「はらみ」が進行している。それは我が身の中に移植され、あたためられ、生きもののようにゆっくりと育っていく。自分の中へ「うつす」とは、自分の中に何かが受胎したことに近い。

そこには「うつし」のさらに「うつし」がなされる内部プロセスも関与している。延滞模倣では、現前の模倣のように、手本としての「もと」が外部にあり、その一部がそのまま単純に自分の身へと場所移動するのではない。「もと」は少なくとも二重に変形され、内部模倣がなされる。〔これ〕として表にかたち（形、象）にして再現されるのは、外部の手本としての「もと」そのものではなく、それから抽象されて自分の中へ内的に蓄えられた「もと」だからである。

内部模倣まで考えると議論は果てしなく複雑になる。だが内部か外部かと本来分けられないものを峻別することと自体はそれほど重要ではない。〈私〉と〈私たち〉の区別と同じように、〈内〉と〈外〉との区別も本質的ではないからである。〈ここ〉という心理的場所の概念は、狭くも広くも柔軟に伸縮自在であり、自己の心の「内」だけを意味する場合もあれば、自他の境界を越えて〈私たち〉の住む場所にもなりうる（やまだ 1988a）。

ここで重要なのは「うつす」働きにおいては、場所移動を重ねて、表にすぐには現わさないで「ねかす」ほど、意味内容も表現形式もまるで生きもののように成熟し育っていくということである。だからたとえ「もと」の種子は外部のものだったとしても、それらはまるで自分が生みだしたかのように変形し、オリジナルなのか「うつし」なのか区別がつかなくなるのが常である。

■まねる・まね（学）ぶ――モデリングによる学習

「うつす」働きは、本来的に学習機能をもつ。何ごともゼロからつくりあげるにはたいへんな労力が必要で個人の力ではたかがしれている。しかし「本歌どり」のように「もと」のよいところだけを「うつす（移す・写す）」「とる（盗る・獲る）」のであれば、コストは大幅に節約できるし、知恵を蓄積することもできる。しかもそれは強制されるものではなく、主体的、能動的な行動であるために学習効果が大きい。

日本語が端的に示しているように「まねる（真似る）」ことは、「まねぶ（学ぶ）」ことであり、「まなぶ（学ぶ）」ことである。

うつしとる「もと」が個々の部分ではなく「かた」としてまとめられ、原型、鋳型、形式、やり方などにされると、学習はなおさら効率的である。

また内容の深い理解を伴わなくても、表面的な形式や見かけの型だけをまねたり、うつしたりしても、てっとり早くそれ相応の効果をあげることもできる。「型」から入る教育がそれである。「うつし」や「まね」の重視は、制服、姿勢の形、歌の定型、作法や流儀など「型」から入る教育を生みやすい。それは似て非なる「もどき」つくりにはちがいないが、表現形式と中身の意味内容とを完全に分化した恣意的なむすびつきとはみなさないのが、私たちの伝統である。

バンデューラによって理論化されたモデリング（modeling）の概念は、本来的に社会的な動物である人間が、いかに他者の振る舞いを「うつす」ことに関心をもち、それによって学ぼうとする存在であるかを明確にした。しかし学習理論のなかで生みだされた概念であるだけに、強化に関連して議論されることが多すぎたようである。

それを人間の対社会的な表象行動の根幹にある「ふりをする行動」「ふりをつくる行動」とどのようにかかわるか、という観点から新たにとらえ直すと興味深いかもしれない。

モデリングの概念は、模倣の概念よりも包括範囲が広いところが利点である。だから単なる真似による類似物の再生だけではなく、人のふり見て我がふり直せというような反面教師の機能も含むことができる。それは「人のふり」を手本（モデル）にして、それとは違う自分を形づくることである。

モデリングのもつ学習機能を考慮し、それを意図的に教育に使うやり方に「しめし（示し）」をつけるという方法がある。たとえば「見せしめ」の場合には、多くのなかの誰かを代表にして、その人を辱めたり罰することによって、他の者にも同じような効果を与える。モデルをはっきりと見える印にして示すことによって、（反面）教師の機能を高めるのである。

いいかげんにしていては「しめし」がつかない。「しめし」とは「けじめ」をつけることでもある。それは「け（気）」の許容範囲をはっきり「しめ（閉め）」ることによって、気持の区切りを目に見えるかたちで示すことである。

見習うべき「もと」が見本であり、手真似の「もと」が手本である。それら振る舞いや身振りなどの「もと」は「かた（形・型・方）」として、見やすく、うつしやすく、振りつけやすいように、はっきり示されねばならない。

記号《しるし》として示された「かた」は、外から見える。自分も同じ「示し」をすれば、仲間（同じ心理的場所「間」の中にいる者）と認知されやすい。また、示されたものが明確で魅力的に見えれば、人はそれを見て自分も同じようになりたいと思い、自主的に自分の領域に移そうとする。そして、それを他者に示すことで満足する。流行も学習も、人間が社会的動物であって、互いに他者の振る舞いに敏感であることから生まれる。

■うつしの世界――うそ、ごっこ、メタファー

意味作用のなかでのうつす働き（場所移動）と、人と人との伝達活動のなかでのうつす働き（場所移動）は、決して別々の次元のできごとではない。

イメージは別のイメージへと横すべりを起こし、場所移動《メタファー》を重ねて生きもののように自己増殖する。しかし、まったく恣意的にどのようにでも移れるというのではない。何らかの意味で合う部分、共感性、類似性、同一性がなければ移ることはできない。比喩《メタファー》を使って喩え話をすると、論理的に説明されるよりも、共感的に理解したり納得しやすく伝達も容易なのは、意味内容をぴったり縮約化しうまく合った「うつし」になるほど、人びとの気持に合い、人から人へうつされやすくなるからである。

「うつし」の世界は、「もと」を本物とみなせば、うそであり、にせの世界である。「もと」は現実に実在する場合もあれば、抽象化された概念という場合もあるが、いずれにしてもそれを本物や真実だと考えると、

うつす働きは際限のないうそやにせの像や記号の再生産にかかわることになる。「もと」がどうであれ、「うつし」のほうが外に見える記号になりやすいから、それがどう見えるかに人は敏感である。他者にうつした自分の像に気づけば、見かけや見栄えや見えにこだわらざるをえない。また男振りや羽振りや身なり（身形）やカッコ良さなどの「ふり」や「なり（形）」が重視される。

イメージは、もともと幻像であり「うそ」の像である。しかし「うそ」はどろぼうのはじまりではない。人間は本来的に表象の世界、うつしの世界に生きる、うそつき動物である。

表象の発生は、「第3巻　ものがたりの発生」で扱う、見立てやごっこのような「まねごと」や「うそごと」のはじまりでもある。

子どもがつくり出す「ごっこ」の世界は、現実の大人社会を小さく「うつし」た保守的な「まねごと」にすぎない。しかし同時に大人社会から子どもの世界を自律させ解放し新しい世界を創造するという矛盾した役目をも担う（山田 1988b）。

それは、うそやにせの世界の手軽さによる。「うそ」の世界では、男になることも女になることも、空を飛ぶことも海に潜ることも簡単にできる。「うつし」の世界は本物よりも、縮約された軽い世界である。だからこそ現実を超えることができる。

「うつし」の世界は、自己増殖して幻像を再生しつづけるから、だんだん現実との境界や何が本当の「もと」なのかは定かでなくなる。そして現実以上にリアリティをもつ意味世界ができていく。私たちは、そのようにしてつくられた意味の森の中で生きているのである。

ことばは、その意味世界のさらに「うつし」だから、いわば「うつし」の「うつし」、代用品である。ことばは、もとのことがらのほんの一部の「ことの端《は》」や「記号《しるし》」にすぎない。しかし、やがては現実との関係を逆転し、現実の「できごと」を支配する力をもちはじめるのである。

おわりに（草稿　1988年）

かつて私は風景は一度だけ新しいのだと思っていた。しかし違っていた。風景は何度でも新しいのだ。ここに確かにあるように見える見慣れた景色やなじんだものたち、私たちはそれらをそのまま見ているのではない。その意味、あるいはイメージによって見ているのである。イメージが変われば世界が変わる。むきたての卵のような世界がそのつど立ち表われる。

子どもがことばを話しはじめるプロセスは不思議そのものである。それは世界が意味あるものとしてまとめられていき、ほやほやのイメージ卵がはじめて生まれてくる過程でもある。

子どもの一日は大人の一か月よりも長い。私はできるだけ時間をゆっくり回転させて、片言のことば、ことばのよちよち歩きを子どもとともに歩んでみたいと思った。

子どものときには生きることはできても知ることはできなかった世界を、もう一度わずかながらも意識的に眺めることができたのは、わくわくするような体験であった。いや正直に言えばそんな余裕はなく、長年とりつかれてきた「ことばの意味への疑問」から解放されたいばかりに、ぶざまでも必死に目をこらしてきたのである。ますます疑問符が増えていくばかりではあるが。

幸いこのシリーズの第1巻が、哲学者や人類学者など広い領域の第一線の研究者にも、日々生身の子どもと接する現場の方々にも、両方に好評であったことは、何よりの励みになった。

古くからの友人は「発達心理学がいつからか『人間の原点を知る心理学』であることを忘れてしまった、

その根っこの部分を掘り返すような仕事ですね」と評してくれた。本当にそうかどうかは別として、私がめざしているものを言いあててもらった気がした。

心理学が哲学から分かれて、「事実」のみに関心をもつ心理学者と、「知恵と幻想」に頼ろうとする哲学者とに分かれたことは、不幸なことだったかもしれない。世界の認識のしかたと自他の存在のしかたとして、記号化や意味化を考えるには、子どものことばの実際の生成過程にもっともっと関心をもち、具体的な事実の裏打ちのある議論が必要だろう。

ある時から無謀にも私は、生の事実を透かして新しい像が見える逆転眼鏡をつくる「理論心理学」の仕事をするのだと自覚し、ささやかながらその危険な道に歩みだした。それからすでにかなりの年月を経た。ひとつの想いつきのために信じられないほど長い無為の時を過ごした。そしてそれを片言にせよことばにするには、さらに時間がかかった。それでも力不足は如何ともしがたい。しかし不思議でたまらないことに自分を賭けて、命を削るようにして仕事ができたことは仕合わせであった。

今まで前提とされてきたパラダイムに疑いを抱いてから私は、たとえば行動（behavior）や動機づけ（motivation）という心理学の学術用語よりも、日常日本語の「ふるまう」ということばのもつ心理的意味の豊かさに魅かれてしまった。

行動という翻訳語は私にとっては根のない貧弱なことばだが、「ふるまう」は「振る舞う」であり、それは身を「ふる（振る）」しぐさや動作から、「ふりをする」や「ぶりっこ」へ、そして感動で気持をふる（震る）わせたり、怖くてふる（震る）えたり、気力をふる（奮る）い起こさせたりする心の揺れへとつながり、その他のさまざまなことばの束ともつながっていった。

このシリーズでは「はじめにことばありき」の世界観をひっくりかえして、「ことの端《は》としてのことば」の世界観で眺めようと試みているが、この逆転には、日本語の発想が力になった。ただし二十一世紀が東洋の世紀だといえるほど私は楽観的にはなれない。混沌とした東アジア文化のなかで生きている現実の私はちっ息しそうである。

現代が大きなパラダイムの変換期にあるとすれば、すすむべき方向は、私たちが日常生活ですでにやっている身近な行動のなかに発見できるかもしれないとは思う。もしそれを意識的に体系化できればの話であるが。

その意味では日本語のもつ発想も、一般的な心理学理論を考えるための宝庫になる。西欧の発想をアジアの側から問いかえす試みが可能なのは、学術用語として鍛えられてきた西欧語の「原語」と「翻訳語」をすでに持ち、それらと両行して自分の根のことば「日本語」で思索できる時代に生まれ合わせた者の、仕合わせかもしれない。

今度も難産であった。いい本を作りたいという新曜社の塩浦暲さんの情熱に励まされてきた。心から感謝してもまだ足りない思いである。

おわりに（新版　２０１９年）

「子どものことばはどのように生まれるのか？」このような問いを発したとたん、「ことばとは何か？」という大問題にいどむことになる。身の丈にあまる大きすぎる問題である。夜空に輝く満月を見上げて、月に行きたいとせがんで指さしている子どものようなものである。やがて背伸びしても両手をひろげても、走っても走っても届かないことがわかって、無力感におそわれる。

「子どものことばはどのように生まれるのか？」この問いには、さまざまな次元のさまざまなアプローチができる。私が、１９８７年に『ことばの前のことば――ことばが生まれるすじみち１』を出版したときは、まだ「ことばが生まれるすじみち」が描けるのではないかと考えていた。そして、当時はじまったばかりの最新の乳児研究をもとに、科学的根拠によって錯綜した道を整理して統合することを試みた。

その後すぐに１９８８年には第２巻として本書のもとになった草稿を書いた。前に記した「おわりに」も書いていた。しかし、本として上梓することは、断念してしまった。それには、いろいろな理由があるが、ともかく長年にわたってお蔵に入って寝かされたまま、忘れ去られた。そして、今になって、「亡霊《ルブラン》」のように、「意味のはじまり」という問いが、私のもとに回帰《ルブラン》してきたのである。

現在の私が立っている地平は、以前とはまったく異なっている。私は、その後、乳児研究からも子どもの発達研究からも離れてしまった。そして、生涯発達心理学をもとにしたナラティヴ（ものがたり）研究に打ち込んできた。

この本は、乳児の行動観察からまったく離れてしまった30年の歳月のあとで出版される。本当は急速に知見を積み重ねている新しい文献を入れて、全面的に書き直したかった。しかし、力およばず、ほぼ草稿として書かれていた旧版のまま出さざるをえなかった。

研究対象によって専門が分かれ、細分化されている現在では、この本のような試みは無謀というほかはない。学問研究としては、引用文献もなく、不十分なものになった。しかし、「歳の功」とは、よくいったものである。歳をとったせいで、「高のぞみ」「完璧へき」から脱して、「まあ、いいか」とあきらめるようになった。残された時間がもうないのである。そして、他者の評価も「まあ、いいか」と気にしなくなった。

それでも、草稿を著作集に入れようと思い立ってからも、何度も挫折した。間違っていても飛躍があってもよいので、かつて書いた観察記録の断片を編んで、もう自由に好きなように考えてみようと居直るまでには、さらに年月が必要であった。まさに「青年老いやすく学なりがたし」の心境である。

この本は、たとえようもないほど難産のなかで生まれた。いい本を作りたいというこころざしを貫いてこられた新曜社の塩浦暲さんの情熱に励まされてきた。共に老いながら長いあいだ忍耐強く待っていただいたおかげで、ようやく日の目を見ることができた。「ありがたい（有り難い）」ということばは、こういうことを言うためにあるのだろう。

また、小嶋秀夫先生や辻敬一郎先生はじめ恩師や友人たちにも恵まれた。夫や子どもたち、父母や義父母など家族を含めた多くの方々の支援によって、ここまで研究をつづけてこられたことに感謝したい。応援してくれた父も母も義父もこの世を去り、義母は95歳になった。娘と息子二人の子どもたちの子どもたち、孫は4人いるが、その一番小さい子が、この日誌の子どもと同じくらいの年齢になり、扉のイラストを描いてくれた。世代の循環サイクルのふしぎを、身をもって感じるこのごろである。

やまだようこ　著作集　全10巻

Ａ５判上製・各巻２５０〜５００頁

＊第1巻　ことばの前のことば――うたうコミュニケーション
＊第2巻　ことばのはじまり――意味と表象
＊第3巻　ものがたりの発生――私のめばえ
第4巻　質的モデル生成法――質的研究の方法
第5巻　人生をものがたる――ナラティヴ研究の方法
第6巻　私をつつむ母なるもの――日本文化のイメージ
第7巻　人生のイメージ――生涯発達心理学のモデル
＊第8巻　喪失の語り――生成のライフストーリー
第9巻　ビジュアル・ナラティヴ――描画と映像
＊第10巻　世代をむすぶ――生成と継承

＊は既刊

著者紹介

やまだようこ（山田洋子）

1948年、岐阜市で生まれ、山と川のある風景を見て育つ。
愛知淑徳大学教授、京都大学教授、立命館大学特別招聘教授など歴任。京都大学名誉教授。ものがたり心理学研究所長。教育学博士。日本質的心理学会の設立に関わる。専門は、生涯発達心理学、ものがたり（ナラティヴ）心理学、文化心理学。主要著書は、『ことばの前のことば』（新曜社）、『私をつつむ母なるもの』（有斐閣）、『現場《フィールド》心理学の発想』（編著　新曜社）、『この世とあの世のイメージ』（編著　新曜社）、『質的心理学ハンドブック』（共編著　新曜社）など多数。

新曜社

やまだようこ著作集第２巻

ことばのはじまり

意味と表象

初版第１刷発行　2019年３月25日

著　者　やまだようこ

発行者　塩浦　暲

発行所　株式会社　新曜社

〒101-0051　東京都千代田区神田神保町３－９
電話（03）3264-4973（代）・FAX（03）3239-2958
e-mail : info@shin-yo-sha.co.jp
URL : https://www.shin-yo-sha.co.jp

組版所　Katzen House

印　刷　新日本印刷

製　本　積信堂

ISBN978-4-7885-1626-7 C1011

索　引

あ 行

か　行

さ　行

た　行

な　行

は　行

ま　行

や　行

ら　行

わ　行

初出一覧と関連資料

本書の1～7章は、書き下ろしである（草稿1988年）。

8章の初出は下記である。

山田洋子 1993「『うつす』ということ ―― 表象を生みだす模倣と場所移動の働き」『愛知淑徳大学論集』*18*, 123-137.

本書の基になった関連資料は下記である。

山田洋子1978a「乳児の視覚的及び操作的探索における新奇刺激の効果」『教育心理学研究』*26*, 41-51.

山田洋子1978b「乳児の手操作探索の分析カテゴリー」『名古屋大学教育学部紀要 ―― 教育心理学科』*25*, 1-9.

山田洋子 1978c「ある12ヶ月児の発話の意味を規定する手がかりの分析」『日本教育心理学会第20回総会発表論文集』320-321.

山田洋子1979「刺激複雑性に対する乳児の操作的探索行動の分析」『教育心理学研究』*27*, 111-120.

山田洋子1980「言語機能の基礎」『心理学評論』*23*, 163-182.

吉田直子・辻敬一郎・谷口俊治・小笠原昭彦・加藤義信・山田洋子1980「視距離にともなう乳児の視覚－運動性活動の変化」『日本教育心理学会第22回総会発表論文集』296-297.

山田洋子1981「言語は何によって準備されるか ―― 5～18か月児の探索行動の縦断研究から」『愛知淑徳短期大学研究紀要』*20*, 57-67.

山田洋子 1982a「初期の発話意味の発達(1) ―― 食物と乗り物を表す名詞の使われ方」『愛知淑徳短期大学研究紀要』*21*, 93-106.

山田洋子 1982b「感覚運動的知能の発達に関するピアジェ派理論の吟味 ―― ものの永続性をめぐって」波多野完治（監修），天岩静子（編）『ピアジェ派心理学の発展２ ―― 認知発達研究』28-57, 国土社.（やまだようこ 2010『著作集第1巻　ことばの前のことば』14章, 396-420, 新曜社.）

山田洋子 1982c「0～2歳における要求－拒否と自己の発達」『教育心理学研究』*30*, 128-138.

Yamada Y. 1983 A Japanese concept of self and life space. Paper presented at professor Bronfenbrenner's seminar on human development and environment.

山田洋子・中西由里 1983「乳児の指さしの発達」『児童青年精神医学とその近接領域』*24*, 239-259. 日本児童青年精神医学会.

山田洋子 1984「表象行動の構造分析モデル」『愛知淑徳短期大学研究紀要』23, 15-30.

山田洋子 1986a「モデル構成をめざす現場《フィールド》心理学の方法論」『愛知淑徳短期大学研究紀要』*25*, 29-48.

山田洋子1986b「ふれるということ ── 異文化コミュニケーションのための日本語の意味の心理学的分析」『愛知淑徳短期大学研究紀要』*25*, 51-72.（やまだようこ 2010『著作集第1巻　ことばの前のことば』13章, 363-395, 新曜社）

やまだようこ 1988a『私をつつむ母なるもの ── イメージ画にみる日本文化の心理』有斐閣.

山田洋子1988b「幼児の仲間関係 ── そこで育つもの」古沢頼雄（編）『幼児心理学の展開』103-123, 北樹出版.

やまだようこ 1989a「ものが意味づけられるころ」『発達』*38*, 1-8. ミネルヴァ書房.

やまだようこ 1989b「なぜ、犬も猫も熊も『ワンワ』なの」『発達』*40*, 24-25. ミネルヴァ書房.

山田洋子 1990a「ことばを育てるために」無藤隆・高杉自子編『保育内容《言葉》』65-84. ミネルヴァ書房.

山田洋子 1990b「ことばの発達」小嶋秀夫・速水敏彦編『子どもの発達を探る』67-92. 福村出版.

山田洋子 1990c「乳児期の言語機能の発達」有馬正高監修『発達障害医学の進歩2』87-97. 診断と治療社.

山田洋子1992「前言語的なコミュニケーション」高橋道子（編）『新児童心理学講座第2巻　胎児・乳児期の発達』179-209, 金子書房.

山田洋子 1993a「ことばの始まり」『月刊言語4月号』69-84.

山田洋子1993b「言語発達の観点から ── 人と人の間で共同生成される言葉」日本家族心理学会（編）『家族とコミュニケーション』（家族心理学年報11）41-54, 金子書房.

山田洋子 1993c「『うつす』ということ ── 表象を生みだす模倣と場所移動の働き」『愛知淑徳大学論集』*18*, 123-137.

山田洋子・都山つや子・戸田雅美・阿部明子 1993「言語の獲得をめぐって」『保育研究』*14*, 4, 2-18. 建帛社.

やまだようこ1995「擬態語『スイスイ』の音象徴 ── スーダラ節の『スイスイ』は無意味か」『愛知淑徳大学論集』20, 123-147.（やまだようこ 2010『著作集第1巻　ことばの前のことば』12章, 333-362.　新曜社）

やまだようこ1996「共鳴してうたうこと・自身の声がうまれること」菅原和孝・野村雅一（編）『コミュニケーションとしての身体』40-70, 大修館書店.（やまだようこ 2010『著作集第1巻　ことばの前のことば』11章, 301-332, 新曜社）

やまだようこ（編）1997『現場《フィールド》心理学の発想』新曜社.
やまだようこ 1998「身のことばとしての指さし」秦野悦子・やまだようこ編『コミュニケーションという謎』3-31. ミネルヴァ書房.
やまだようこ 2001「ことばを育てる」高杉自子・柴崎正行・戸田雅美編『保育内容《言葉》』73-92. ミネルヴァ書房.
やまだようこ 2002「三項関係と描画の共同生成」『臨床描画研究』北大路書房.
やまだようこ 2005「共に見ること語ること ── 並ぶ関係と三項関係」北山修編『共視論 ── 母子関係の心理学』73-87. 講談社.
やまだようこ編 2010『この世とあの世のイメージ ── 描画のフォーク心理学』新曜社.
やまだようこ 2017「前言語期のコミュニケーション」秦野悦子・高橋登編『言語発達とその支援』63-89. ミネルヴァ書房.